会社と株主の世界史

ビジネス判断力を磨く
「超・会社法」講義

A Journey to Uncover the
TrueEssence of a Corporation

中島茂

日本経済新聞出版

まえがき

本書は「法人格」「定款」「株主有限責任」など、株式会社の基本的な制度について、それぞれの由来にまでさかのぼって探求し、制度の目的や趣旨を解き明かしたものです。これらの仕組みは根本的な制度なのですが、会社法の教科書を読んでも、とても難しくとっつきにくいものです。ビジネスで活用するときも、いまひとつ自信が持てません。けれども、どんな制度でも、その始まりについて知ると、ぐんと理解が深まります。

たとえば、神奈川県鎌倉市に「材木座」という海岸があります。夏は、海水浴や食べ歩き、ウインドサーフィンなどを楽しむ人たちでにぎわいます。

なぜ、「材木座」というのでしょうか。歴史の本をひも解くと、「座」とは平安時代の終わりごろにできた商工業者たちの団体で、領主に税金を納める代わりに商品の製造や販売の「独占権」を与えられて活動していたとあります。そこが分かると、「材木座」というくらいだから、「鎌倉周辺の材木業者たちが作った組織で、領主から独占権を与えられて材木の事業を行っていたのだろう」という推理が生まれてきます。すると、いまの材木座海岸あたりに港があり、船が泊まっていて、たくさんの人たちが材木を船から下ろしたり、運んだりしていた様子が目に浮かんできます。にぎやかな話し声や活気のある掛け声も聞こえてくるようです。

他方、特定の人たちだけが事業を行う権利をずっと「独占」していてよいのだろうかという疑問も生じてきます。そうした疑問がわいたとき、天下統一を目指した織田信長が「楽座令」といって、「座」を廃止する命令を出し、人々が誰でも自由に事業ができるようにした、その志が分かってきます。経済を発展させて国を豊かにするためです。そう考えると、「楽座令」は現代の独占禁止政策そのものですね。

実は、右にご紹介したエピソードの流れは、「株式会社」の誕生と発展のいきさつに、そのまま当てはまるのです。「株式会社」の原型である「英国東インド会社」は、1600年にエリザベス1世から特別な許可（特許）を得て設立されました。英国の企業家たちはエリザベス1世から東インド貿易の「独占権」を与えられ、その対価として莫大な特許料を国に支払う約束をしたのです。その大切な、とても大切な「独占権」を入れるためのカッチリした「入れ物」としてこの世に誕生したのが、英国東インド会社です。

その後、英国でも、日本の「座」に対すると同様、「東インド会社にずっと独占権を与えていていいのか」という批判が巻き起こります。東インド会社は、そうした批判に対応しながら、「株主有限責任制」「株式の自由譲渡性」などを備えるようになり、今日の「株式会社」の形を整えていきます。その過程をみていくと、株式会社の各制度がどうして成立してきたのかがよく分かります。

たとえば「定款」です。株式会社について学ぶとき、なかなか理解できないのが「定款」という制度です。「定款は会社の憲法だ」といわれます。それで分かったような気がするのですが、なぜ、憲法と称されるほど尊いのか、なぜ、絶対的な効力を持っているのか、よく分かりません。そうした「神秘的」ともいえるまでの定款の絶対性も、東インド会社の歴史をみていくと、ストンと腑に落ちるように理解することができます。詳しくは、ぜひ、本書をお読みいただきたいと思います。

「株式会社の歴史、本質について探求する本を！」というご依頼をいただいたとき、私はとまどいました。私自身、学生のとき以来、相当の努力をして会社法を勉強したつもりなのに、「法人格」や「定款」という制度について、人に説明できるほどにはよく分かっていなかったからです。

悩んだあと、「株式会社の歴史」というテーマにヒントがあると思いいたりました。「そうだ、歴史に聞いてみよう！」。それが本書作成の出発点でした。「どんな制度でも、その始まりについて知ると、ぐんと理解が深まる」のです。それから、英国東インド会社の歴史を追いながら、定款、株主有限責任、株式の自由譲渡性などを探っていく旅が始まりました。定款の神秘性、有限責任という制度に対する英国民の反感など、くっきりと分かってきました。「おもしろい！」。私の正直な感想です。

そのおもしろさを、ぜひ、皆さんにお伝えしたい。そして、できれば、そこから皆さんに「これからの株式会社」について意見を持ち、「株式会社」や「社会」に関わっていくパワーを持っていただきたい。それが私の願いです。

本書作成の旅の途中では、何度も自信を失いかけ、「こんな大きなテーマは、到底、私が取り組めるものではない」とため息をつきました。そうしたとき、粘り強く励ましてくれたのが日経ＢＰの網野一憲氏です。「なるほど当時の経済人はそうした気迫を持っていたのですね」といった同氏の相槌がとても励みになりました。同社の永野裕章氏の素朴な質問も、私に多くの気づきを与えてくれました。資料集めを手伝ってくれたスタッフにはずいぶんと難題を頼みましたが、常に助けてもらいました。本書の作成を支援してくれたすべての方々に、心からの感謝を捧げます。なお、本文中では敬称を省略させていただきました。

いま世界は、気候変動、人権問題、紛争の続発など、かつてないほど大きな変わり目の時代を迎えています。そのなかにあって、「株式会社」は社会とどう向き合っていくべきかが問われています。本書が「**これからの株式会社**」を考える人々のヒントになってくれることを心から願っています。

２０２４年12月

中島　茂

会社と株主の世界史
目　次

まえがき　002

第1章　「会社は法人である」って、どんな意味？

1　「法人」って何？　012
2　それでも、「街に花咲く」法人たち　014
3　法人はなぜ必要なのか　021
4　公証人による「定款」の認証　030
5　法人、それは国家公認の独占権の「入れ物」として生まれた　032
6　「法人誕生のエピソード」と現代の株式会社　071

第2章　「定款の壁」を超えて――怪物ウルトラ・ヴィーレスとの戦い

1　分かりにくい定款の意味合い　080
2　株式会社全体にわたる「定款」の存在感　084
3　「定款の壁」――会社は目的欄に書かれていない活動はできない！　087
4　実例にみる定款の壁――S社団事件　092
5　定款の壁は国王の特許政策から生まれた　096
6　「定款神授説」で神秘性を加味　098

7 そして、怪物「ウルトラ・ヴィーレス」が生まれた 101
8 ウルトラ・ヴィーレスとの戦い――政治献金判決 105
9 定款の壁が消えたことの影響 112
10 それでも、定款の目的記載は残すべき 119

第3章 法人制度の欠陥――法人は人に危害を加えても責任を負わない？

1 法人が人に危害を加えるとどうなるのか 124
2 法人の民事責任を正面から問う法律は、例外を除いて存在しない 128
3 法人の刑事責任――「刑法」は法人には適用されない！ 134
4 法人が法的責任を負わない「歴史的な理由」 137
5 法人が責任を負わない「現代的な理由」 140
6 法人制度の欠陥は、なぜ非難されなかったのか――代替制度の功罪 142
7 使用者責任の問題点――民事の代替制度、その1 144
8 代表者行為責任――民事の代替制度、その2 150
9 新しい動き――法人の不法行為責任を正面からとらえる動きが始まっている 153
10 法人の刑事責任 157
11 「法人の法的責任論」のこれからについて 162

第4章 株主有限責任はなぜ認められたのか
——有限責任と引き換えに求められる公共性

1 すべてを物語る「リミテッド」という呼び方 166
2 本当は変な「有限責任」 168
3 東インド会社の出資者たちは「無限責任」を負っていた 170
4 有限責任は王様の部下に対する思いやりから始まった 176
5 「南海会社狂騒曲」と「泡沫会社事件」の影響で強まる有限責任への動き
——有限責任制への第2ステップ 180
6 そして、有限責任の確立へ——有限責任の第3ステップ 186
7 有限責任制の実現と公共事業 189
8 日本における株主有限責任制の採用 195
9 株主有限責任制の現代的な課題——ホールディングス 197

第5章 株式の譲渡は自由で、証券マーケットは独立したもの
——株式を「売る権利」

1 株式譲渡の自由、原則と例外 206
2 なぜ株式譲渡の自由が必要なのか 211
3 株式譲渡の自由がなぜ保障されるのか 220

4 株式譲渡の自由に関する会社法の変遷 226
5 株主の「会社を見切る権利」の視点で南海会社狂騒曲をみる 232
6 「証券マーケット」それは「コーヒーハウス」から始まった 240
7 現代に引き継がれる「コーヒーハウス」の伝統 247

第6章 「所有と経営の分離」、だから「コーポレート・ガバナンス」
――そして、ガバナンスの核心は株主総会

1 所有と経営の分離 252
2 所有と経営とが一致していた東インド会社、分離している現在の会社法 260
3 所有と経営の分離、それは規模の拡大から始まった 262
4 会社法の変革――「所有と経営の分離」を公認する代わりに、「委任」が登場 269
5 株主と取締役とをつなぐ絆は「真の委任関係」 274
6 受任者が負っている4つの法的義務 280
7 コーポレート・ガバナンスはなぜ必要なのか 289

第7章 変化し続ける「株主総会」
――「万能主義」から「限定主義」、そして新たなステージへ

1 株主総会の概要 300
2 株主総会の本質――「信頼感」と「緊張感」 306

3 株主総会の「不幸な歴史」 310
4 「株主提案」が増えている！ それはなぜか 318
5 「気候変動対策」が提案されている理由は何か――世界の潮流 330
6 なぜ、株主総会は「万能主義」から「限定主義」に転換したのか 334

第8章 株主と経営者は「株式会社」を変えていけるだろうか

1 株式会社の目的は「人々の役に立つこと」 358
2 株主も経営者も、「社会的責任」を背負っている 362
3 株式会社が直面する現代の課題――「人を大切にする時代」への変革 368
4 株式会社が直面する現代の課題――「気候変動対策」への要請 379
5 サステナビリティとは将来世代を守ること 383
6 株式会社が変わるための多くの課題 386
7 経営者は会社を変えていけるか 395
8 「株主」は、会社を変えていけるか 406

注：本文中で引用した条文で断わりのないものはすべて会社法です。

第1章

「会社は法人である」って、どんな意味？

1 「法人」って何？

株式会社は**法人**なのです。この意味を心の底から理解するところから、「株式会社制度の本質」をきわめる旅は始まります。

私は小学生のころ、近所の大学生のお兄さんに連れられて散歩していたとき、「法人ってなに？」と無邪気に聞いたことがあります。目の前に「**学校法人○○学園**」と大きく書かれた看板があったからです。「学校」も「学園」もなんとか分かったのですが、「**法人**」という言葉がまったく分からず、「法」と「人」の2文字をじっと見つめていました。漫画のヒーローで有名な「鉄人」や「超人」は分かるのだけれど、「法人」は見当もつきませんでした。

お兄さんはちょっと黙ったあと、「法律のうえでは、人だということだよ」と教えてくれました。私はまだ分かりませんでした。が、〝それ以上、聞いてはいけない〟と思い、質問しませんでした。

法人って何？

その後、私自身が学生になって法律の勉強を始めたとき、「法人ってなに？」というのは、法学部の学生でも簡単には答えられない難しい質問だったことを知りました。

これから本書で様々な角度から研究する法人の元祖、英国東インド会社は、１６００年の末に世の中に登場しました。以来４００年以上の時が経ちます。が、今日に至っても、法人は世の中で理解されているとはいえません。

たとえばB社の営業部長である甲が、ライバル会社Aの営業秘密（企業秘密のこと）を不正に盗み出したところ、それが発覚し、逮捕、送検（刑事裁判にかけるため、警察が検察官に事件を送ること）されたとします。甲部長が犯罪を行った背景には、B社の悪質な企業姿勢があったとしてB社も送検されたとします。その場合、マスコミは必ずといっていいほど、「甲部長とともに法人としてのB社も書類送検された」と報道します。

B社が法人なのは分かりきったことのはずですから、「甲部長とともにB社も書類送検された」とだけ、シンプルに書けばよさそうなものです。が、わざわざ「**法人としてのB社**」と表現されます。辞書によると「……として」は、「……の立

悪いのは個人？　法人？

場で」という意味です。「法人としてのB社も書類送検された」とは、「B社も法人の立場で書類送検された」という意味でしょう。それなら甲営業部長が逮捕、送検されたときも、**「個人としての甲部長**も逮捕、送検された」と表現するのが筋です。しかし、そうは表現しません。

なぜ、会社の場合は「法人として」と注意書きを付けるのでしょうか。

それは、「会社は法人だ」ということが、本当は、私たちの日常生活のレベルで十分には理解されていないからです。

【書類送検】
警察が被疑者を逮捕しないで事件を検察官に送ること。「法人」は生身の体がないので逮捕はできず、必然的に書類送検になる。

2 それでも、「街に花咲く」法人たち

(1) 会社には4つのタイプがある

というわけで、法人の意味は実はあまりよく理解されていません。その割に世の中は法人であふれています。会社や「その他の法人」を合わせて日本中で280万以上の法人が存在しています。まさに「〝街に花咲く〟法人たち」です。そこで、法人の意味を考える前に、世の中の法人の状況をみてみましょう。

まずは会社です。会社には「株式会社」「合名会社」「合資会社」「合同会社」の４つのタイプがあり、日本には合わせて約２６６万の会社があります。株式会社は、本書でこれから研究する会社です。会社のなかでも圧倒的な多数を占めています。

会社の４つのタイプというと話が細かくなるようですが、合名会社、合資会社は第７章で明治時代の財閥のエピソードをお話しするときに大きな意味を持ってきます。図表１－１（17ページ）をみてください。合名、合資会社では無限責任の人たちが入っているところに、明治時代の財閥経営者たちの心意気を知ることができます。合同会社は２００５年の会社法改正で導入された新しいタイプの会社です。

(2) ４つのタイプの違い

「構成員」という聞きなれない言葉

会社の４つのタイプの違いは、会社を形作っている「**構成員**」たちが、会社の**債務**（借金・賠償金などお金を支払う義務や何かの行いをする義務）について、会社と並んで個人的にも責任を負うのかどうかにあります。

ここで使われている「構成員」は、聞きなれない言葉です。辞書を引いても出てきません。もともとの日本語ではないのです。おそらく、英語の**メンバー**（member）を翻訳するために造られた言葉だと思われます。メンバーはラテン語のメンブラム（membrum：身体の一部）から生じた言葉で、「その組織体の一部だといえるほど重要な一員」という意味です。

会社の構成員は、「株式会社」の場合は「**株主**」と呼ばれます。

「合名・合資・合同」の3つのタイプを合わせて「**持分会社**」と呼びます。持分会社では、定款に名を連ねて出資に応じた人たちが構成員であり、「**社員**」と呼ばれます。注意していただきたいのは、この「社員」は組織体の構成員という意味の法律用語だということです。私たちは会社で働いている従業員のことを日常用語で「会社員」または「社員」と呼んでいます。が、その社員とはまったく違う意味です。

株式会社──出資する以上の責任は負わない

株式会社の構成員である株主は、会社が設立されるときに、その目指すところや趣旨に賛同して出資すれば、責任はそれで終わりです。その後は、たとえば会社が倒産して債務を支払えなくなったとしても、会社と一緒になって支払う義務は負いません。これを「**株主有限責任の原則**」といいます。

株主有限責任については第4章で詳しくみますが、長い歴史のなかで形作られてきた大原則であり、株式会社がビジネス

社員と社員

の基盤として世界中で大発展する根本的な原動力となった制度です。

株主有限責任というと、「有限」とはいえ、いかにも株主が何らかの責任を負うように聞こえます。しかし、株主の責任とは出資する責任だけなので、きちんと出資されたのであれば、それ以上、何の責任も残っていないのです。あなたがどこかの会社の株式を株式市場などで購入した場合、その株式についてはすでに誰かが出資責任を果たしています。ですから、仮に会社が倒産したとしても、株を購入したお金は戻ってきませんが、皆さんに責任がふりかかることは一切ありません。また、**増資**といって、会社が、新たに資金が必要になったために株主や一般の人に「出資してほしい」と出資を募ってくることがあります。が、株主はそれに応じる義務はありません。そうでなくては、怖くてうっかり株式など買えません。それが、株主有限責任原則のありがたさです。

合名会社——最後まで責任を負わなければならない

合名会社は株式会社とは正反対です。合名会社では、社員全員が会社の債務について個人的に責任を負うのです。しかも会社の債務が完全に弁済されるまで、自分の財産を投げ出してでもとことん責

図表1-1　会社、4つのタイプ

＊ は有限責任、 は無限責任を表す

株式会社	合名会社	合資会社	合同会社
（構成員） 株主	（構成員） 社員	（構成員） 社員	（構成員） 社員

株式会社	合名会社	合資会社	合同会社
（全員が有限責任）	（全員が無限責任）	（一部無限責任）（一部有限責任）	（全員が有限責任）

出所：筆者作成

任を負うので「**無限責任**」といいます。合名会社の構成員である「社員」が「従業員」という意味の社員とは違うことが、これでご理解いただけるでしょう。

合名会社の「**名**」という文字は「名前を出して責任を取る」という覚悟を示しています。「合」という文字は「力を合わせる」という決意を示しています。たとえば、松竹株式会社の前身は、大谷竹次郎と白井家の養子になっていた兄、白井松次郎の兄弟が、それぞれの名前から1字ずつとって設立した「松竹合名会社」です。合名会社は、社員はすべて無限責任という厳しい制度なので現代ではきわめて少なくなっています。酒造会社や沖縄県の交通会社でみられるくらいです。「酒造会社」というところに、名を表して力を合わせる意気込みが感じられますね。

合資会社――株式会社と合名会社の中間的な会社

合資会社の社員は、無限責任を負う「無限責任社員」と、株主のように出資の限度でしか責任を負わない「有限責任社員」との2種類から構成されています。株式会社と合名会社の中間的な会社といえます。明治時代に登場した財閥の基礎を作り上げた会社は、合名会社と合資会社でした。第7章で取り上げる明治時代の財閥のエピソードで、改めてみることにしましょう。

合同会社――最近増えている会社形態

合同会社は社員全員が有限責任社員です。2006年5月に施行された会社法で導入された新しい制度です。大規模企業が子会社の形態として活用したり、アマゾンジャパン合同会社、グーグル合同会社など外資系企業が採用したりするなど、次第にその数が増えています。株式会社と同じように社員（構成員）が有限責任であるメリットが得られるうえに、社員が直接に経営に参加するので、迅速な意思決定が可能だからです。

所有と経営が一致している持分会社

先に述べたように、会社法は「合名・合資・合同」の3つのタイプを合わせて「持分会社」と呼んでいます。株式会社では、会社の所有者である株主の立場と経営者の立場とが分離されてしまっています。**「所有と経営の分離」**といいます。それに対してこの3タイプでは、原則として社員（構成員）全員が経営に参加するので、**「所有と経営が一致している」**といわれます。「持分会社」と呼ばれるのはそのためです。

(3) 会社以外の「法人たち」

非営利法人——利益を構成員に分配しない

以上の4つのタイプの会社のように、収益を上げて構成員に**利益分配**することを目的としている法人を**営利法人**と呼びます。

他方、法人のうちで、①構成員への利益分配を目的とせず、②解散したときも残っていた財産を構成員に分配しない決まりとしている法人は、**非営利法人**と呼ばれます。一般社団法人、一般財団法人がそうです。皆さんも「一般社団法人〇〇工業会」「一般財団法人〇〇記念財団」などの名前をご覧になったことがあると思います。

公益法人——「世のため人のため」になる活動をする

非営利法人のなかでも、国や自治体に置かれる公益認定委員会によって積極的に「公益を目的とする法人である」と認められると（公益認定）、「公益社団法人」「公益財団法人」となることができます。公益社団・公益財団を合わせて**公益法人**といいます。

公益とは文字どおり、「**世のため人のため**」に活動するということです。法律上は「不特定かつ多数の者の利益の増進に寄与する事業」と表現されています（公益社団財団認定法2条4号）。

公益法人は、公益事業であると認定されると、利益を上げるための収益事業に該当する場合でも非課税とされるなど、税制上の優遇措置を受けることができます。

NPO法人——社会貢献を目的とする活動を推進

「世のため人のため」を目指してはいるものの、公益法人となるには要件が厳しすぎるという団体のために、**NPO法人法**（Nonprofit Organization 法。特定非営利活動促進法）があります。

１９９５年に**阪神・淡路大震災**が起きたとき、市民たちがボランティアで被災地支援をしようと活動していました。そのときに、「団体が法人であったほうが、受け入れ主体をひとつにして義援金を受け取ることができるなど、効率的だ」という声が強まりました。そこで、１９９８年「ＮＰＯ法人法」が制定され、同年12月から施行されています。

公益認定に比べれば法人設立の道すじがわかりやすいように、「保険、医療または福祉の増進」「社会教育の推進」「まちづくりの推進」「観光の振興」「環境の保全」「災害救援」「人権の擁護または平和の推進」など――18種類の事業があらかじめ列挙されています。社会貢献のために活動する法人ですから、寄付金の扱いについて優遇措置を受けられることになっています。

3　法人はなぜ必要なのか

(1) 一般感覚では分かりにくい教科書的説明

街が法人であふれている実態をみたうえで、最初に戻り、改めて「法人とは何か」

を考えましょう。

法律の教科書には、**「法人とは、自然人以外で、自然人と同じように、法律上の権利・義務の主体となることを認められているもの」**と定義されています。冒頭のエピソードで、学生のお兄さんが私に「法律のうえでは人だということだよ」と説明してくれた言葉は正しかったのです。

けれども、この説明だと、普通の人にとっては**自然人**というのが、まず分かりません。ここにいう自然人とは、〝自然を愛する、純粋な魂を持った人〟といったロマンティックな意味ではありません。生身の体を持った私たち**人間**のことです。

私たち人間（自然人）は、自分の名前で銀行からお金を借り入れて、そのお金で家などを買うことができます。これを法律的に表現すると、私たちは、銀行から借り入れて銀行に対して弁済の「義務」を負い、家を買って所有権という「権利」を得ることができる、ということになります。

これと同じように、会社は銀行から借り入れをすることができ、そのお金で建物などを買って所有権を得ることができます。会社は法人だからです。「法人は自然人と同じように、権利・義務の主体となる」とは、このことです。

(2) パートナーシップの限界——会社を共同で設立した3人の苦労

でも、私たち人間（自然人）以外に、なぜわざわざ法人という制度が必要なのでしょうか。その理由について教科書では、複数の人たちで共同事業をするときに「法人制度があると**便利だから！**」と説明されています。

そこで以下では、この点を理解いただくために、**佐藤さん**、**高橋さん**、**山本さん**の3人の共同事業を設定して説明します。自動車好きの3人は共同で自動車整備事業を始めようと意見がまとまり、「パートナー契約」を結びます。整備・修理用の設備費、工具購入費、光熱費、従業員の賃金など諸経費は平等で負担し、利益も平等で分配する、という契約です。

しかし、本格的に事業を始めるため整備工場用の建物の購入資金を銀行から借り入れようとするときに不便なことが起こります。「佐藤・高橋・山本」という3人の連名で口座を作ろうとしたら、銀行が「連名口座はお受けしていません」と難色を示したのです。たしかに、連名口座を認めてしまったら銀行の事務作業は大変なことになります。連名口座を認めたくないのも無理ありません。

仕方なく、高橋さんの単独名義で資金を借り入れて工場用の建物を買えたとします。3人平等ですから、3人の連名で不動産登記を済ませました。その後、事業用資金が必要となったため、整備工場を担保に入れようとするとまた不便なことが起こります。整備工場は3人の共有ですから、3人全員がそろわないと抵当権の設定はできません。また、建物の修繕などは3人のうちの過半数である2人が賛成しないとできません。それなのに3人のうち、いつも誰かが出張中です。これでは担保提供の手続きや修繕もままなりません。

【パートナー契約】
企業間や個人同士が共同で事業を展開するために締結する契約のこと。

（3）法人格があれば便利だ！
――佐高山株式会社の設立

ところが、佐藤さん、高橋さん、山本さんの３人が協力して**株式会社**を設立すると、状況は一変します。右に述べたような不自由は起こらなくなるのです。

社名は３人の名前から1字ずつとって**佐高山株式会社**、資本金は１０００万円とし、３人のなかでは年上の高橋さんが４００万円を、佐藤さん、山本さんがそれぞれ３００万円ずつを出し合いました。３人が取締役となって取締役会を作り、高橋さんが社長になりました。「取締役会のある会社では監査役を置かなければならない」のが法律上のルールです（３２７条２項）。そこで、経理に詳しい山本さんの奥さんが引き受けてくれました。

株式会社となったおかげで、まず、会社の名前で銀行口座を開くことができます。会社として銀行から借り入れもできます。会社の名前で不動産登記もできます。整備工場を担保に入れることも、取締役会で決議すればできます。

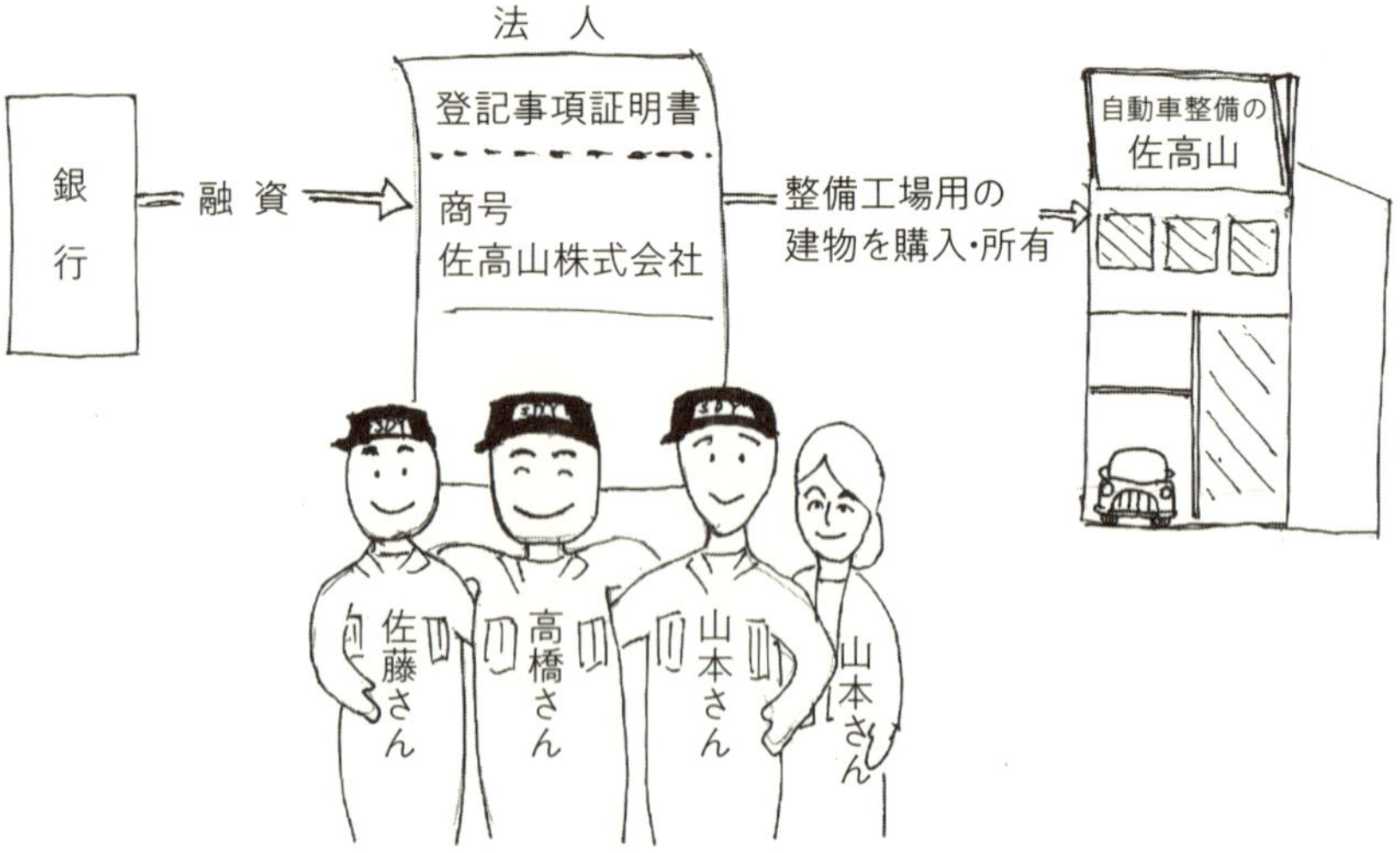

株式会社って「便利」だよね！

まさに自然人のようです。たいへん便利ですね。

これをイメージしたのが右下のイラスト（株式会社って「便利」だよね！）です。法人は「法律のうえでは人」なので物理的な体はありません。「登記事項証明書」という紙で法人の存在をシンボル化しています。

教科書的には、法人の必要性についての説明は「以上で終わり」です。法人を設立することを「**法人格を取得する**」といいますが、法人格があると、ビジネスはとても便利になるということです。

「**便利だから**」。それが法人制度の必要性についての一般的な説明です。

(4)「便利だ」だけでは説明がつかない「法人法律主義」

①設立にはたくさんの法律をクリアしなければならない——法人法律主義

けれども、右の説明だけでは法人制度について完全には納得できないところがあります。便利だというだけなら、時代のニーズに合わせた多様な法人を、誰でもが自由にどしどしと設立してよいはずです。実際、スイス民法では「**法人の自由設立主義**」といって、組織された団体であれば登記するだけで法人格が得られる制度になっています（スイス民法52条）。

ところが、これはごく例外的な制度です。日本をはじめ多くの国々では、法人を設立するには法人設立に関する法律が存在し、法人を設立したい人は法律に基づいて設

【監査役】

株主総会で選任される会社法上の役員。取締役の職務に違法、不正、不当な行為がないかを確認して取締役会や株主総会で報告する、不正行為の差止を請求するといった権限を持つなど、取締役の職務執行を監査する役割を担う。

立の申請を行い、国による確認を受ける制度になっています。

米国では州によって多少異なるのですが、たとえば多数の会社がオフィスを登録しているデラウェア州法では、法に従って作成された「法人設立証明書」（a certificate of incorporated）を自分の署名で確認するか、または、公証人（後で説明します）によって確認してもらうことが求められています（デラウェア州会社法１０３条(b)(1)）。公共事業を行う法人も同法によって設立する必要があります。英国では会社法に基づいて設立の申請がなされ、申請書類は登記官によって審査されます。フランスでも会社法に基づいて法人設立が行われますが、根本規則（constitution）は公証人によって作成される必要があります。

日本でも、法人制度に関する法律の「総本山」である民法が、「**法人は、この法律（民法のことです）その他の法律の規定によらなければ成立しない**」と、かっちりと定めています（民法33条1項）。この原則は、一般には「法人法定主義」と呼ばれています。「法で定められている場合しか法人は設立できない」という意味です。それはそれで正しいのですが、法律は誰が作るものなのかが大切です。いまの世の中では法律は国民が作るものです。法律という言い方自体に民主主義の理念が入っています。そのことを尊重するため、私は「**法人法律主義**」と呼びたいと思います。

②どんなタイプの法人にも「根拠法」がある！

法人の設立について法人法律主義が本当に実施されているのか、根本原則や確認の手続まで含めて法律が定めている状況を概観してみましょう（図表1－2）。どんな法人もそれぞれが何らかの法律に基づいて設立されています。たしかに法人法律主義は実施されています。

③「組織・運営・管理」についてまで法人法律主義

株式会社については特に細かく規定

法人法律主義は、法人の設立時ばかりではありません。法人制度の元締めである民法は「法人の設立、組織、運営、管理についてはこの法律（民法のことです）その他の法律の定めるところによる」と定めています（民法33条2項）。設立ばかりではなく、組織・運営・管理に至るまで、法律で定めているのです。

特に、本書のテーマである**株式会社**については、こと細かに法律で定められています。少し難しい用語が並びますが、それは後の章で解説していきます。**設立**については、株式の引受の確保、定款の作成、作成された定款の公証人による認証、出資の履行などが規定されています。**組織**については、株主総会、取締役、取締役会の設置や、監査のタイプについて監査役型、

図表1-2　法人法律主義の状況

法人の種類	根拠法	根本原則	設立を確認する機関
株式会社・持分会社	会社法	定款	公証人
一般社団・財団	一般社団法人及び 一般財団に関する法律	定款	公証人
NPO法人	特定非営利活動促進法	定款	知事・市長（指定都市）
学校法人	私立学校法	寄附行為	文部科学大臣・市長（指定都市）
医療法人	医療法	定款・寄付行為	知事
宗教法人	宗教法人法	規則	文部科学大臣・知事
社会福祉法人	社会福祉法	定款	知事・市長

監査等委員会型、３委員会型（指名・報酬・監査委員会）が、３委員会型についてはさらに執行役の設置が規定されています。**運営**についても株主総会、取締役会の運営についてその招集の仕方、審議の仕方まで規定されています。おまけに、次に述べるように**解散**についてまで法律で規定されています。まさに株式会社は、その誕生からエンディングまで法定されているのです。

なぜ、法人、特に株式会社について、法律がここまで関わるのでしょうか。

「解散命令」まで法律で定められている

法人法律主義のなかでも目を引くのは**解散命令**という制度です。会社法は法務大臣などの申立によって、裁判所が株式会社に対して解散命令を出すことができる制度を定めています（８２４条１項）。株主など利害関係者にも申立権があることになっていますが、何より法務大臣という国の機関が申立権を持っているのが特徴です。株式会社に対して、「国」が「会社を解散せよ」といえる究極的な監督権限を持っているということです。もちろん、裁判所から解散命令が出される場合については、厳重なしぼりがかけられています。①不法な目的のために設立された場合、②役員が権限乱用、刑罰法規違反をして、法務大臣から書面で警告を受けたのに、反復・継続的に行為をした場合――に限るとされています。

１９８１年、「**T商事事件**」という事件が起きました。T商事が「純金」を買った人々に純金の「預かり証」は交付するのですが、純金はどこにあるのか、現物を確認できないという怪しげな商法を展開したのです。「純金ファミリー商法」と呼ばれ、社会問題にまでなりました。

純金ファミリー商法の被害者は、「法務大臣が解散申立をしてくれなかったために自分たちは損害を被った。大臣が解散申立をしなかったのは**不作為**（不当に何もしないこと）であり違法であるから賠償せよ」と訴えたのです。裁判所は、証拠からみて「（Ｔ商事が）不法な目的のため設立された会社であった点は認める」としました。ただし、法務大臣は設立の具体的な事実経過は知らされなかったため、不作為とまではいえないとして訴えは退けました（大阪地方裁判所判決１９９３・10・６）。

解散命令という伝家の宝刀が実際に抜かれるのは稀であるとしても、国が会社に対して解散命令申立権という強力な権限を持っていることは、法人の本質を考えるうえで大きなポイントです。

なぜ、国は解散命令権まで持って、法人の運営に関わるのでしょうか。

4 公証人による「定款」の認証

(1) 定款って何?

株式会社、一般社団法人、一般財団法人などは、設立に際して組織の根本原則を「定款」という文書にまとめて「**公証人の認証**」を得る必要があります。なぜ公証人の認証が必要なのかと思われたことでしょう。そこに法人の本質を知るカギがあります。

法人という言葉と並んで**定款**もまたなじみの薄い言葉です。よく、「**定款は会社の憲法のようなもの**」と説明されます。「定款は、なんだか大切なルールらしい」ことは感じ取れますが、まだ分かりません。しかも法律では「法人は……**定款その他の基本約款**で定められた目的の範囲内において、権利を有し義務を負う」のが大原則と定められているのです(民法34条)。定款に書いてある**目的の範囲**の外では権利を持てないし、義務も負わないというのです。よく分からないながら、とにかく定款はとてつもなく重要な規則のようです。定款については第2章で詳しくみることにします。

【その他の基本約款】
民法34条が規定する「定款その他の基本約款」として表現されている「基本約款」とは、定款と同じようにその法人の根本原則を定めたもので、学校法人の「寄付行為」、宗教法人の「規則」などを意味している。

(2) 公証人って、誰?

皆さんにとって、もっとなじみのない言葉は**公証人**ではないでしょうか。公証人のオフィスは「**公証役場**《やくば》」と呼ばれます。公証人法による正式の名称です（同法13条）。街を歩いているとき、注意してみると「○○町公証役場」という看板に気づくことがありあります。弁護士という職業は公正証書の作成などで公証人の方々と一緒に仕事をする機会が多いのですが、「公証人のことをよくご存じない人が多くて……。せめて、『公証官』と呼んでくれないかなあ」とこぼす公証人の方もおられました。

実際は、公証人は長い歴史のある、高い権威を持った職業です。本来は、国王、教皇（ローマ法王。全カトリック教会の首長）が作成すべき正式文書を、国王、教皇に代わって作成する権限を持つ職業として誕生しました。「公証官と呼んでくれないか」という言葉のとおり、公証人は実質的には公務員です。ただ、「公証役場」というオフィスを構え、文書作成など事案ごとに依頼者からサービス料を受領するシステムであるため、「公務員」といい切るのがためらわれるのでしょう。

では、「会社の憲法だ」といわれるほど重要な定款について、なぜ、公証人という権威ある人の認証を受けなければならないのでしょうか。答えのヒントは、公証人の仕事は国王、教皇に代わって正式文書を作成することであったという点にあります。

(3) 法人の設立、運営になぜ、国家が関与するのか

以上のとおり、株式会社、持分会社、一般社団法人・一般財団法人、NPO法人、学校法人、宗教法人など法人の設立・運営は法律で規制されています（法人法律主

義）。ＮＰＯ法人、学校法人、医療法人、宗教法人、社会福祉法人などの場合はパブリックな色彩が強いので、法人法律主義が採用されることは理解できます。けれども公共性を正面から掲げていない株式会社や一般社団法人・一般財団法人の場合まで、定款について実質的な公務員である公証人の認証がないと設立できないとされているのです。

なぜこれほどまでに国家が関与するのでしょうか。その答えは、これからみていく**法人誕生のエピソード**のなかにあります。法人には生まれた当初から国家の関与があったのです。関与どころか、国家こそが法人の生みの親でした。それから時代は変わり、国家の関与も次第に希薄にはなりました。が、「法人は国家によって生み出された」という誕生秘話の影響は今日まで残っています。それが法人法律主義の背景です。

5　法人、それは国家公認の独占権の「入れ物」として生まれた

(1) 法人が生まれた日

①英国東インド会社の登場

１６００年12月31日、英国王のエリザベス1世は、ロンドンの企業家たちが設立した**東インド会社**（East India Company：**ＥＩＣ**）に対して特許状をもって「**東インド貿易の独占権**」を与えました。

それ以前にも、１５５５年にメアリ女王から「モスクワ大公国との貿易独占権」を特許状によって与えられた「モスクワ会社」（ロシア会社とも呼ばれます）がありましたが、大規模な活動を行い、英国の歴史に大きな影響を与えていくのは、東インド会社です。東インド会社が設立されたときが、実質的に**法人が生まれた日**といってよいでしょう。ただし、英国で東インド会社が設立された日を「法人が生まれた日」と正確にいうためには、前置きがいくつか必要です。

②「英国」という表現

まず「英国で……」という表現は歴史的に正確ではありません。ケルト人が住むブリテン島に４０９年、欧州大陸からアングロ・サクソン人がやってきます。ケルト人は北の**スコットランド**や西の**ウエールズ**に移住します。アングロ人が支配した地域は「**イングランド**」（アングロ・ランド）と呼ばれます。１７０７年、ウエールズを含む王国となっていたイングランドとスコットランド王国とが「合同法」により合併し、「**グレートブリテン連合王国**」としてひとつの国になります。１８０１年にはアイルランドも加わり国名に「アイルランド」が併記されます。ところがカトリック国であるアイルランドは1922年にプロテスタントの多い「**北アイルランド**」を残して、「アイルランド自由国」となって独立します。

その結果、1927年、英国の正式名称は「**グレートブリテンおよび北アイルランド連合王国**」(The United Kingdom of Great Britain and Northern Ireland)に改められました。日本ではこの「連合王国」(略してUK)を、幕末時代からオランダ語の「エゲレス」、中国語の「英吉利」をもとに「英国」(イギリス)と呼んできました。これから研究する東インド会社の歴史は1600年代のイングランドで起きた出来事です。が、シンプルにするため本書では「英国(イギリス)」と呼ぶことにします。

③東インド会社は1つではなかった

実は、東インド会社は複数あります。英国に続いて、オランダ東インド会社(1602年)が設立されました。ここまではよくご存じの方も多いと思いますが、その後、デンマーク東インド会社(1616年)、フランス東インド会社(1664年)などが設立されます。ヨーロッパの国々が競争で東インド貿易を目指したのです。

本書の目的は、英国東インド会社を研究することにより、「会社の本質」を究め、会社の将来を考えることにあります。そこで以下では英国東インド会社を中心に分析することとし、同社のことを単に「東インド会社」または「EIC」と表記し、他の東インド会社と並べて説明するときだけ「英国東インド会社」と表記します。

④東インド会社は「ジョイントストック・カンパニー」、当初は株式会社ではなかった

設立当初の東インド会社は、企業家たちが**資本を持ち寄って法人格を獲得した**という点にきわめて大きな意義があります。資本を持ち寄って作った会社のことを「**ジョイントストック・カンパニー**」（Joint-Stock-Company：資本結合会社）といいます。ジョイントストック・カンパニーという言葉からは、企業家たちの「資金を持ち寄って一本化し、価値ある事業を進めよう」という意気込みが伝わってきます。渋沢栄一はフランスに留学して学んだことをもとに「小資本を合して大資本となす『**合本組織**』は私の年来の主張であった」という趣旨のことを自伝に書いています。まさにジョイントストックの考え方です（『渋沢栄一自伝』角川ソフィア文庫、241頁）。

ただし東インド会社は、設立当初は「株式会社」といえる存在ではありませんでした。

現代的には、**株式会社の特徴**は3つあります。①法人格があり、権利義務の主体になれること（**法人格**）、②構成員である株主が有限責任であること（**株主の有限責任制**）、③株主の立場は自由に譲渡できること（**株式の自由譲渡性**）――の3点です。

ここから考えると、東インド会社は「株主の有限責任制」（本書第4章）、「株式の自由譲渡性」（同第5章）は活動するなかで獲得していったのであり、設立当初はまだ備えていません。しかし、企業家たちが資本を持ち寄って法人格を獲得して事業を展開したという点では、東インド会社は人類史上画期的なことであり、その点で「最初の会社」ということができます。

⑤なぜ、東インド？

関連して、そもそも東インド会社の社名の由来となった、「**東インド**」「**東インド諸島**」（East Indies）、という言葉についても紹介しておきます。

ここでいう「東インド」「東インド諸島」は歴史的な呼び方です。インド、インドシナ半島、さらに今日のインドネシアに当たる地域を加えた地域のことです。「インドの東側」という意味ではありません。

１４９２年、イタリア・ジェノバ出身のコロンブスは「西に行けばインドに行ける」という説を信じて、スペインの支援により西に向かって航海し、中央アメリカ、カリブ海にあるサンサルバドル島に到着しました。そして「ここがインドだ」とずっと思いこんでいました。

ところが、１４９７年にはポルトガルのヴァスコ・ダ・ガマが**喜望峰**（Cape of Good Hope）を回って逆に東に向かい、インドの西海岸カリカットに着きます。こちらこそが「本物のインド」でした。そこでコロンブスが着いたところはインドではないと分かった

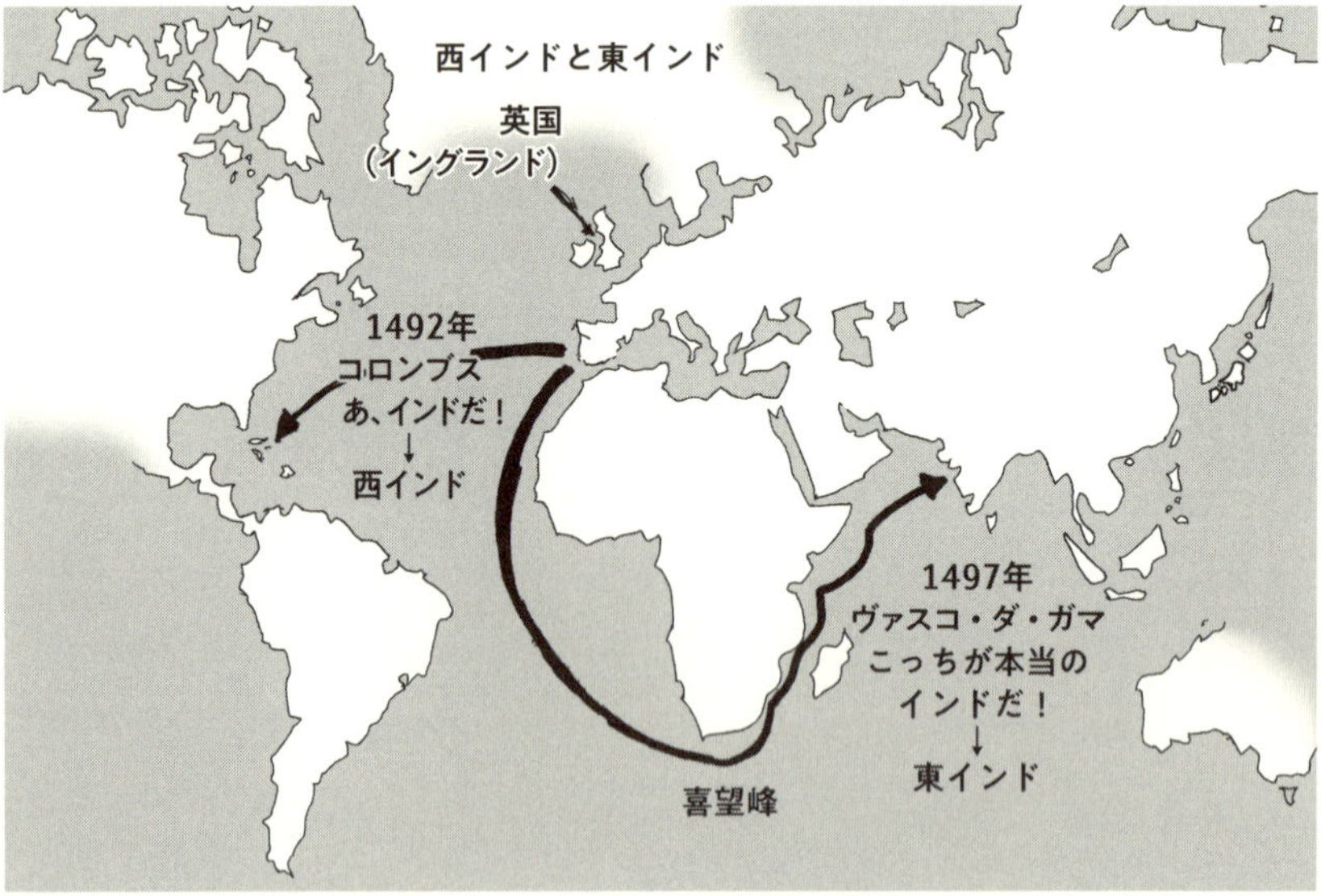

「あ、インドだ！」「こっちが本当のインドだ！」

のです。が、それでもなお今日に至るまで意地を張って、キューバ島、エスパニョラ島などカリブ海を囲む島々を「**西インド諸島**」と呼んでいます。これに対して、「そっちが西インドと言い張るなら、こちらは東インドだ」というわけです。

東インド会社はこの東インド、東インド諸島地域を貿易の対象とします。

(2) 英国の歴史を変えたヘンリー8世の離婚劇

①絶対王政の時代

英国で東インド会社が設立された背景には、国家の運営資金を必要とする「**国王側の差し迫った事情**」と、魅力に満ちたビジネスを渇望してやまない「**企業家たちの情熱**」とがありました。両者の願望の接点から東インド会社が誕生するのです。そのいきさつについてみていきましょう。

16世紀後半のヨーロッパでは**絶対王政**の時代が始まっていました。絶対王政とは、国王が絶対的な権力を持ち、自分の意向に従って動く「官僚組織」と「常備軍」とを整え、それらを背景に国を発展させていく体制です。当然、莫大な運営資金が必要です。そのためスペイン、ポルトガル、フランスなどは、国王の強力なリーダーシップのもと、商業を発展させ、富を獲得することに懸命でした。**重商主義**と呼ばれるものです。さらに15世紀末には羅針盤が実用化され、造船技術も発達し、**大航海時代**が始まっていました。重商主義の行先が海外へと向かうのは自然なことでした。

【大航海時代】
13世紀にマルコ・ポーロが著した『東方見聞録』の影響でヨーロッパ諸国はアジアに夢を抱き、アジアとの貿易を望んでいた。が、陸路はイスラム勢力で遮られていたため、海路を選ばざるを得なかった。エンリケ航海王子が率いるポルトガルがいち早く西アフリカや東インドの探検に乗り出した。これを機に15世紀末からヨーロッパ諸国は競ってアジア貿易を目指して大航海を始めることになる。以後、数世紀にわたる時代を「大航海時代」と呼ぶ。

当時、英国はまだ弱小国家で、官僚制度も常備軍も十分には備えていません。英国はそうしたハンディキャップを抱えながらも、他の列強国に「追いつき追い越せ」の時代に突き進んでいたのです。

②王家の正当性をめぐる政略結婚

英国には他のライバル国にはない特別な事情がありました。「**ヘンリー8世の離婚劇**」です。この離婚劇が英国の歴史を大きく変えることになり、やがて東インド会社設立にも結び付いていきます。

先にみたように、英国にはアングロ・サクソン人が入って来てイングランドという国をつくっていました。その後、1066年にフランスからノルマンディー公ギョームが侵攻してきてイングランドを支配し、**ウイリアム1世**と名乗り、王位に就きます。この侵攻と支配は英国史上、最も大きな出来事で、「ノルマン・コンクエスト（ノルマン人の征服）」と呼ばれます。

以後、英国の王家はノルマン朝、プランタジネット朝、ランカスター朝、ヨーク朝、そしてヘンリー8世のテューダー朝へと、次々に変わっていきます。重要なのは、そのすべてが「**ウイリアム1世の子孫だ**」ということです。英国王家の正統性は「ウイリアム1世の本流に近い子孫であるか」にかかるようになっていきます。

その点で、ヘンリー8世の父親ヘンリー7世は焦っていました。王位には就いたものの、傍流であり、周囲には自分よりもウイリアム1世との血縁関係が濃い諸侯がた

【ヘンリー8世】
1491～1547年。テューダー朝第2代のイングランド王。6度の結婚に加えて、キャサリンと離婚してアン・ブーリンと結婚するために、カトリック教会から独立してイングランド国教会を設立したことで知られる。

くさんいるのです。いつ反乱を起こされるか分かりません。そこでヘンリー7世は、長男をスペイン王女であるキャサリン・オブ・アラゴンと結婚させます。スペインとの平和を保つ目的もありましたが、王家としての正統性を高めるためでもありました。

ところが、その長男が若くして死去してしまいます。それでもあきらめないヘンリー7世は、次男ヘンリー（後のヘンリー8世）をキャサリンと結婚させます。

③ヘンリー8世の「無理筋」の結婚と離婚の決意

次男ヘンリーとキャサリンの結婚は当初から無理筋でした。当時はヨーロッパの王家のほとんどはカトリック教徒でした。キリスト教の聖書には「兄弟の妻をめとる者は、兄弟を辱めるものである」として、兄弟の妻と結婚することを禁じると書かれています（『旧約聖書』レビ記20－21）。それでもヘンリー7世は、ローマ教皇の許可を得て次男ヘンリーとキャサリンとを結婚させる計画を強引に進めました。

次男ヘンリーは英国王「**ヘンリー8世**」として王位に就きますが、王妃キャサリンとの離婚を望むようになり、その意思は次第に固まっていきます。歴史書では「ヘンリー8世は侍女アン・ブーリンと結婚したかったので、キャサリンとの離婚を望んだ」と説明されています。が、心の底には、父親ヘンリー7世が自分を国家政策の道具としてしかみていないことへの反発もあったのではないでしょうか。

カトリックの教えでは離婚は認められません。ヘンリー8世は、ローマ・カトリック教会に対して、「私の結婚は、兄の妻との結婚であり、『旧約聖書』に反する。だから最初から無効であった」という理由付けで「無効確認」を求めようとしました。この主張は、現代の視点からは認められがたいものです。父親のヘンリー7世が、『旧約聖書』に反するところをあえて教皇に特別の許可をもらって次男を結婚させたのです。今度は、次男が「父親のお願いはもともと理に反するものでした」と主張するのは、どう考えてもしっくりきません。事実、ローマ教会は離婚許可の決定をなかなか出してくれませんでした。

④カトリック教会から脱退して「国教会」を築く

ヘンリー8世自身は熱心なカトリック教徒でした。カトリック教会から「信仰の擁護者」という称号を与えられたほどです。信徒の道を守るか、離婚を断じて行うか、普通なら、進退きわまるところです。

さてどうするか。ヘンリー8世は強硬手段に出ます。１５３４年に「国王こそがすべての価値の根源である教会の首長である」とする**国王至上法**を議会で成立させて、英国を**ローマ・カトリック教会から脱退**させてしまうのです。

同時に**国教会**という、キリスト教の新たな組織を築き、ヘンリー8世はその**首長**となります。自身が国教会の首長なのですから、自分の離婚、結婚を宗教的に正当化できることになりました。また、ローマ・カトリック教会を脱退したことで、英国の農民たちがローマ教会に納めていた「**十分の一税**」（収穫の十分の一を捧げものとするカトリック教会の教えによる献金）をヘンリー8世自身が受け取れることになりました。

【キリスト教、旧約聖書、新約聖書、カトリック】
キリスト教とは、ナザレのイエスが、ユダヤ教の聖典で示される救世主メシア（キリスト）であると信じる宗教である。キリスト教ではユダヤの聖典を『旧約聖書』と呼び、イエスの弟子たちによって著された文書を「神と交わされた新しい契約」という意味で『新約聖書』と呼ぶ。キリスト教は当初、ローマ帝国によって迫害されたが、３１３年、コンスタンティヌス帝のときに公認され、以後、次第に地位を確立し、３９２年にはローマ帝国の国教となり、「ローマ・カトリック教会」が成立する。

ローマ教会脱退の副次的効果です。

(3) ヘンリー8世離婚劇の大きすぎる影響

①英国内に生じたカトリック教徒とプロテスタントの対立の芽

ヘンリー8世の離婚は英国に大きな波紋を広げました。第1は、当時増え始めていたプロテスタントと伝統的なカトリックとの対立の芽を英国内に生じさせたことです。

ローマ・カトリック教会は初代教皇ペテロやパウロの熱心な布教などもあって著しい発展を遂げ、ヨーロッパ全体で信徒を獲得し大きな権威となっていました。９６２年にローマ教皇がドイツ国王に「**神聖ローマ皇帝**」の冠を授けた逸話は象徴的です。ドイツ国なのに**神聖ローマ帝国**と命名した理由は、「『ローマ帝国』はかつてカトリック教会の強力な後ろ盾であった。その流れを正当に継ぐ国である」として讃えるという意味です。ドイツ国王という強国の最高権力者といえども、ローマ教皇の権威付けが大きな意味を持っていたことが分かります。

こうしたカトリック教会に対して**改革の狼煙《のろし》**を上げたのが、ドイツの**マルティン・ルター**です。１５１７年、ルターはカトリック教会が販売している「**贖宥状《しょくゆうじょう》**」（免罪符）に対して、「人は信仰によって救われるのであり、贖宥状の購入は無意味である」とする意見書を公表しました。ルター派は、後にドイツ国王が出した「ルター派禁止令」に対して**抗議**（プロテスト）を行ったことから、「**プロテスタント**」と呼ばれるよ

【マルティン・ルター】１４８３～１５４６年。ドイツの宗教改革者。ローマ教皇から破門されても批判を貫き、聖書中心主義、信仰義人説を掲げてキリスト教の新教（プロテスタンティズム）を成立させた。「自分のためでなく、隣人のために生きて仕える生に神の祝福があるように」という言葉を残している。

うになります。

この動きは英国にも広がります。英国では「ばら戦争」と呼ばれる内戦で力を使い果たした封建貴族に代わって、**ジェントリ**（gentry）が台頭していました。ジェントリとは、騎士（ナイト：knight）が土地に根付いて中規模の地主となった人たちです。ジェントリはやがて**ヨーマン**（富農）と合わせて貴族に次ぐ階級となります。さらに、ジェントリ、ヨーマンと貴族とを合わせて上流階級一般を示す**ジェントルマン**（gentleman）という言葉が生まれます。

そのジェントリの間にプロテスタントが増えていたのです。英国では13世紀から貴族院と庶民院で構成される**議会**が開かれていましたが、その「庶民院」ではジェントリが大きな勢力となっていました。

②対立を深めた「中間的な国教」

ヘンリー8世は「脱カトリック」を標榜して国教会を設立したので、教義的にはプロテスタントとなったのですが、伝統的な封建貴族を刺激しないよう、教会建築の外観や礼拝の仕方にカトリックの要素を色濃く残すことにしました。こうした**中間的な対応**が、かえって国民の間のカトリックとプロテスタントの争いを先鋭化させます。どちらからみても、不満が生じたからです。

プロテスタントのなかでも信仰の姿勢をさらに純化させようとする人々は「純粋だねえ……」と揶揄《やゆ》されたということから、「**ピューリタン**」と呼ばれていました。

1620年、ピューリタンの一部は国教会の中間的な姿勢に不満を持ち、英国を離れ、北米に渡ります。**「ピルグリム・ファーザーズ」**です。

北米は英国の植民地時代を経て、後に**アメリカ合衆国**（米国）となります。英国の国王中心の文化とは異なり、**「国王のいない国、米国」**の出現です。米国の自由な文化は、英国とは異なる発想に基づく「株式会社」の歴史を作っていきます。こうした動きも、間接的ではありますが、ヘンリー8世の離婚劇の影響です。

③そして、スペインとの対立関係は決定的となった

第2の波紋は、カトリック教会と訣別したことで、英国はスペインと決定的に対立する立場になってしまったことです。スペインはもともと筋金入りのカトリック教国であり、「カトリック教会の擁護者」を自負していました。しかも、1519年には、そのスペインの国王**カルロス1世**が「カール5世」として神聖ローマ帝国（ドイツ）の皇帝を「兼務」することになったのです。神聖ローマ帝国は、先に述べたように「カトリック教会の後ろ盾」となることで讃えられている国です。

こうして英国とスペインの「対立関係」は決定的なところまで深まります。カルロス1世は、ヘンリー8世によって離婚されたキャサリン元王妃の甥です。ヘンリー8世が離婚を求める申請をカトリック教会に出したとき、その後ろ盾であった神聖ローマ帝国の皇帝カルロス1世の胸には、私的な感情も生じたに違いありません。

スペインはカルロス1世の時代に絶対王政を確立すると、西インド諸島、中央アフ

リカ、南アメリカにまで植民地を拡大し、「**太陽の没するところのない帝国**」と称される大帝国となっていきます。そのスペインにとって、ヘンリー8世のもとで絶対王政を確立し海外進出の機会をうかがう英国は、容認しがたい敵として映っていました。

(4) エリザベス1世の即位と問題への対応

①宗教問題の穏便な解決を図る

エリザベス1世が英国王に即位したのは、まさにそうしたときです。1558年、25歳。ヘンリー8世の離婚劇により国内では宗教問題が生じ、国外ではスペインとの対立関係が先鋭化していたときです。

エリザベス1世は、離婚劇の主役ヘンリー8世とアン・ブーリンの間の王女として生まれました。離婚劇の結果成立した結婚によりこの世に生を受けた娘が、離婚劇の結果もたらされたとてつもなく重い内外の課題に取り組むことになったのです。

エリザベス1世は、1559年、宗教問題について「**礼拝統一法**」を成立させます。司祭がどのような式服を着るか、オルガンを使うのかなど、礼拝の仕方は信徒にとって大変重要な意味を持ちます。エリザベス1世は、カトリックとプロテスタントとの中間をとり、穏健、中庸な方式に定めました。なるべく多くの英国民が受け入れてくれるようにと願ったのです。

【エリザベス1世】
1533〜1603年。英国、テューダー朝の女王（在位1558〜1603年）。ヘンリー8世と2番目の妃アン・ブーリンの子。

②アルマダの海戦で圧勝も、資金が足りない！

英国とスペインの敵対関係は、１５８８年の「**アルマダの海戦**」となって現実化します。エリザベス1世暗殺計画が発覚し、その事件に対する制裁を行ったところ、スペインが英国に対して宣戦を布告したのです。

当時の英国は、王領地からあがってくる国庫収入は30万ポンド、現時点で換算すると80億円くらいです。海軍はできたばかりという状況でした。「太陽の没するところのない帝国」スペインの「無敵艦隊」と呼ばれる大艦隊に英国海軍が立ち向かえるとは、誰も思いませんでした。

ところが、アルマダの海戦は英国の圧勝に終わります。理由は決戦が大西洋で行われたことにあります。スペイン艦隊は波の穏やかな地中海で従来の敵であるオスマントルコの海軍とばかり戦っていました。これに対して、英国海軍は波の荒い大西洋でスピードを持った海戦の経験を積んでいたのです。この戦いで英国は一躍、世界の舞台に躍り出ました。

とはいえ大国スペインが一度の敗戦で国力を失うはずがありません。実際、無敵艦隊はすぐに再建されます。エリザベス1世は、来るべき「**次の戦い**」に備えて国家の「運営資金」を獲得しなければなりません。これが「**国王側の差し迫った事情**」です。

③マグナ・カルタがあるため、税金は徴収できない

読者の皆さんは「絶対王政なのだから、資金が必要なら、**税金**を徴収すればよいで

はないか！」と思われることでしょう。

しかし、英国には「**マグナ・カルタ**」（**大憲章**）といって、「国王といえども、議会の承認なくしては課税できない」という伝統的な原則があるのです。マグナ・カルタとは、1215年、ウイリアム1世の子孫である**ジョン王**が諸侯と合意したルールです。ジョン王は相続できなかったフランスにある領土を奪い取ろうとして無謀な戦争を始めて、結果的に敗北します。ジョン王は諸侯たちに軍役に代わる負担金を支払わせようとしました。そうしたところ、ジョン王の勝手なふるまいに反感を募らせていた諸侯たちは王に詰め寄って「行動を慎むように」と約束させました。それがマグナ・カルタです。憲章には「国王は、評議会によるのでなければ軍役やこれに代わる経済的負担は課さない」と規定されました（12条）。

エリザベス1世のころはこの原則が発展し、「**議会の承認なくして課税なし**」というルールになって定着していました。この原則は現代にも引き継がれ、「**租税法律主義**」と呼ばれています。行政権といえども、国民の代表者で構成される議会が承認しないかぎり課税はできないという原則です。民主主義の基本となる考え方です。

ちなみに、この「**カルタ**」（charta）という言葉はラテン語で「**文書**」のことです。ジョン王と諸侯たちが約束したことを後世に残す大切な文書です。日本語で「カルタ遊び」というときのカルタはポルトガル語からきていますが、もともとは文書というラテン語です。お医者さんが作るカルテも同様です。他方、「**マグナ**」はラテン語の「大きな」という形容詞マグナス（magnus）の女性形です。

ともかく、「国家運用の資金は喉から手が出るほどにほしい。だが、勝手に課税はできない！」。即位したエリザベス1世が置かれていた過酷な状況です。

(5) エリザベス1世がとった「特許政策」

①当時の特許の概念

資金獲得のためにエリザベス1世がとった方策は「**特許政策**」でした。

特許とは、国王が行政権（立法・司法以外の国家権力）の行使として特定の人に独占権を与え、その代わりに特許の対価を徴収することです。広く「国民一般」を対象とするなら租税法律主義に従って議会の承認を得て「法律」の形にしなければなりません。しかし「特定の人」への「個別的な権利」の付与なら、行政権の行使として国王かぎりでできます。**特許料は税金ではない！**　ここがポイントです。

このエリザベス1世の政策は考え抜かれた戦略でした。エリザベス1世は特許を与える特定の者に対して

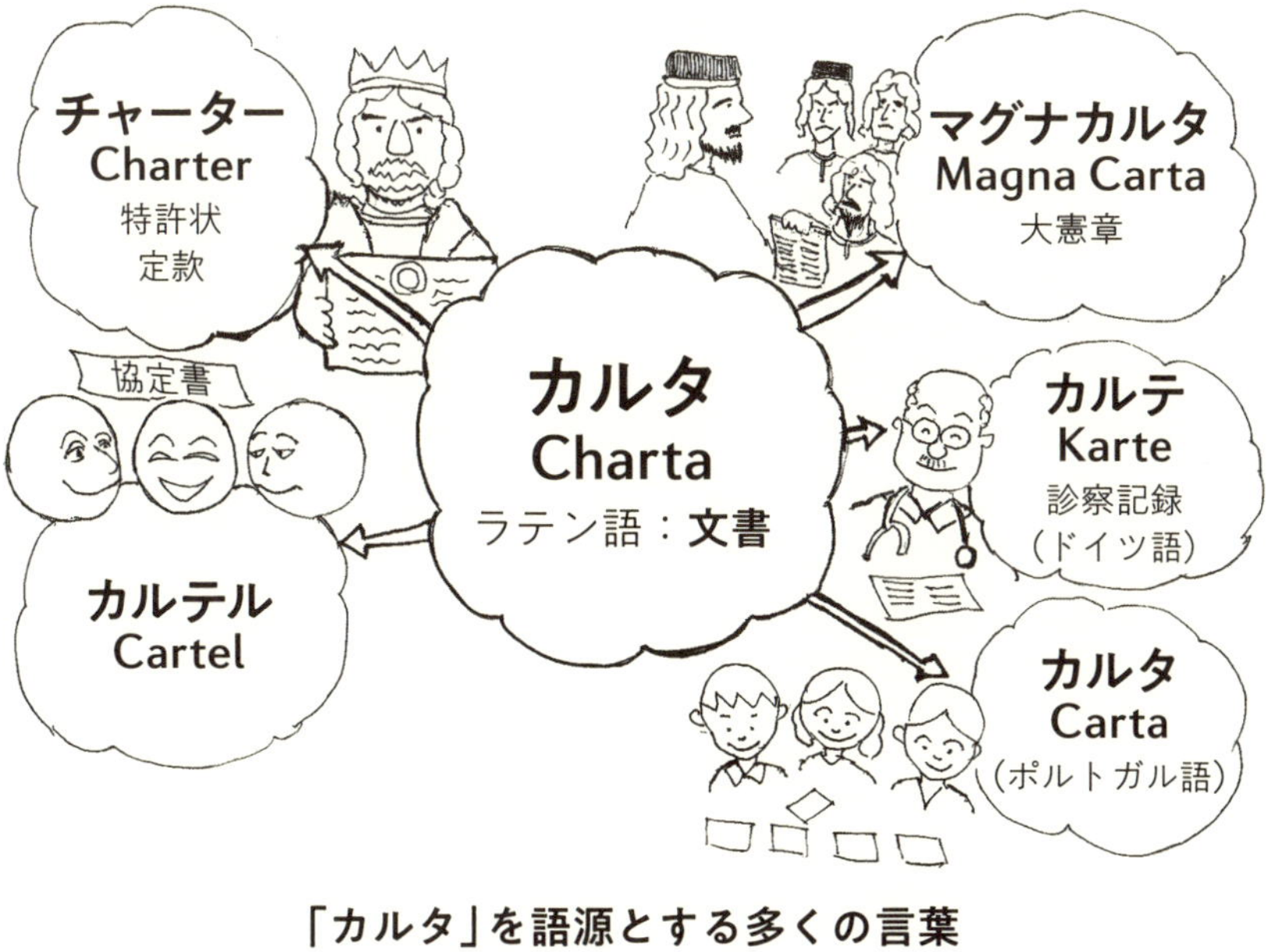

「カルタ」を語源とする多くの言葉

は「**特許状**」（**Charter：**チャーター）を交付しました。**チャーター**とは「特定の者に権利や自由を与える文書」という意味です。今日でも、たとえば船を借り切りにすることを「船をチャーターする」といいますが、これはその名残です。チャーターは、東インド会社設立をきっかけに独占の範囲を律する重要機能を持ったことから、会社の「**定款**」の意味も持つようになります。お気づきかもしれませんが、このチャーター（Charter）という言葉もラテン語の「文書」（charta：カルタ）が語源です。ちなみに企業同士で競争を止めようとする合意を「カルテル」といいますが、元は「休戦協定文書」という意味です。これもラテン語のカルタから来ています。

②エリザベス1世が行った特許の特徴

エリザベス1世が行った**特許**の特徴は、①行政権（国王）によって**独占権**が与えられること、②独占権の侵害者に対しては損害賠償、刑事罰など法的**ペナルティ**が課されること、③ペナルティの範囲を広く国民に示すため独占権の内容が**公開**されること、④誰かが独占権を持つことは他の人々にとって迷惑なので**期間限定**であること、⑤特許権者は**特許権料**として行政権（国王）に利益の一部を納付する義務を負うことです。

③現代の「発明特許」はエリザベス1世の特許を引き継いでいる

皆さんは「特許」と聞いて、現代の特許法で「優れた技術発明に与えられる特許権」

（以下ではエリザベス1世時代の特許と区別のため「**発明特許**」といいます）のことを思い浮かべられたことと思います。その連想は正しいのです！

現代の発明特許を、右に挙げたエリザベス1世の特許政策の特徴に則してみてみましょう。①「行政権によって与えられる」という点は、当時は国王によってでしたが、今日では行政庁である特許庁によって与えられます。

②の「ペナルティ」については、故意・過失によって特許を侵害した者には不法行為として賠償責任が課され（民法709条）、また10年以下の拘禁刑並びにまたは（and/or）1000万円以下の罰金刑が科されることになっています（特許法196条）。

③の「公開」に関しては、特許権として登録されると「特許公報」に掲載される**特許公開制度**が定められています（同法66条1項）。

現代では発明特許のことを「**パテント**」といいますが、「公開されている」というラテン語「**パテンス**」（patens）が語源です。なお、特許出願から1年6カ月が経過したときは、発明特許として登録されるかどうかとは無関係に、「出願公開制度」といって、自動的に出願内容が公開されます（同法64条1項）。これは、まだ登録になっていない段階でも新しい技術上の発想を人々に知らせ、さらなる開発を促すためです。

④の期間限定ですが、発明特許は「特許出願の日から20年」と限定されています（同法67条）。優れた技術発明へのご褒美として権利者には独占権が与えられるのですが、独占は後述するように他の人々・企業に対する制約になりますので、期間限定は

【発明特許】
本書ではエリザベス1世のとった特許政策と区別するために、画期的な新技術に与えられる独占権をあえて「発明特許」と表現している。現代では特許とは「自然法則を利用した技術的思想の創作のうち高度のもの」（優れた創作である）と定義される技術思想のことを意味している（特許法2条3項）。

【不法行為】
人は、わざと（故意）またはミス（過失）によって他人に損害を与えたときは、その損害を賠償する責任を負わされる。これを不法行為責任という。不法行為は契約と並んで最も重要な債務の発生行為とされる。

不可欠です。

⑤の特許権料ですが、今日でも特許出願の段階から、登録審査をしてほしいという審査請求、登録されたときの登録料など国に納める料金が細かく決められています。

いずれも国王時代の名残です。かつては、**王家**（**ロイヤル：royal**）から与えられた権利に対して国民が納付するお金は「**ロイヤルティ**（royalty）」と表現されました。いまでは意味が変わって、特許権者に対する「特許権使用許諾料」一般を意味する言葉として使われています。

このように、エリザベス1世が行った特許政策の基本的なポイントは、今日の発明特許にそのまま引き継がれています。

違うのは、特許が与えられる対象範囲の「広さ」です。エリザベス1世は当初、様々な事業、商品に広範に特許を与えました。特許権料の形で少しでも国庫収入がほしい彼女は、干しぶどう、塩、トランプ・カードなど、きわめて広く特許状（チャーター）を発行して独占権を与えました。その数は40品目に達したといわれます。

特許権を多発したことが、やがて「独占権への非難」となり、特許を与えることは次第に限定されていきます。そうした経過を経て現代では、優れた技術発明に限られるようになっています。独占権で他の人々や企業を制約してよいほど優れた発明であるかどうかは、特許庁によって厳正に判断されています。

(6) 企業家たちの東インド貿易への情熱

①東インド貿易への情熱

さて、企業家側の事情です。

15世紀後半、後に**喜望峰**と名付けられるアフリカの南端の岬を回って東インドに達する航路「**喜望峰ルート**」（東インド航路）が、ポルトガルによって開拓されます。そのころ、中東の内陸部を通る陸路「**キャラバン・ルート**」はオスマントルコに支配されていたために通ることができませんでした。キャラバン・ルートに代わるルートが求められていたところ、新たに「海路」ができたのです。

これを契機に、ヨーロッパの人々の間では、輸出、輸入の両面から、**東インド貿易への情熱**が爆発的に高まります。企業家たちは、競って東インド貿易の実現に向けて動き出しました。

②輸入したかったのは香辛料・香料

東インド貿易に対する企業家の情熱の対象となったのは、**輸入面**では胡椒などの**香辛料**と、クローブ（ちょうじ）、シナモン、ナツメグなどの**香料**です。特に胡椒など香辛料のニーズは切実でした。当時は牧草や飼料を発酵させて保存する**サイロ**の技術がなかったのです。仕方なく、牧草が枯れる冬には、農家では家畜を食肉にしていました。長い冬の間の保存料、調味料として、胡椒などの香辛料は必需品でした。

香辛料は英国で生産することはできません。遠い東インドから長く苦しい航海を経て輸入しなければなりません。香辛料はいまでは想像できないほど貴重なものでした。中世末のヨーロッパでは「風で飛び散らないように窓を閉めて、大商人が胡椒粒を1粒、また1粒と、ピンセットで数えた」といわれます。

それでも、英国民の食生活を守るために、企業家たちは危険な東インド貿易に乗り出そうとします。企業家たちの情熱の根底には、英国民の食生活を改善し「**人々の役に立ちたい**」という企業家魂がありました。もちろん、輸入が成功すれば莫大な利益が見込まれました。人々に奉仕したいという情熱と利益を獲得したいという願望から「会社」が、そしてやがては「株式会社」が生み出されていったことは、「これからの株式会社」を考えるうえで非常に重要なポイントです。

③輸出したかったのは毛織物

輸出面で対象として考えられたのは**毛織物**です。もともと英国は羊毛の生産国でした。さらに歴代国王が産業振興政策をとり、毛織物業を積極的に奨励しました。そのため、16世紀には**ヨーマン**（Yeoman：富農）と呼ばれる人々を中心に毛織物事業が急速に発達していました。**囲い込み**（Enclosure：エンクロージャー）といって、境界がはっきりしない耕地などを勝手に垣根で囲い込んで、自分所有の放牧地とすることまで広く行われていたほどです。ヨーマンを中心に毛織物を海外に輸出したいとの要望が高まっていました。

毛織物工業は、やがて18世紀になり綿織物工業にとって代わられます。その綿織物工業が水力紡績機の発明などにより、マンチェスターを中心に一大産業となり、「**産業革命**」と呼ばれる大きなムーブメントをつくっていきます。その動きを「株式会社」が支えることになります。

④オランダの成功が刺激に

オランダは1581年、オレンジ公ウイリアムのもと、スペインのフェリペ2世の恐怖政治と戦い、独立を宣言します。オランダの国内は低湿地帯が多く農業に適していなかったため、必然的に国の将来を貿易に託します。東インド貿易です。

けれども、東インドへの航海は大変でした。1595年にオランダを出港した4隻の船隊は、喜望峰ルートを通って翌年ジャワ島に到達し、1597年になって、やっとのことでオランダに帰りつきます。乗組員は出発したときの3分の1に減っていました。東インド貿易の過酷さが分かります。それだけに持ち帰る香辛料は、きわめて貴重なものでした。

辞書をみると、英語の「**エンタープライズ**」(enterprise) には「冒険」と「企業」と、2つの意味があります。けれども本当は、2つの意味があるわけではないのです。かつて企業は、成果を求め過酷な旅に出ていたのです。ですから、それぞれ2つの意味があるのではなく、「冒険」と「企業」とは同じ意味なのです。この「**冒険心**」がオ

【オレンジ公ウィリアム】
1533〜1584年。オラニエ公ウィレム（オレンジ公ウィリアムは英語読み）。オランダ独立運動を指導し、1581年に独立を宣言して連邦共和国の初代総督ウィレム1世となる。

ランダの企業家たちを東インドへの航海へと駆り立てたのです。

1599年7月には、ヤコブ・ファン・ネックの指揮するオランダの船団が大量の胡椒を積んでアムステルダムに帰港しました。胡椒は船団に400%の利益をもたらしました。大成功でした。このビッグニュースは、英国の企業家たちのビジネス魂を強く刺激しました。彼らの心には「東インド貿易」に挑戦したい、できれば国王が行っている特許状による**独占権**を得たいという思いが強烈に芽生えていました。

1602年3月、オランダ連邦議会の決議に基づき国からの特許状を得て**オランダ東インド会社**が設立されます。スペインからの独立によりオランダには国王はいなくなっていたので、議会による承認でしたが、独占権を国の特許によって与えられた点は英国東インド会社と同様です。

(7)「独占」はすべての企業家の夢

①競争することの厳しさ

「**市場を独占すること**」は事業を行うすべての人にとって「夢」です。ビジネスとは、消費者に対して商品・サービスを提供して収益を上げることですが、そのためにはライバル事業者と「品質と価格」で厳しい競争をしなければなりません。
品質で勝負するためには、消費者のニーズ、好みを読み取り、それに応えるため絶えず技術革新を中心に経営革新（イノベーション）を行う必要があります。企画、開発、製造工程の整備など、大変な投資、努力、不屈の企業家魂が求められます。**価格**で競争するためには、生産、物流、流通のコストを少しでも下げる工夫が求められます。

しかも、品質や価格で厳しい競争をすることが、企業家に必ずしもよい結果をもたらすとはかぎりません。１９７８年に日本で初めてワードプロセッサーが発売されたときは１台６３０万円でした。が、技術革新が急速に進み１９８５年には１台16万円になります。品質は向上するものの、値段はさらに下がり続け、ついにはパソコンにその座を奪われ、２００３年、ワードプロセッサーは生産を終了します。

こうした競争の厳しさと行く末を考えると、もし市場を独占することができたら、ビジネスは本当に楽です。多少品質の悪い商品やサービスであっても、それしかなければ消費者は買わざるを得ません。価格が高くても、その商品・サービスしかないのであれば、やはり消費者はその商品・サービスを購入します。イノベーションなど行わなくても、消費者は延々と同じ商品・サービスを買い続けてくれるでしょう。競争のない独占の世界は、事業を行う者にとって夢の世界です。

②「独占」の弊害

しかし、独占は消費者にとっては大変な迷惑です。独占が実現すると、商品・サービスは次第に確実に「質」が悪くなり、「価格」もかぎりなく上昇します。

現代の**独占禁止法**は、マーケットの支配力を獲得した企業が、そのパワーをちらつかせて他の企業を「排除」または「支配」して市場の競争メカニズムを傷つける行為を禁止しています（同法2条5項、3条前段）。違反すると、公正取引委員会から競争メカニズムを取り戻すために必要な措置、「**排除措置**」が命じられます。**刑事罰**（5年以下の拘禁刑または500万円以下の罰金刑）も用意されています（同法89条）。

現代社会をみると、「独占の弊害」が最も懸念されるのは**巨大IT企業**です。米国司法省は2024年3月、アップル社を「反トラスト法」（独占禁止法）違反で提訴しました。「iPhone以外の他社スマートフォンとの通信を制限している」という理由です。提訴にあたって司法省が紹介したエピソードは、他社製スマートフォンの利用者が「母にビデオを送れないんです」と苦情をいったところ、アップルの幹部が「お母さんにiPhoneを買ってあげてください」といったというものです（「朝日新聞」2024年3月23日付朝刊）。同社は米国のスマートフォン市場で65％以上のシェアを持っているといわれます。

EU（欧州連合）は2024年3月、「6社、22サービス」と、巨大IT企業の社名とサービス名を特定して、監視の目を光らせる仕組みを始めました。

日本でも2024年2月、公正取引委員会は巨大IT企業のM&Aを審査する専門部署を立ち上げました。また、同委員会は2024年4月、売上の20％に課徴金を課する内容の「巨大IT規制新法」の法案を作成し、国会に提出しました。同法は2024年6月、成立しました。

このように、現代では法によって厳格に規制され、行政処分や刑事罰の対象となる可能性すらある独占行為を、「特許」という形で堂々と認めていたのが、エリザベス1世の特許政策です。

国王側の、特許料の徴収で少しでも国庫収入を増やしたいという「差し迫った事情」と、危険ではあるが莫大な利益を見込める東インド貿易を行いたい、できれば貿易を独占したいという英国企業家たちの「情熱」とがピタリと合致したところで、東インド会社設立の動きが具体的に始まります。

(8) 企業家がさらに求めた「永続性」

①求められる永続性

企業家たちの願望はさらに広がります。「もし東インド貿易について独占権を得られたならば、それを半永久的に存続させたい」という、さらなる望みです。

夢のような独占権も、**永続性**がなければ意味がありません。素晴らしい権利を一度獲得したならば、自分たちの代だけではなく、子供や孫の世代まで、永く存続させたいという願いです。企業家たちの願望は果てしなく広がります。

②パートナーシップ契約の限界

ところが、それまでのビジネス界では共同事業を行う方法としては、パートナーシップ契約しかありませんでした。

パートナーシップ契約とは、当事者がお互いの人間的な**信頼関係**に基づいて共同事業を行う契約を結ぶことです。前に掲げたケース、佐藤さん、高橋さん、山本さんの3人が共同で自動車整備事業を行う事例を思い出してください。「車を愛する者同士」という3人の相互信頼関係があればこそのパートナーシップ契約です。

ですから、もしパートナーの誰かが亡くなったとき、亡くなったパートナーの相続人が自動的に立場を引き継いで、共同事業に参加してくるのは困るのです。残っているパートナーたちと相続人との間には何の信頼関係もないからです。パートナーシップ契約は長くても**一代かぎり**です。

パートナーシップ契約は、いまの民法で規定されている**組合契約**に当たります。同法には「組合員が死亡したときは組合を**脱退する**」と書かれています（同法679条）。「組合員」とはパートナーのことですから、一代かぎりであることが分かります。

パートナーシップ契約は一代かぎり、それも相互の信頼関係が続いている期間だけにかぎられます。必然的に短いものになります。パートナーシップ契約の通常の期間は「わずか2年間だった」とされます（ジョン・ミクルスウェイト、エイドリアン・ウールドリッジ『株式会社』鈴木泰雄、日置弘一郎、高尾義明訳、ランダムハウス講談社。以下ジョン、33頁）。

③永続性を確保するための「入れ物」

「半永久的」に東インド貿易の独占権を確保したいと切望する英国の企業家たちとし

ては、一代かぎりのパートナーシップ契約では困ります。「なんとか半永久的に続く**永続性**を持った組織を作りたい」と考えます。

東インド貿易を目指す企業家たちが考えたのは、自分たちが貿易資金を出資して、その**出資者の立場**を**相続人**に引き継がせることです。また、相続人だけではなく、出資者たちがお互いに納得するのであれば、特定の**承継者**に引き継がせることも可能にしたい。そうした組織を作れば、相続人、承継者がいるかぎり、半永久的に組織は続きます。永続性の獲得です。そうした永続性がある組織に「東インド貿易の独占権」を取得させるのです。

その永続性を持った組織は、個々の出資者やその相続人・承継者の移り変わりとは関係なく、**1つの組織体**として存続し続けます。出資者が亡くなっても、他の人に立場を譲渡しても、それとは無関係に「組織」が存続し続けます。まるで組織それ自体が1つの生命体のようです。それが**法人**です。独占権という企業家にとって至高の宝物を入れる宝箱、「**入れ物**」として法人が考え出されたのです。引き継がれていく「出資者の立場」は**構成員**（**メンバー**）と呼ばれることになります。

企業家たちの胸には、「女王陛下は東インド貿易の特許権については、慣例に従って15〜20年程度の『期間限定』をお付けになるだろうが、きっと更新してくださるにちがいない！」という確信に近い期待がありました。女王が国家の運営費用を必要とする状況は、半永久的に変わらないからです。更新されるかぎり存続し続ける組織を作ろうというのが、企業家たちの狙いでした。

エリザベス1世としても、国庫への特許権料収入を維持し続けるために、東インド貿易の特許権を認めたときは更新を認めて継続させることに異存はありませんでした。

法人制度の目的は、このように国家から与えられた貴重な独占権という「宝物」を長く保存できる、永続性ある「入れ物」として考え出されました。その後、これからみていくように、独占権に対する批判が次第に強まり、独占権の入れ物としての性格は、今日ではなくなりました。その結果、現代では「パートナーシップ契約より、**便利**」という点だけが残っています。

けれども、国から与えられた貴重な独占権を入れる入れ物であったという法人誕生の事情は、今日に至るまで、「**定款**」「**公証人の認証**」「**法人法律主義**」などに、色濃く影響を残しています。生い立ちのエピソードを抜きにして、法人制度や株式会社について理解することはできません。

④企業家たちの準備と陳情

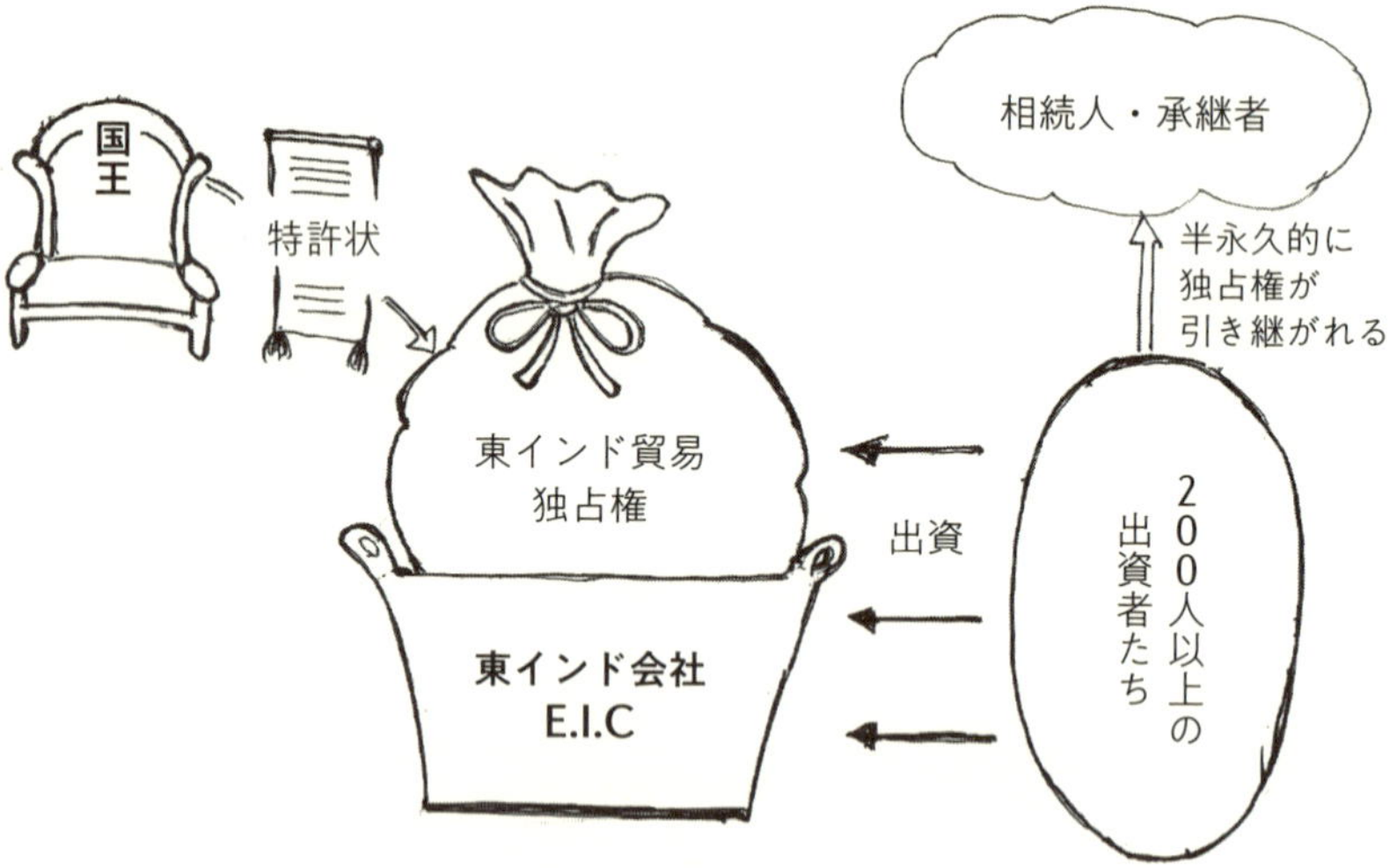

法人は「独占権」の入れ物として始まった

英国の企業家たちは1599年9月、ロンドンの会場に集まり、東インド貿易を行うための組織を作ることを決議します。熱気に包まれた会合だったことでしょう。3万ポンドを超える出資の申し込みがありました。当時の3万ポンドは現代に換算すると約400万ポンド、8億円以上になります。

企業家たちは代表者を選んで、エリザベス1世に対し、これから立ち上げる「永続性」を持った組織に対して「東インド貿易の特許権」を与えてくれるように陳情を始めます。

ところがエリザベス1世は、国庫収入を考えてはいるものの、スペインとの緊張関係の行方をみるため、すぐには特許を与えませんでした。こうした慎重さに、エリザベス1世の聡明な判断力と政治的手腕が感じられます。

(9) 東インド会社に与えられた特許状

1600年12月31日、エリザベス1世は、ついに企業家たちが創りあげた永続性のある組織、**東インド会社**に対して、**特許状**(チャーター)により、東インド貿易に関する独占権を与えました。「**法人の生まれた日**」です。その**特許状**を、先に述べた特許権の特徴や、肝心の永続性に留意しながらみてみましょう。

特許状のタイトル

特許状のタイトルは、「エリザベス女王によって『**東インド会社**』（The East India Company）に与えられた**特許状**（**Charter**）」となっています。

「公開」されること

「この文書は**公開**（patent：パテント）である」と記されています。公開は特許制度の特徴のひとつです。

出資者は200人以上

タイトルの次に200人以上の「出資者」たちの名前がズラリと掲げられています。出資者の顔ぶれは、伯爵（earl：貴族）、騎士（knight：ナイト。貴族ではないが貴族に次ぐ階級）、郷士（esquire：エスクワイア。騎士に次ぐ階級）などをはじめ多くの名士たちです。この出資者たちが東インド会社の**構成員**（メンバー）です。

期間限定

「期間は15年間」と定められています。期間を限定するのは特許制度の特質のひとつです。

特許権の範囲

特許権の範囲は、「**喜望峰**を回って**マジェラン海峡**に達する既存の航路、またはこれから開拓されるしかるべき航路を使って**東インド諸島**との間を**往来**し、**貿易**を行う権利」です。他の者が同様の貿易を行うことは許されないと定められています。「**独占権**」であることの宣言です。他の者や会社が「同様の貿易」を行うと制裁が課されるのですから、権利の範囲は明確に記載される必要があります。権利範囲の明確化は特許制度の特質のひとつです。

ペナルティ

無断で東インド貿易を行った者に対しては、「東インド会社の『**総督**』(governor)は、その者に対して適法に拘禁刑、罰金刑を科することができる」とされています。

この総督とは、出資者たちから選ばれる24人の委員会（committees）で選ばれる執行のトップです。人に刑事罰を科する権限は、本来は国家にしかありません。東インド会社はほとんど国家に等しい権限を与えられていたのです。

また、勝手に東インド貿易を行った者は「貿易で得たものを引き渡さなければならない」とされています。民事的な制裁です。

権利を侵害した者に刑事、民事のペナルティが課されるのも特許制度の特質のひとつです。

永続性

企業家たちが最も強く望んでいる**永続性**については、「権利は**我々および我々の相続人、承継人に**（for us, our Heirs and Successors）**与えられる**」と定められています。この「我々と相続人、承継人」という用語は、特許状のいたるところで繰り返されています。この文言で、東インド会社が存続するかぎり、与えられた独占権を維持できる「永続性」が生まれました。長くても契約者一代で終わってしまうパートナーシップ契約との決定的な違いです。

権利・義務の主体

東インド会社は「ロンドン商人らによる東インド諸島貿易のための総督とカンパニーの名前で、物の購入や所有、訴訟行為を行うことができる」とされています。

これが現代において法人の必要性で説明される、「**法人とは、自然人以外でも権利・義務の主体になれるもの**」、つまり「便利である」という点です。この規定により東インド会社は、船団の傭船契約、乗組員の雇用契約、毛織物など輸出品の仕入契約、東インド地域での香辛料などの買付契約などを、会社の名前で締結できたのです。

⑽ 東インド会社の存続と独占への批判

①2年弱で莫大な利益をもたらす——1回目の航海

こうして成立した東インド会社は、早速、1601年、4隻の船をロンドンから出航させました。船団は長い航海を経て、1602年9月に英国に戻りました。法人の本格的な活動が始まったのです。100万ポンド以上の胡椒を持ち帰り、莫大な利益をもたらしました。

以後、東インド会社は1858年に至るまで250年以上にわたり存続しました。船が難破してしまったり、大成功を収めたり、分裂・合併したり、国家の関与が強められたりなど、激動の運命をたどりながらも、とにかく存続し続けます。

その間、特許権は「更新」が繰り返されました。特許更新については企業家たちの期待どおりだったのです。東インド会社が「独占権の永続的な入れ物」となったことは確かな事実です。

②アダム・スミスの独占批判

一方で、東インド会社の「東インド貿易独占」に対する批判が強まっていきました。経済学者のアダム・スミスは、「東インド会社自身は『東インド貿易で国は豊かになった』と主張するが、国の富をたいして増大はさせなかった」と指摘しています。さらに、「国民は誰でも自由にアメリカ貿易を行えるのに、東インド貿易は独占されているので行えない。そのことが、東インド会社に対する激しい嫉妬を引き起こした」と批判しています（アダム・スミス『国富論Ⅱ』中公文庫、111頁より筆者抜粋）。東インド会社の出資者（構成員）は200人強ですが、伯爵、騎士、郷士などであり、国民全体からみればごくごく一部の選ばれた人々だったのです。その選ばれた人々を構成員とする企業体「東インド会社」には、国民全体からの憧れと嫉妬と批判の入り混じった眼差しが向けられたのは自然なことです。

③裁判所も批判した独占権——「ダーシーvs.アレン判決」

独占に対する国民の批判が高まっていったことを示す「判例」があります。「ダーシーvs.アレン判決」（1602年英国王座裁判所判決）です。この事案で裁判所は独占権の問題点を指摘しました。どのような事案かをみてみましょう。

エリザベス1世は**トランプ・カード**の輸入・製造・販売の独占権をダーシー(Darcy）に与えます。対象は、カード遊びに使う普通のトランプ・カードです。特許期間は21年、役人たちはダーシーの特許権を守るように義務付けられていました。

そうしたところ、ロンドンの小間物商アレン（Allen）がトランプ・カードを輸入し、また自ら製造・販売したため、ダーシーがアレンを**特許権侵害**だと提訴したのです。対して、アレンは「独占はコモン・ローに反する」と主張しました。**コモン・ロー**とは、英国の長い歴史のなかで、慣習や判例によって形作られてきた基本法であり、国王も議会もこれに従わなければならないとされているものです。

王座裁判所（Court of King's Bench：国王が臨席して裁判を行う裁判所）は、トランプ・カードの独占権は無効であると判断しました。理由は、カードの輸入・製造・販売という営業活動を独占させることは国民の自由に反すること、および独占は、価格をつり上げ、品質を低下させる弊害があることです（谷原修身「コモン・ローにおける反独占思想」『東洋法学』37巻2号160頁の記述による）。この判決は、国民の利益に反するような独占権はコモン・ローに反すると明言したものといえます。

　こうした出来事などを経て、国民の間に、「特許（チャーター）による独占権の付与」という政策に対して批判が高まっていきます。エリザベス1世の次のジェームズ1世も特許政策を受け継ぎましたが、1621年、議会で、「むちゃくちゃな特許政策だ」と厳しく批判されています。世の中は独占に対して批判的になっていたのです。

(11) 特許による法人制度の批判が巻き起こり、「準則主義」に転換

①「特許主義」から「準則主義」へ

　東インド会社の後も、1つひとつの会社にそれぞれ特許（チャーター）によって独占権が与えられていました。こうした制度を**特許主義**といいます。

「ダーシー vs. アレン判決」でみたように、特許による独占については批判が強まっていました。さらに以下にみる**南海会社事件**、これに引き続いて起きた**泡沫会社事件**で、特許主義は崩壊します。その結果、会社の「設立」についての国家政策は、国が定めた要件さえ満たしていれば設立を認める**準則主義**へと転換します。

②南海会社設立法案は国による国債の償還のためつくられた

1711年、英国議会で「**南海会社設立法案**」が可決されます。当時、英国は、南アメリカを植民地とするスペインの王位承継をめぐってフランスと戦争をしていました。**スペイン承継戦争**（1701〜1714年）です。戦費調達のため、英国は国債を発行します。戦争が続き、国債の残高が膨れ上がっていました。**国債**は「国家の債務」という意味です。要するに、国が国民から「借金」をすることです。国は国債の弁済（償還）をなんとかしなければなりません。

折から英国はフランスとの和平交渉を始めていました。その結果、**南海**（南アメリカの西海岸）での貿易権をフランスから得られる「見込み」が出てきます。英国は、その「見込み」に基づいて、南アメリカ貿易を行う独占権を特許状により「南海会社」に与える計画を立てたのです。その南海会社の株式を国民に買ってもらって、国債の償還資金を得ようという計画でした。

他方、英国民の間には、東インド会社の出資者（構成員。後の株主）たちに対する憧れと嫉妬がありました。東インド会社がたいへんな成功を収め、「名士」たちは出資者として大儲けをしているにちがいないと思っていたのです。同じような特許会社ができたら、ぜひとも自分も出資者になりたいと、多くの国民が望んでいました。

東インド会社の出資者の立場は第4章「株主有限責任」でみるように、国王から特許を与えられた会社だけではありますが、1662年から**出資者有限責任の原則**が始まっていました。1700年代には現代の「**株主**」と呼べるものになっていました。

【国債】
国の発行する債券のこと。債券とは企業や団体が資金を借り入れたときに発行する借用証書の一種で、そのなかで国が発行する債券のことを「国債」という。国債を購入することは、国に一定期間お金を貸した（投資した）ことになる。

③1720年・南海会社狂騒曲

英国は1713年、ユトレヒト条約によりフランスから正式に南海の貿易権を獲得すると、これを南海会社に独占権として与えます。そして1720年1月、南海会社の株式を国民に向けて売り出したのです。このとき、「政府は南アメリカでペルーの金山を得て、南海会社に与えるらしい」という噂も立ったといいます（浅田實『東インド会社』講談社現代新書、128頁。以降、浅田）。

こうした夢がふくらみ、1月には100ポンドだった株価は、6月24日には1050ポンドに高騰します。国債を持っていた多くの国民が、その国債を南海会社の株式と交換したといいます。これが南海会社事件の始まりであり、一連の大騒ぎは**「1720年・南海会社狂騒曲」**と呼ばれます。

④次々登場する「泡沫会社」

1720年1月に始まった騒ぎをみて、国王の特許（チャーター）も得ていないのに勝手に「会社」を名乗り、出資を募り、しかも有限責任だと主張する動きがどっと始まりました。「偽特許会社」の横行です。これは後に**泡沫会社（bubble companies：**バブルカンパニー）と呼ばれます。「泡沫会社事件」の始まりです。

泡沫会社は1720年5月の段階で50社もありました。どんな会社があったのか、一例を挙げておきましょう。

「飲酒による死亡保険会社」

【ユトレヒト条約】
1713年から1715年にかけ、ユトレヒトで締結されたスペイン継承戦争・アン女王戦争の講和条約。英国とフランス・スペインなどの間で締結。英国が植民地を拡大し、その後の帝国形成の第一歩となった。

「永久運動をする車を完成するための会社」
「そのうち発見されるであろう大事業を営むための会社」
「40年前の沈没船から金（ゴールド）を引き揚げるための会社」

⑤慌てた国による泡沫会社の規制

国は慌てました。「株式会社」とは、英国のために役立つと国王が認めた会社に、特許状によって独占権を与える制度でした。そうした厳しい選別を経た会社の株主にだけ「有限責任」を認めるつもりだったからです。特許も与えられていない会社が乱立して勝手に「有限責任だ」などというのは困ります。

そこで英国は１７２０年6月に「**泡沫会社禁止法**」を制定し、「チャーターなき偽特許会社」を禁止して、新たな会社の設立を厳格に規制しようとします。この法律は、なんとそれから１００年も先の１８２５年まで続きます。

しかし、泡沫会社禁止法は、後にみるように社会に大きな衝撃は与えたものの、偽特許会社の出現を完全に止めることまではできませんでした。多くの人々が「株式会社」というビジネス形態が大変な**ダイナミズムとパワー**を持っていることに気づいてしまったのです。

仕方なく英国は19世紀後半になって、法律の求める要件さえ満たしていれば株式会社の設立を認め、その代わり事後的な管理を強化するという**準則主義**へと転換します。この流れは、今日の株式会社の「準則主義」へと引き継がれていきます。

6 「法人誕生のエピソード」と現代の株式会社

(1) 新しい時代へ向けての「法人法律主義」

①法人法律主義

現代の日本では「**法人法律主義**」がとられています。

法人は民法または会社法など、その種類ごとの法律がなければ設立することはできません（民法33条1項）。設立後の運営、管理に至るまで法律の定めに従うことを求められています（同条2項）。会社法、一般社団・財団法人法、学校法人法、宗教法人法では国の解散命令について定められています。

これらは「法人」が国王の特許状により個別に認められて設立されていた時代の名残なのです。

②法人を法で規制する目的

現代では法人法律主義の意義について、単に**法規制**されていると消極的に受け止めるのではなく、「**法律は国民のためにある**」という積極的な面からとらえる必要があると思います。①国民にとってどのような法人の設立を認めるべきなのか、②法人の運営のあり方をどのような方向にもっていくのが国民のためになるのか、という視点から、法人のあり方を考えるのです。それが真の「法人法律主義」です。

第8章でみるように、現代の企業は、世界中で、人権尊重、気候変動対策など、「1人ひとりが幸せに生きられる社会」「人を大切にする社会」に向けてどう変革していくべきかという大きな課題に直面しています。私たちは新しい課題に立ち向かうために、「法人法律主義」を会社と向き合うときの基本的な判断基盤とすべきです。

(2) 日本が準則主義になるまでの経緯

会社法は、会社の設立について、一定の要件を満たしていれば設立が認められる**準則主義**をとっています。株式会社の場合、一定の要件として、①定款を定めること、②その定款について公証人の認証を得ること、③構成員である株主が定まること、④出資が履行されること、⑤取締役などの機関が選任されること——が要件です。これらの要件を満たせば設立の登記をすることができ、それによって株式会社が法的に成立します。

しかし、法人、株式会社に対する国家のスタンスは当初から準則主義だったわけではありません。日本の会社法は「免許主義」から始まります。**免許主義**とは、一般からの申請に対して厳重な審査をして設立の免許を与える制度です。明治政府として、

「国家の発展のために役立つ会社であるか」を慎重に審査する必要があったのです。

明治23年商法（１８９３年、１８９８〜１８９９年のごく短期間だけ施行）では、「**政府の免許**を得るにあらざればこれ（株式会社）を設立することを得ず」（同法１５６条）と定められていました。「発起人は主務省に対して設立の免許を請う」（同法１６６条）と表現されています。「請う」（！）という言葉づかいから、当時の免許主義の雰囲気を知ることができます。

日本の免許主義は、**明治32年商法**（１８９９年）の制定時に、現在の準則主義に変わります。世界の経済システムの流れに合わせるためです。

(3) 定款は重大な規則

定款は、エリザベス1世時代の「**特許状**」（**チャーター**）が形を変えて残っているものです。特許状は「喜望峰を回るルートによる東インド貿易」というように、独占権の境界線をはっきりと国民に示すための重要な文書です。その点を理解すると、なぜ定款が株式会社にとっての重大な規則なのか、なぜ変更するには厳重な手続きが必要なのか、が分かります。

今日でも定款は英語で「チャーター」(charter) と呼ばれます。特許状の呼び方が残っているのです。なお、定款については第2章で詳しく研究します。

(4) 公証人による定款認証の意義

①「王様のいる国」の公証人

公証人（notary public：ノータリー・パブリック）は、13世紀ころのイタリアでローマ教皇・皇帝の正統性に基づいて正式な文書を作成したり、内容を公的に認めたりする業務を行う職業として誕生しました。公証人は作成する文書に「教皇の名において」「皇帝の名において」と記載していました。

教皇、皇帝の名のもとに業務を行うのですから、きわめて権威のある地位の高い職業でした。公証人の制度は、国王のいるヨーロッパ中のカトリック国に広まりました。

②各国の東インド会社の特許状は公証人が認証

フランスでは「フランス東インド会社」が1664年、ルイ14世による特許状で設立され、ドイツ（神聖ローマ帝国）では1722年に、皇帝による特許状で「オステンド東インド会社」が設立されます。フランス、ドイツでは特許状の作成、付与という厳かな手続きにおいて「国王、皇帝の名のもとに」公証人が関与していたと考えられます。現代でも、フランス、ドイツ、イタリアでは株式会社の設立には公証人が関与しています。

③「王様のいない国」米国の公証人

米国では株式会社設立に際して「法人設立証明書」には、自署で責任を持って確認する方法か、公証人によって認証してもらう方法を選択できます。公証人の認証が強制されるわけではありません。「王様がいない国」だからです。

米国はピューリタンたちによって創られた国家であり、国王・皇帝によって厳かに会社設立を宣言してもらうという発想、文化がないことが理由です。

④英国では公証人が定款を認証する制度はない

不思議なことに、「法人が生まれた国」である英国でも、株式会社の設立に際して、定款認証など公証人が関与する手続きはありません。先に紹介したように、英国がカトリック教会とは決別し「国教会」の道を選択し、国王みずからが首長となり権威を持った結果だと思われます。

⑤日本における公証人の歴史

先述のとおり短期間の施行に終わった明治23年商法では、定款認証の制度は採用されていません。商法の草案を作ったたの**ヘルマン・ロエスレル**（ドイツの法学者・経済学者）は「公証人による認証制度」を提案したのですが、日本側の立法担当者は「そのような慣例は日本にはない」として受け入れませんでした。ヨーロッパの「教皇、皇帝、国王の名のもとに」という文化がよく分からなかったからだと思います。

日本の法制度で公証人の定款認証が採用されるのは、昭和13年商法（1938年）からです。

⑥公証人の面談が不可欠な現代の定款認証制度

現代日本の制度では、株式会社、一般社団法人、一般財団法人を設立する際は、公証人に定款を認証してもらわないと効力が発生しません（会社法30条、一般社団・一般財団法13条、155条）。

定款認証とは、公証人が定款の「有効性」を公的に認めることです。会社を設立しようとする人（「発起人」といいます）は、公証人のいる「公証役場」まで足を運んで公証人の「面談」を受けなければなりません（公証人法62条2項）。2020年からはテレビ電話で面談を受けることができるようになりました。けれども公証人の面談が不可欠であることに変わりありません。

⑦「公証人による定款認証」の現代的な意義

公証人による定款認証の現代的な意義は、「リスク管理的な意義」です。

英国で出現した南海会社に続く泡沫会社のような人々に迷惑をかける「怪しい会社」の設立を、公証人の鋭い眼差しを持って未然に防いでもらうという目的です。オランダでは2017年までは株式会社の設立に際しては司法大臣による「無障害証明」が必要とされていました。「怪しい会社」の出現を防止したいのは、どの国でも同じです。

リスク管理上好ましくない会社の設立を未然に防止するのは、国民のためです。そう考えると、現代の公証人は「国民の名において」定款を認証するのだといえます。

⑧リスク管理からみた公証人の権限

公証人は認証に際しては「**法令違反の定款、無効な定款**」は認証してはならない、とされています（公証人法62条の3第4項、60条、26条）。とはいえさすがに不法勢力も、定款の目的記載欄に「覚せい剤の密造及び密売」と正直に書いてくるとは思えません。申請書類だけから「不法目的の会社設立であるか」を見抜くのは、大変なことだとは思います。

そのために公証人は、定款認証に際しては認証の依頼者と「**面談すること**」が義務付けられているのです（公証人法62条の3第2項）。日本の公証人は、経験を積んだ裁判官、検察官などから法務大臣が任命することになっています。ベテランの法曹経験者が依頼者に対して直接面談し、いろいろと質問する手続きがあることは、不法勢力にとっては十分な牽制になります。

2022年、公証人が定款認証の依頼者らとの「面談」を行わずに定款を認証し、日本公証人連合会から指導を受けたことが報じられています。「定款認証」の歴史的な意義、リスク管理的意義を考えると残念な出来事です。

⑨申告制度の追加

2018年からは、定款認証を公証人に依頼するときは、①設立しようとする会社の**実質的支配者**（株式を50％以上保有など）は誰か、②実質的支配者は暴力団員ではないか、国際テロリストではないかを、公証人に申告することが義務付けられました。リスク管理的意義を強化するためです。

このように歴史的な整理をすると、**公証人の定款認証**がどれほど重要なことであるのか、感じていただけたと思います。では、それほど重要な「**定款**」とはいったい何なのでしょうか。第2章でみていくことにしましょう。

第2章

「定款の壁」を超えて
――怪物ウルトラ・ヴィーレスとの戦い

1 分かりにくい定款の意味合い

(1) 定款のミステリアスな力——「定款は会社の憲法」というけれど

本章では会社の「定款」について考えていきます。

株式会社について理解しようとするとき、法人(第1章)に次いで分かりにくいのが**定款**です。定義などは分かったとしても、その存在感、意味合いがよく分かりません。ここをクリアできると、だいぶ株式会社についての実感がつかめてきます。

「**定款は会社の憲法だ**」といわれます。この言葉から、「どうも定款というものは国家にとっての憲法と同じくらい、会社にとって大切なものらしい。普通の社内規則などとは別格なのだろう……」という雰囲気が伝わってきます。実際、フランスでは会社の基本原則のことを、「憲法」という意味もある「コンスティテュシオン」(constitution)と呼んでいます。

会社法は、定款を変える場合は、**特別決議**といって、議決権を有する株主の過半数が出席して、その3分の2以上が賛成する必要があると定めています。国の憲法も、改正するには衆議院と参議院とがそれぞれの3分の2以上の賛成で発議し、そのうえで国民の過半数の賛成を得なければなりません。本当に定款は憲法のようです。

定款の2文字をみてみましょう。定款の「定」は「決める」という意味であり、

「款」は金属や石のような硬いものに「刻み付ける」という意味です。両方合わせて、「**一度決めたことを、めったに変えられないように、カッチリと残す**」という意味になります。硬いものに刻み付けるというところからは、モーセがシナイ山で神から与えられた2枚の石には10の戒律、「十戒」が刻まれていたという『旧約聖書』のエピソードを思い起こさせます。

定款は厳粛なものであり、はかり知れない尊さを持っていて、どこか神秘的なところすらあるようだと感じていただければ嬉しいです。**その「神秘性」の正体を探ること**、それが本章のテーマです。

(2)　定款の基礎知識的な整理

①定款の基礎的な事項

定款の研究に入る前にここで、「定款」の教科書的な基礎事項を整理しておきます。

定款とは、その神秘性はひとまず置いておくとして、とにかく、株式会社の基本原則です。定款には、①会社が行おう

これが定款だ！（筆者の個人的イメージ）

とする事業分野（**目的**）、②社名（**商号**）、③住所（**本店所在地**）が記載されています。その他、④どれだけの株式数を発行できるのか（**株式発行可能総数**）、⑤単元株に関する事項（単元株とは100株を所有したとき初めて1議決権を与えられる制度。第7章で取り上げます）、⑥株主総会、取締役会、会計監査人など、会社の機関、運営に関する事項が定められています。

なかでも、これから本章でみていくように、**目的**の記載はきわめて重要です。目的とは、いま現在会社が行っている「事業分野」、これから行おうとしている「事業分野」のことです。米国の定款では「**パーポス**」(purpose)という欄に記載されます。

②佐高山株式会社の定款

第1章でみた**佐高山株式会社**の定款には、佐藤さん、高橋さん、山本さんたちが、①商号として「佐高山株式会社」、②目的として「自動車の整備、修理事業」、③本店所在地として「F県＊＊町＊＊」の住所などを記載することになります。

また、佐高山株式会社では「親友3人」の信頼関係が大切なので、3人以外の人が「私も株主になりたいのですが……」と頼み込んできた場合に備えて、「当社の株式を譲渡により取得するには、取締役会の承認を受けなければならない」という条項を入れるでしょう。**譲渡制限制度**といって、少数者が自分たちだけでずっと会社を運営していけるようにするための制度です。株式の自由譲渡性の例外として、第5章でみることにします。

③重要情報は「登記」により社会に開示される

定款に記載されている事項のうち、「商号」「目的」「本店所在地」「発行可能株式総数」など、さらに定款記載以外でも「発行済み株式数」「取締役・代表取締役・監査役の氏名」などは、「会社に関する大切な情報」として法務局で「登記」します。世の中に対する**公表**です。会社の登記簿謄本（正確には**登記事項証明書**）は、法務局で収入印紙を貼った「交付申請書」を提出して申請すれば、誰でも取得することができます。

私はさらに進んで、すべての株式会社は「定款」そのものをホームページなどで公開したほうがよいと考えます。第4章でみるように、株式会社はその出資者（株主）たちが「株主の有限責任」というとてつもない特典を与えられる交換条件として、「社会の役に立つこと」を義務付けられていると考えるからです。株式会社は**パブリックな存在**なのです。だとすれば、定款は社会に公表すべきです。

図表2-1　定款の例

佐高山株式会社

定款

第1条（商号）
　当会社は、佐高山株式会社と称する。
第2条（目的）
　当会社は、次の事業を行うことを目的とする。
　　1. 自動車の整備、修理事業
　　2. 前項に関連する一切の事業

・　・　・　・

第9条（譲渡制限）
　当会社の発行する株式の譲渡による取得については、取締役会の承認を受けなければならない。

出所：筆者作成

2 株式会社全体にわたる「定款」の存在感

(1) 取締役と「法令・定款」

ここで定款の「存在感」について整理しておきます。会社法をみると、あちこちに**定款の存在感**を感じさせる多くの規定があることに気づきます。以下、少し細かくなりますが、定款をめぐる会社法の制度を整理してみます。会社法に「**法令・定款**」という言葉があふれていることを味わっていただくためです。覚えていただくためではありません。

象徴的なのは**取締役の忠実義務**です。会社法では、取締役は**法令・定款**と株主総会の決議を順守する義務を負うと定められています（330条）。取締役の義務は、①法令、②定款、③株主総会決議――に従うことなのです。取締役が株主総会の決議に従うのは、株主が会社のオーナーですから当然のことです。「**法**」とは国民が国会を通じて作るルールであり、「**令**」とは国民の付託を受けた政府が作るルールです。定款はそうした法令に匹敵する重要性を持っているのです。

この原則を受けて、取締役が就任するときに会社に提出する「**就任承諾書**」には、多くの場合、「私は、**法令・定款**に従い誠実に職務を遂行します」と記載されています。

(2) 取締役会と「法令・定款」

取締役会も、会社法で、各取締役の職務執行が**法令・定款**に適するような体制を整えなければならないと義務付けられています（362条4項6号）。「適正確保体制」と呼ばれます。

(3) 監査役と「法令・定款」

監査役の職務は、法令・定款が大きな基準線になっています。監査役は取締役に**法令・定款違反の事実**（可能性を含む）があるときは取締役会に報告することを義務付けられています（382条）。経営トップが部下に「談合」「贈賄」の指示をしようとしている場合などが典型例です。監査役は取締役会に報告し、取締役会の決議で経営トップの危ない行為を止めてもら

図表2-2　定款の存在感

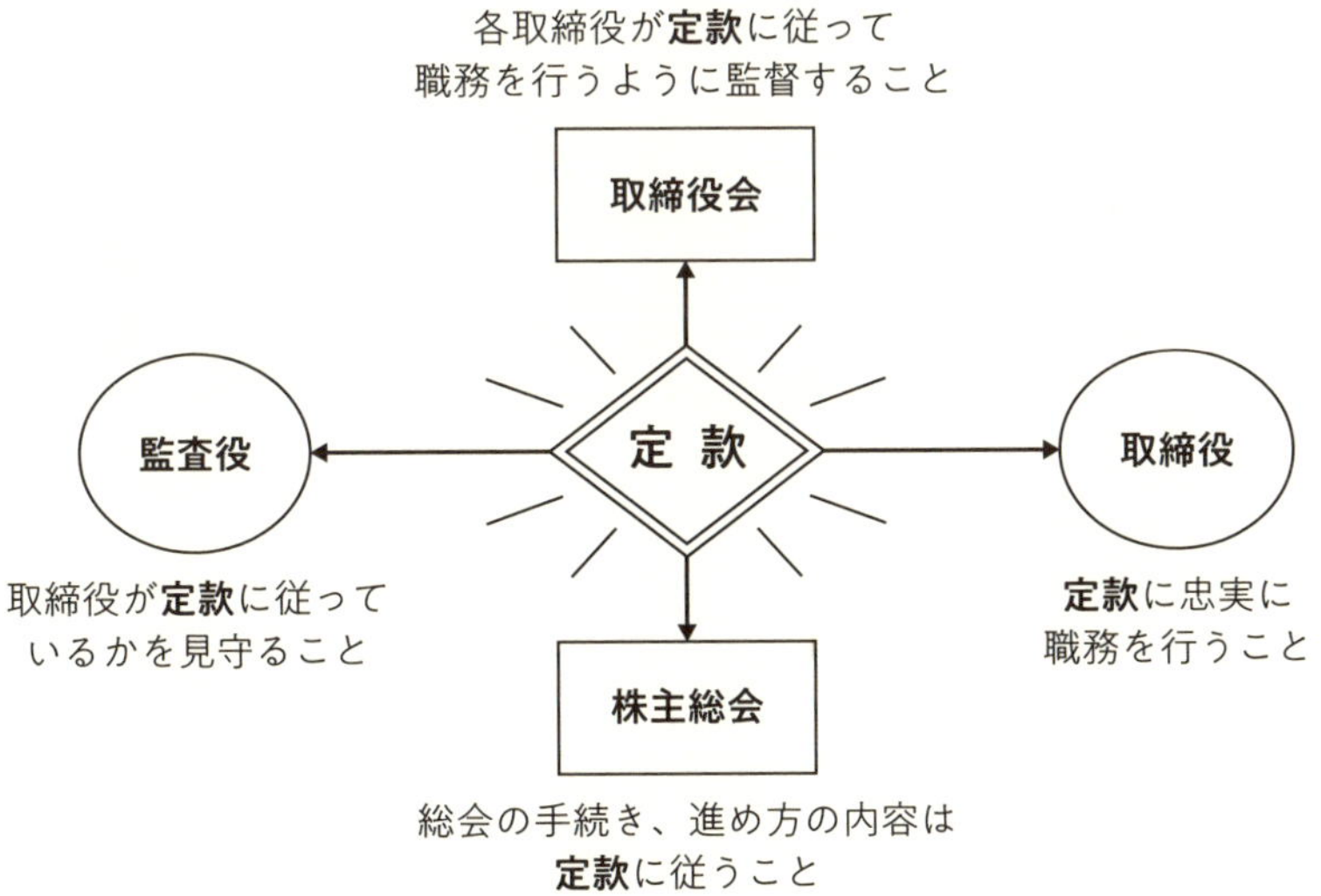

出所：筆者作成

う使命を帯びています。

報告や対応が間に合わなかった場合に備えて、監査役はみずから取締役に対して、その行為を差し止める強力な権限を持っています（385条）。監査役の「**差止権**」といいます。

（4）株主総会と「定款」

株主総会の招集手続き、決議方法が**法令・定款**に違反するときは、株主は「株主総会決議取消し」の訴訟を起こすことができます（831条1項1号）。また、株主総会が**定款違反**の内容の決議を行ったときも同様です（831条1項2号）。

こうして整理すると、株式会社制度の全般にわたって、定款がいやがうえにも存在感を発揮していることがお分かりいただけたと思います。実際、取締役会や株主総会の場では、「法令・定款」という言葉が頻繁に飛び交っています。

3 「定款の壁」——会社は目的欄に書かれていない活動はできない！

(1) 佐高山株式会社、分裂か？

①佐高山株式会社、佐藤さんの提案

佐高山株式会社では、ある日、佐藤さんから提案がありました。

「ウチでも、中古車販売をやりませんか？ 自信のある技術を生かして、整備し直して販売するんですよ。中古車の品質を見抜くことはできますからね」

山本さんも「よい考えですね」と、賛成のようです。山本さんの奥さんは「古物商の許可をとらなければ」と、監査役らしく冷静です。

これに対して高橋さんは、「賛成できないなあ。だって、車を愛して大切にしている人たちのためにこの会社を立ち上げたのだから。整備を依頼してくれるお客さんに、『買い換えたらどうですか』というのは最後の最後のことだと思う。とにかく、可能なかぎり整備して差し上げるのが私たちの務めのはずだろう?」と渋い顔です。

結論は出ませんでした。

②早速、中古車を買い付けよう！

佐藤さんは待ちきれず、ＧＨＮ自動車販売という会社から5台の中古車を仕入れる約束をしました。佐高山株式会社も軌道に乗り始めていて、銀行からも仕入れ資金を借りられそうです。

その後、ＧＨＮ自動車からかかってきた、「先日の中古車5台のお買付の件ですが……」という電話を取ったのは、社長の高橋さんでした。

「えっ！　当社は自動車販売はやっていないんですが。何かの間違いでは……。確認します」と高橋さんは驚いて電話を切りました。

③いまのままでは中古車販売はできません！

早速、高橋さんは、佐藤さん、山本さんと、監査役である山本さんの奥さんを集めました。

高橋さんは、「ウチの会社は自動車の整備事業しかできないんです。定款の事業目的に、そう書いてある。**定款に書いてないことは会社はやってはいけない**んですよ。ビジネスをやっているのだから、そのくらいのルールは基礎知識として知っておかなければ」と、いつになく厳しい表情です。

「そういえば、定款の『目的』範囲を超えていますね。監査役として、もっと早く気づくべきでした」と、山本さんの奥さんもうなだれています。

佐藤さんは「でも、自動車の整備も販売も、同じ自動車つながりだから、販売もやっていいんじゃないですか？　定款の目的記載とか、難しいことは分かりませんが……」と不服そうです。

高橋さんは、「私だって理屈はよく分からない。だが、5台の車の仕入れ代金を銀行から借りようとすれば、銀行から『御社は、自動車販売は事業目的ではなかったですよね？　定款違反行為についてのご融資はちょっと……』と言われかねないですよ」と譲りません。高橋さんは続けて、「そんなに販売をやりたいなら、『定款変更』をして目的欄に『自動車の販売』と付け加える必要がある。いっておくけど、私は株主として反対だから！」ときっぱりというのです。

佐藤さんは、〝定款変更は株主の3分の2以上の賛成が必要だと聞いている。高橋さんは40％株主だ。30％株主の山本さんが私に賛成してくれても、合わせて60％にしかならない。3分の2には届かない。定款変更できないなら、GHN自動車販売に電話して、約束を『なかったこと』にしてもらわなければ。それにはお詫び料も払うべきなんだろうな。それは私が個人で負担するのか……〟と、くよくよ考えています。

(2) 定款の壁

①「目的の記載」は会社にとって「壁」である

右に述べたエピソードが示している「**株式会社は定款の目的に書いてないことはできない**」という原則は本当のことです。まるで「目的の範囲」という壁があって、会社は絶対にそこを乗り越えてはいけないという、ビデオゲームのルールのようです。これが「**定款の壁**」です。「できない」という意味は、会社、法人が「目的」の範囲を超えて活動することは、法的に一切認められないということです。

佐高山株式会社がＧＨＮ自動車販売と結んだ「中古車売買契約」はなかったことになります。ということで、納車された車はＧＨＮ自動車販売に返さなければなりません。他方、佐高山株式会社の側も売買代金をＧＨＮ自動車販売に支払う必要はありません。

こうした結論は、ＧＨＮ自動車販売にとってみると踏んだり蹴ったりです。「取締役」である佐藤さんから注文を受けたのですから、信頼しきって早速、５台を手配し、納車する準備も進めていたのです。それが「目的の範囲外でした」とか、訳の分からない理由で「なかったこと」にするというのですから、怒り心頭に発しています。準備にかかっていた様々な費用は、佐高山株式会社に賠償してもらうのは当然だと思っています。

②定款の壁についての法律上の根拠

「定款の壁」には法的な根拠があります。法人に関係する法律の「総本山」である民法が「**法人の権利義務**」と題して下記（図表２－３）のように定めています（民法34条）。条文アレルギーのある方にも、会社の定款制度と、その由来、歴史について理解するための前提なので、ここは我慢してください。

「**その他の基本約款**」とは、私立学校法で規定される基本原則「**寄付行為**」や、宗教

図表2-3　法人の権利義務

民法34条
法人は……定款、その他の基本約款で定められた目的の範囲内において権利を有し、義務を負う

法人法で規定される基本原則「**規則**」のことです。どれも各種法人の根本規程で、会社の定款と同じ性質のものです。

民法34条が定めているルールを佐高山株式会社に当てはめてみます。佐高山株式会社は「自動車整備、修理事業」を定款の目的欄に記載しているので、「自動車の販売」はしてはいけないのです。GHN自動車販売という会社と「自動車の売買契約書」を作ったとしても、佐高山株式会社には「自動車の買主」として車を受け取る権利は生じません。民法34条の「目的の範囲内において権利を有する」とは、そういう意味です。

また、佐高山株式会社は、「自動車の買主」として購入代金を支払う義務も生じません。民法34条の「目的の範囲内で義務を負う」とは、そういう意味です。

③「法人の能力」って？

この「法人は、定款記載の目的の範囲内で権利を有し、義務を負う」という原則のことを、法律の世界では「**法人の能力**」と呼びます。ちょっと分かりにくい言葉です。能力は日常用語では「物事をなしうる力」という意味です。佐高山株式会社も古物商の許可を得れば、実際上は中古車の販売を行うことはできます。

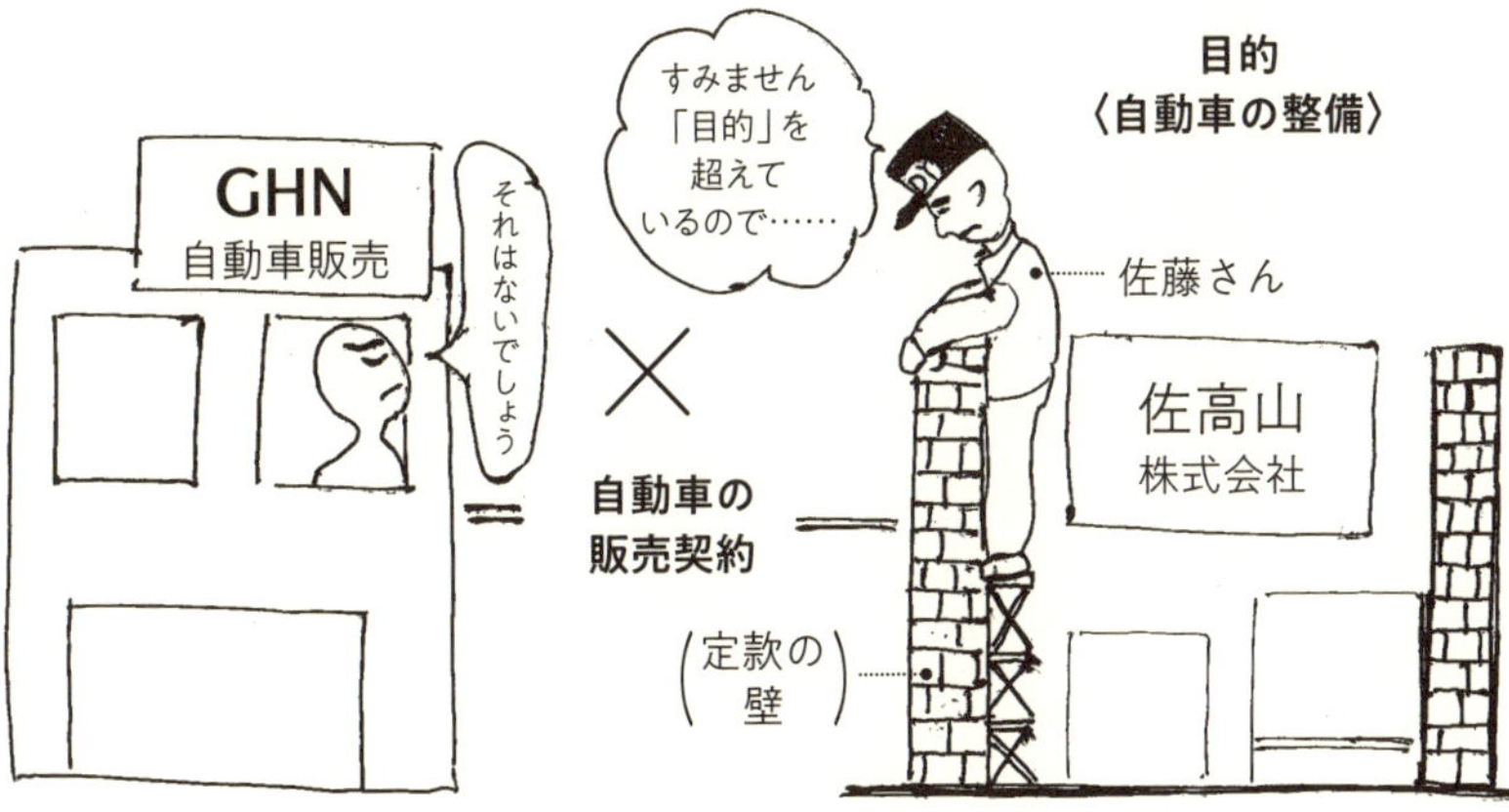

定款の壁

中古車販売をする日常用語的な「能力」はあるわけです。

しかし、法律の世界で**能力**とは、「権利を持つことができ、義務を負うことができること」を意味します。「義務を負うことができる」とは変な言い方に聞こえますが、物を仕入れて代金を支払う義務を負うことができることで、「義務を負える」のは一人前だからといった意味です。

法人は**目的**として書かれている範囲内でしか権利を持つことはできませんし、義務を負うこともできないのです。それが**法人の能力**という意味です。英語では「コーポレート・キャパシティ・オア・パワー」（corporate capacity or power：デラウェア州会社法125条）、あるいは「カンパニーズ・キャパシティ」（英国会社法39条）といいます。「**キャパシティ**」は受容力、「パワー」は権限という意味です。これらの表現から、法人の能力が意味するところがご理解いただけると思います。

4　実例にみる定款の壁——S社団事件

（1）S社団事件のあらまし

定款の壁は、法人に、実際上の活動面で立ちはだかります。**S社団事件**は定款の壁の怖さを実感させた事案です（最高裁判決1952・2・15）。

S社団法人はS家の財産を管理するための法人として設立されていました。社団法人とは、2006年の公益法人改革で社団法人が「一般社団法人」と「公益社団法人」とに分けられる前まで存在していた法人です。

S社団の無限責任社員（その意味は第1章、4つの会社参照）が、その代表権に基づいて社団保有の不動産を第三者に売却したのです。社団の定款には目的として、「不動産、その他**財産を保存し、その運用利殖**をはかること」と書かれていました。「**不動産の売却**」とは書かれていません。

社団側は不動産の購入者に対して、「不動産の売却は定款の目的範囲を超える」という理由で不動産の引き渡しを拒絶しました。

そこで不動産の買主が、「買ったのだから不動産を引き渡せ」と社団を提訴しました。

(2) 売却は「保存、運用利殖」に含まれるか——裁判所の判断

裁判では不動産の売却は不動産の「保存、運用利殖」に含まれるかが問題になりました。皆さんはどう思われますか？　自分の家の「保存、運用利殖」を依頼していたら、受任者から「売ってしまいました」と報告された場面を想像してみてください。

S家の財産の保存という面からみると、売却は含まれないように思われます。運用

利殖という面からみると、売却も含まれるようにも思えます。この点を「微妙だなあ」と悩んでいただくと、定款の問題点に近づくことができます。

定款の壁の存在を痛感する1審、2審の判断

裁判所の1審（岡山地方裁判所）と2審（広島高等裁判所）は「売買契約は無効だ」と判断しました（広島高裁判決1949・2・4）。社団の目的は「財産の保存、運用利殖にあり、不動産を売却するごときは定款……の目的の範囲内に属する行為ではないのはもちろん」だ、と理由を述べています。これが、**定款の壁**です。

でも、こうなると不動産を買うに際して相手が法人であるときは、その定款の目的欄をよくみて、有効に契約できるかを確認しなければならないことになります。「壁」は怖いのです。

最高裁の判断の裏には相当な苦心が

しかし、最高裁は一転して「売買契約は有効だ」としました（上記最高裁判決1952・2・15）。その理由として、最高裁は、①定款の目的には「不動産、その他財産を保存し、その運用利殖をはかること」と書かれていること、②「その他の財産」には株式なども含まれること、③株式は運用利殖の手段として売却することもあり得ること、④だとすれば不動産について売却することも運用利殖に含まれること――を説明しています。

皆さんは、この理由付けをみてどう感じられますか？ 私は、少し無理な理由付けだと思います。その他の財産に株式も含まれることは確かでしょう。株式には証券マーケット（第5章）があり、毎日のように売買が繰り返されます。けれども不動産は「一生に一度の買い物」というくらい、めったに売買するものではありません。株式と不動産とでは財産の種類が違います。株式と同じように、不動産も頻繁に売買されるというのは無理です。

裁判所もここは無理筋だと分かっていたようです。「定款の目的の範囲には、目的自体に包含されない行為であっても、**目的遂行に必要な行為**を含む。必要かどうかは、個別事情によるのではなく、定款の記載から**客観的・抽象的に判断**する」と補足的な説明をしています。「目的自体に包含されない行為であっても」という言い方に、裁判所の苦心がうかがわれます。

裁判所は気の毒な購入者を守ろうとした

以上のように、裁判所は、S社団事件で、「不動産の保存、運用利殖には不動産の売却も含まれる」と少し無理な理由付けをし、さらに目的の範囲には「これを遂行するのに必要な行為」を含むと拡大して解釈する苦労をしています。なぜ、そこまで苦労して「不動産売却は有効だ」としたのでしょうか。

それはS社団から不動産を購入した第三者、「買主を守るため」です。

S社団から不動産を買った購入者の身になって考えてください。社団の無限責任社員であり、ちゃんと代表権のある人から不動産を買ったのです。代金も支払いました。それが後になって社団側から、「定款の目的に不動産の売却と書いてなかったので、今回の売買契約は、なかったことにしてください」といってきたのです。買主が、その土地に家を建てよう、オフィスを建てようなどと計画していたとしても、すべて白紙になってしまいます。

買主からみれば、こういう状況はとんでもないことです。気の毒すぎます。そこで裁判所は購入者を守るために大変な苦労をしたのです。

裁判所にこれほどの苦労をさせる**定款の壁**はなぜ生じたのでしょうか。それはなぜ絶対であると思い込まれてきたのでしょうか。

5 定款の壁は国王の特許政策から生まれた

(1) 国王が特許を与えた多くの独占会社

話は東インド会社に戻ります。

現代の定款に記載されている目的の範囲が「絶対的なもの」とされた理由は、英国王の「特許政策」にあります。

英国王は、特許状（チャーター）によって、特許権を多くの「独占会社」に与えました。主要なものだけで図表２－４に示すとおりです。17世紀初頭の20年間だけで、およそ40もの特許会社が設立されたといいます（ロン・ハリス『近代イギリスと会社法の発展』川分圭子訳、南窓社、67頁）。

(2)「独占の範囲」は絶対的

独占の範囲は、国王にとって収入の成否に関わる、きわめて大切な課題です。特許会社同士が**事業の現場で衝突する事態**は絶対に避けなければなりません。もし、独占会社同士が事業の現場でバッティングしてしまうと、「なんだ、独占ではないではないか！」「それなら特許権の対価を国王に払うのはやめよう」という事態になりかねません。ハドソン湾会社の従業員が現場に行ったら、「ヴァージニア会社の人たちが来ていたよ」などということはあってはならないことです。それでは「特許政策」の失敗です。

図表2-4　特許会社と独占の範囲

特許会社	特許権授与の時期	特許権授与者	独占権の範囲
モスクワ会社	1555年	メアリ女王	ロシア貿易
東インド会社	1600年	エリザベス1世	東インド貿易
ヴァージニア会社	1606年	ジェームズ1世	北米植民地建設
王立アフリカ会社	1660年	チャールズ2世	アフリカ貿易・金の採掘
ハドソン湾会社	1670年	チャールズ2世	ハドソン湾周辺毛皮取引

出所：各種資料より筆者作成

そこで、国王にとっては、独占会社同士が事業の現場でぶつからないよう、独占会社に「特許の範囲」を絶対的に守らせることは必須でした。特許状の条項では、特許権者以外の者が、他社の特許領域を侵害する行為を行った場合は、刑務所への収監を含めて民事賠償、刑事罰の厳格な制裁が規定されていました。すべては国王が国庫収入を確保するためです。

(3) 企業家側も納得していた特許権の範囲

他方、特許権の範囲外の活動が禁止される点については、企業家側も納得していました。「独占権」という夢のような特権を与えられたのですから、自社が特許権の外での活動を絶対的に禁止されるのも、「まあ仕方ない」という受け止め方です。

本音をいえば特許権の範囲の外でもビジネス活動をしたかったことでしょう。けれども、そうなると他社も侵入してきますから、納得せざるを得なかったのです。

6 「定款神授説」で神秘性を加味

(1) 宗教的な権威が込められている定款

定款の壁が築かれていった理由はもう1つあります。それは**宗教的な権威付け**です。国王が授与する特許状（チャーター）について、行政権のトップである国王が与えたという権威に加えて、キリスト教のトップによる宗教的な権威を加味したのです。

第1章でみたように、ヘンリー8世はローマ・カトリック教会を脱退し、**国教**を樹立、みずから**首長**になります。エリザベス1世も国王の立場と国教の首長の立場とを併せ持つことになります。エリザベス1世が東インド会社に授けた特許状には、「国王」と「首長」の両方の権威が込められていました。

現代のフランスでは、株式会社を設立する場合、定款は公正証書であり、公証人が作成することになっています。ドイツでも定款は公証人によって確定されることになっています。イタリアでも、設立証書の起草は公証人や権限のある官吏によってなされる必要があるとされています（「商業・法人登記制度に関する外国法制等の調査研究業務報告書」2016年1月、商事法務研究会）。第1章でみたように、公証人は国王や教皇が作成すべき文書を代わって作成、交付する権限を持った高い地位を持つ職業人です。定款は、「国王の権威＋宗教的な権威」で裏付けされていたのです。

英国の場合は国王が宗教的な権威者「首長」と、一人二役だったので、公証人の関与は不要でした。

(2) 定款神授説

王権神授説（Divine Right of Kings）という考え方があります。「王様はなぜ偉いの?」と聞かれたら、「王様は神から権威を与えられているからだよ!」と答えるものです。フランスのルイ14世や神学者のボシュエが主張した考え方です。

英国のジェームズ1世も王権神授説を主張しました。スコットランド国王だったジェームズ1世は、エリザベス女王が1603年に逝去した後、イングランドに迎え入れられ、英国王として即位します。問題は、当時はまだ英国という概念はなく、イングランド、スコットランドが分立していたことです。イングランド国民にとって、ジェームズ1世はスコットランドから来た「外国人」だったのです。そこでジェームズ1世はなんとか自分の正統性を裏付けるために、「王権神授説」を唱えました。

この考え方を定款（チャーター）に当てはめると、定款は国王から与えられたというだけではなく、宗教のトップである首長から与えられたものだから尊いのだ、ということになります。私はこの考え方を「**定款神授説**」と呼びたいと思います。

定款は厳粛なものであり、はかり知れない尊さ、神秘的なところがあるようだと本章の冒頭で述べましたが、その**神秘性**の正体はここにあります。

国王が授与していた特許状が「チャーター」と呼ばれていて、今日も定款のことを「チャーター（charter）」と呼んでいるのは、すでに紹介したとおりです。

【ボシュエ】
ジャック＝ベニーニュ・ボシュエ。1627～1704年。フランスの聖職者、神学者で、ルイ14世に仕え、王権神授説を説いた。

7 そして、怪物「ウルトラ・ヴィーレス」が生まれた

(1) 王座裁判所による判例の積み重ねと「コモン・ロー」

英国では特許侵害事件は**王座裁判所**（Court of King's Bench）で審理されることになっていました。

王座裁判所とは13世紀から英国で始まった制度で、国王みずから出席して行われる裁判です。トランプ・カードの独占権をめぐる「ダーシー vs. アレン」事件が王座裁判所で審理されたことを思い出してください（第1章参照）。諸侯が各地で行う**領主裁判**は、地域や身分により判断がバラバラになるおそれがありましたが、王座裁判所では国王の意向のもと全国的に統一された判断基準で審理が行われました。国王としては、特権領域侵害に対してはきわめて厳しく対応するという、全国統一の対処方針を確立したかったのです。

やがて、王座裁判所による判例の積み重ねで、**「特許会社が特権領域の外で活動することは、絶対にあってはならない」**「特権領域の外で行われた行為は、絶対に法的効力を認めない」という裁判原則が英国全土に行き渡っていきました。

(2)「ウルトラ・ヴィーレス」の誕生

この「独占権の範囲の外で行動することは絶対に認めない」という原則は、やがて英国のコモン・ロー（common law）にまで高まります。**コモン・ロー**とは、英国の長い慣行・慣習・正義の観点から、全国共通の法として認められた裁判原則です。コモン（共通）のロー（法）という意味です。

そのコモン・ローで「特許権の外で行われた行為は絶対に効力を認めない」という原則は**権限外の理論**（**ウルトラ・ヴィーレス・ドクトリン**）と呼ばれるようになっていきます。

ウルトラはラテン語で「**超えて**」という意味です。紫外線のことを「ウルトラバイオレット」といいますね。「紫」を超えて外側に現れる光線の意味です。そのウルトラです。**ヴィーレス**もラテン語です。「勢力の範囲」という意味のヴィス（vis）の複数形です。「vis」には「武力」という意味があるので、理屈的な意味合いよりも、武力によって獲得した勢力圏という実質的なニュアンスが大きい言葉です。

「ウルトラ」と「ヴィーレス」とを合わせて、「**勢力範囲の外**」という意味になります。私は学生時代、「ウルトラ・ヴィーレス」という言葉を聞いたときは意味が分かりませんでした。その後、語源から調べて、ウルトラ・ヴィーレスとは「**勢力の範囲を超えている**」という意味だと分かると、「**定款の壁**」との関係がみえてきました。

英国で長い間、王座裁判所で培われたコモン・ローのひとつとして、「特許会社には、チャーター（定款）の範囲を超えた活動は絶対に認めない」という考え方が定着していきます。何しろ、国王の権威と宗教的な権威とに裏付けられた理論ですから、素晴らしくしぶとい理論です。理論というより、もはや怪物です。それが**怪物ウルトラ・ヴィーレス**です。東インド会社が誕生して以来、400年の時を超えて、現代まで生き残っています。その存在が定款の壁を築いてきたのです。

(3)「王様のいない国」米国では？

ウルトラ・ヴィーレスの考え方は「**王様のいる国**」での話です。「**王様のいない国**」米国では、定款は国王から授かったものではありません。定款は会社を運営するために「**自分たちで作り上げた規則**」です。米国デラウェア州の法律では、定款のことを「法人設立証明書」（Certificate of Incorporation：デラウェア州法104条）、「法人基本条項」（Articles of Incorporation）と呼びます。「王様に

怪物ウルトラ・ヴィーレスの図

よって作られ、王様によって与えられた」という伝統的・歴史的、ロマンティックな意味は薄れ、とてもビジネス的な表現になっています。米国ではその基本に「伝統からビジネスへ」という大きな流れがあります。

しかし、それでも怪物は息づいています。デラウェア州の会社法ですら「会社の行為は『能力』がなかった（without of capacity）という理由で無効にはされない」（124条）という規定があります。わざわざ「ウルトラ・ヴィーレスの考え方に支配されないよと断っているのです。王様のいない国の現代の会社法にも影響力は残っていること」が感じ取れます。「**怪物ウルトラ・ヴィーレス**」の生命力の強さです。

(4) 英国法と米国法の違い

法律学の世界では、「**英米法**」として英国の法律と米国の法律とをひとまとめにして議論することがあります。しかし、英国は**王様のいる国**です。1640年、クロムウエルの時代にピューリタン革命で一時、共和制になったことがありますが、1660年にはすぐにチャールズ2世が即位して**王政復古**を成し遂げます。そのチャールズ2世も特許状（チャーター）による特許政策を続けます。英国は現在に至るまで「王様のいる国」です。

これに対して米国は、「王様のいる国」英国の、カトリックとプロテスタントの中庸を行く「国教」に不満を持ったピューリタンたちがアメリカ大陸に渡って創った国で

【クロムウェル】
オリバー・クロムウェル。1599〜1658年。イングランドの政治家、軍人、イングランド共和国初代護国卿。チャールズ1世が専制政治を行い、議会を軽視したのに反旗を翻し、鉄騎兵を率いて戦い、「ピューリタン革命」（1642〜1649年）を成し遂げ、共和制国家を築いた。娯楽を禁止するなど、あまりに厳格にピューリタンの姿勢を貫いたため、国民の人気を失い、後に国王の政治が復活する（王政復古）きっかけとなった。

あり、**王様のいない国**です。合衆国が建国された際には、大陸軍（Continental Army：アメリカ大陸の軍隊、つまりアメリカ軍の意味）の司令官であったジョージ・ワシントンを国王に推薦しようという動きがありました。ワシントンはこれを固辞し、司令官を辞めて一市民となり、その後に改めて大統領に選ばれるのです。王様と大統領は違います。

そうした歴史的理由で、同じ定款であっても、その位置づけは英国と米国とでは異なります。

8 ウルトラ・ヴィーレスとの戦い——政治献金判決

(1) 政治献金判決の位置づけ

1970年、日本で「定款の壁」「ウルトラ・ヴィーレス」と正面から向き合い、これを乗り越える判決が出てきました。「政治献金判決」です（最高裁1970・6・

24）。

「政治献金に関する事案」というと、日本では政治資金規正法のあり方が世の中で論争されたこともあり、皆さんのなかには「判決の内容を学ぶ意欲が湧いてこない……」と受け止める方もおられると思います。

けれども、ビジネスの場面ではなく、社会的な場面で、「会社は定款の壁を超えられるのか？」が問われた事案です。定款の壁を考えるうえではとても大切な判例です。

(2) 1970年という時代——会社の社会的責任論の高まり

米国では1950年ころから巨大企業の活躍が目覚ましく大きくなります。会社の所有者である株主がだんだんと経営にタッチできなくなり、経営者に経営を任せる**「所有と経営の分離」**が、すでに始まっていました。そうした状況下で、1960年以後、公害問題、欠陥商品問題、人権問題など、会社に関連する様々な社会問題が続出してきます。「会社は社会問題に対してどのように責任をとるのか？」という問題意識が、市民の間に高まってきました。

こうした考え方が**「企業（会社）の社会的責任」**、略して**CSR**（Corporate Social Responsibility）と呼ばれ、1970年代に急速に浮上してきます。政治資金判決は、こうした会社の社会的責任論の大きなうねりのなかに位置づけられます。

(3) 事案

①政治献金は定款違反？

1960年3月、**Y製鉄会社**が当時の政権政党に350万円の政治献金をしました。これに対して株主が、「当社の定款の**事業目的**には、**『鉄鋼の製造および販売**、並びにこれに付帯する事業』としか書いていない。政治献金を行うのは定款違反だ」と主張して、代表取締役2人に対して「会社に献金した350万円を賠償せよ」と、株主代表訴訟を提訴したのです。「政治献金を行うとは定款の目的に書かれていない」という主張で、まさに「定款の壁を守れ」ということです。

定款に「政治献金を行う」と書いていない会社は、一切、政治献金をしてはいけないのでしょうか。皆さんも、政治献金に関する法規制や社会的議論は別にして、「定款の壁」「ウルトラ・ヴィーレス」の2つをキーワードとして、ぜひ考えてみてください。

②代表訴訟とは

この裁判で株主が利用した**株主代表訴訟**とは、役員に義務違反があり、そのことで会社が損害を被ったときは、株主は会社に対して「その役員に賠償請求せよ」と催促し、それでも会社がその役員を提訴しないときは、株主みずからその取締役を提訴することができるという制度です（847条）。

(4) 定款の壁を守った1審判決

①ウルトラ・ヴィーレスに従い定款の壁を守った1審判決

この裁判の1審では、株主が勝訴しました。裁判所は代表取締役2名に対して会社に350万円を賠償するように命じたのです（東京地裁判決1963・4・5）。

理由として裁判所は、会社とは「**定款の事業目的の範囲内の行為のみをなすものであることが前提である**」と述べています。皆さんは、この表現から定款の壁と、その背後に息づく怪物、ウルトラ・ヴィーレスの存在を感じとられることでしょう。

裁判所は、そのうえで会社は「営利」という大目的があり、営利と結び付いていない活動は目的の範囲外である、「政治献金は対価として得るものは何もない」ので目的の範囲外であるとしたのです。**ウルトラ・ヴィーレス**という怪物が1960年代の日本に現実に生き残っていて、実務を動かしていたことが分かります。

②1審は社会に衝撃を与えた

当時の判例紹介文献には「この判決は政界、財界に大きな衝撃を与えた」と書かれています。「定款に書いてなければ政治献金はできないのだ」と裁判所によって判定されたのです。政界、財界、司法界ばかりではなく、社会全体が心底、驚いたことでしよう。

当時は、政治献金、寄付金、義援金などの活動は、正面からあまり議論はされておらず、会社は控えめな規模で行っていたのです。それが、正面から否定されたのです。

(5)「定款の壁」を打ち破った2審と最高裁

ところが、２審では株主が逆転敗訴となりました（東京高裁判決１９６６・１・31）。そして、最高裁も１９７０年６月24日、２審と同様、株主敗訴で２人の代表取締役を勝訴させる判決を下します。政治献金を行うことは**「定款記載の目的範囲に含まれる」**としたのです。

この瞬間、定款の壁は打ち破られ、ウルトラ・ヴィーレスも姿を消しました！

以下、最高裁の判決を整理して紹介します。

①会社は社会的責任を果たすことは許される

最高裁は、簡潔にいえば「会社は社会的実在なのだから、社会通念上期待・要請される社会的作用を行うことができる。それは定款記載の『目的』を達成するために間接的に必要なことだといえる。会社は政治献金も社会的作用として行うことができる」という結論です。

この**「会社は社会的実在だから、社会通念上期待・要請される社会的作用は行うこ**

とができる」という箇所が、最高裁判決のハイライト部分です。この個所が、たとえ定款に書かれていなくても、会社は社会的責任を果たしてよいことを、最高裁が正面から認めたものとして、「企業の社会的責任」の論拠とされ、今日でもたくさん引用されています。

②会社が「社会的責任活動」をできる理由

最高裁は「ある行為が一見定款**所定の目的とかかわりがないもの**であるとしても、会社に、**社会通念上、期待ないし要請されるもの**であるかぎり、その**期待ないし要請にこたえること**は、会社の当然になしうるところである」と述べています。

なぜ「当然になしうる」のかという点について最高裁は、「社会的作用に属する活動をすることは、**企業体としての円滑な発展**を図るうえに相当の価値と効果を認めることもできる」と述べています。

③災害救援資金、各種福祉事業への支援はできるのか

さらに最高裁は、社会的作用に属する活動の例として、「**災害救援資金の寄付、地域社会への財産上の奉仕、各種福祉事業への資金面での協力**」を挙げています。いずれも会社の社会的責任活動の代表例として、現在でも挙げられている事柄です。

ある地域で大地震が起きたとき、企業人のなかには「すぐに義援金を送りたい」と思われる方も多いでしょう。同時に「定款に、義援金の送付を行うこと」とは書かれ

ていなかったなあと不安になるかもしれません。その懸念を取り払ったのが、この判決です。

(6) 政治献金判決は、ウルトラ・ヴィーレスとの「決別宣言」だった！

最高裁判決では松田二郎、大隅健一郎の2人の裁判官が補足意見を述べています。それは「ウルトラ・ヴィーレスとの決別宣言」です。

松田裁判官は「近時、英米法上において**ultra vires の法理**（筆者注：ウルトラ・ヴィーレスのこと）を**制限しまたは廃止**しようとする傾向……があるのは……**容易にこれを理解し得る**」と述べています。

また、大隅裁判官は「米国においても**能力外の法理**（ultra vires doctrine）を**否定**する学説、立法が有力になりつつあることは……**参考にすべき**」と述べています。

そして両裁判官とも、わが国の裁判実務は、すでにウルトラ・ヴィーレスの理論にたじろぐことなく、定款の目的の範囲をきわめて広く解釈してきた、そのことに賛意を表明するとしています。

著名な2人の裁判官が、S社団事件で裁判所が「目的の範囲」を広く解釈した事例に代表されるような、多くの裁判官たちが定款の壁を打ち破ろうとしてきた健闘と努力に敬意を表したのです。

(7) 定款の「目的」記載との関係を法的に整理すると

以上が政治献金最高裁判決の画期的な部分です。

さらに最高裁は、法律論として、定款の目的記載との関係についてきちんと述べています。「(会社が社会的作用に属する活動をすることは) **間接ではあっても目的遂行のうえに必要なものである**」という理由づけは維持しているのです。やはり「目的の範囲に属する」のだというポイントは外していません。先に紹介した**S社団事件** (最高裁判決1952・2・15) で最高裁が述べた「(定款記載の) 目的遂行のために必要な行為を含む」の言い方と整合する表現になっています。

9 定款の壁が消えたことの影響

(1) 定款の目的記載を柔軟に解釈できるようになった

政治献金最高裁判決がウルトラ・ヴィーレスとの決別を宣言し、定款の壁が取り払われたことで、2つの大きな変化が生じました。1つは、定款に書かれている目的の記載を「柔軟に」解釈できるようになったことです。もう1つは、会社の社会的責任について正面から光が当てられたことです。

まず、柔軟な解釈について説明します。これまでは、佐高山株式会社のように、定款の目的欄に「自動車の整備」としか書いていない会社は「自動車の販売」は絶対にできなかったのです。「政治献金」と書いていない会社は絶対に政治献金はできないというところから、政治献金裁判が始まりました。こうしたギスギスした結論をなんとか乗り越えるために、多くの裁判官が苦労をしてきたのです。

政治献金最高裁判決の成果で、定款の目的記載に照らしてどうかと疑義が生じた場合、会社のその活動は会社の事業推進のために本当に必要だったのかというように、実質的、合理的に検討することができるようになりました。ウルトラ・ヴィーレスが存在していれば、「目的記載以外はダメ。以上で議論は終わり」だったのです。

柔軟に解釈できるようになったというのは、そのことです。

(2) 定款の3つの機能

①定款は、創業者のパートナーシップ契約

ただし、柔軟に解釈できるというのは、いい加減に判断するという意味ではありません。定款の3つの機能に照らして合理的であるかと、実質的に考えるのです。

定款の第1の機能は「パートナーシップ契約」です。定款の始まりは、創業者たちの**パートナーシップ契約**です。株式会社を設立するときには**発起人**（創業者）たちが「定款」を作成し、署名または記名押印することが求められています（26条）。発起人たちは「これから設立する会社ではこれらの事業を展開しよう」と意見を交わし、「目的」を確定したうえで定款という名の書面に記載し、みなで署名（記名押印）するのです。

設例に挙げた佐高山株式会社設立のときは、クルマ好きの佐藤さん、高橋さん、山本さんが「ユーザーに奉仕するためのよい整備工場を作ろう！」と、創業者として熱く語り合って固い約束を結んだことでしょう。

②定款は、株主との約束

定款の現代的な第2の機能は、**株主との約束**です。広い意味で、株主との契約といってよいでしょう。創業者（発起人）は自分自身が「株主」になります。創業の意思は発起人から株式を買う人にも引き継がれていきます。

創業者（発起人）以後に新たに株主となった人たちは、創業者たちが「会社の目的」として何を、どのように熱く語り合ったのかは知りません。知ることができるのは定款の目的欄に記載されている「目的」を通じてだけです。株主は目的欄をみて、「この会社は将来性がある」「この会社の目指すところに共感を持てる」と感じて株を購入するのです。その目的欄記載の事業を厳に推進しているのは、現在の経営者です。

ということは、会社経営者と株主との間には「目的」に書かれている事柄に関して「約束」が成り立っていると考えられます。会社側は「当会社は、定款に書かれている目的の範囲で事業を誠実に運営していきます」という意思を明らかにしています。株主側は「その定款記載の事業に期待して株主になりました。経営を頼みます」という意思を明らかにしたのです。大きな意味での契約が成立しているといえます。

③定款は、社会との約束

定款は社会との約束でもあります。すべての会社は定款の目的記載について「登記」して社会に開示しています。また、上場会社は、定款を証券取引所のホームページで社会に広く開示しています。投資家がある会社に投資しようかと判断するとき、最も大切なポイントは、「**その会社が何を目指しているのか**」です。定款の事業目的の記載は、この求めに応えるものです。

したがって、定款の目的記載事項は、すべての会社が、少なくとも登記の形で社会に公表しているのであり、投資家も一般の社会人も、その記載によって会社についての価値判断をしています。

定款は社会との約束でもあるのです。

【登記】
一定の事項を「登記簿」という公けの台帳に記載して、広く社会に公示すること。不動産の現況と権利関係を登記簿に記載する「不動産登記」、会社（株式会社と持分会社）について、その存在と概要を明確にするために登記簿に記載する「商業登記」、一般社団法人など、会社以外の法人について登記する「法人登記」、船舶に関する「船舶登記」などがある。

(3)「定款の壁」なき時代の目的の範囲の考え方

以上からすると、佐高山株式会社で佐藤さんが行った車の売買契約も、①創業の精神からみてどうか、②株主からみてどうか、③社会一般からみてどうかと判断することになります。高橋さんは議論の余地もなく「自動車販売は反対だ」といっていますが、将来、技術、設備などの評価を受けて政府から「指定工場」に指定され、車検事業も行うようになると、中古車の売買もできたほうが、むしろお客様のためになるという考え方も出てくる可能性があります。ＧＨＮ自動車販売に与えた迷惑も考えるべきでしょう。

このように、機能に照らして、実質的に、合理的に考えることが可能になったのです。それが柔軟な解釈ができるということです。これは、大変な進歩です。何といっても、ウルトラ・ヴィーレスが存在していれば「定款に書かれていない」で議論は終わっていたのですから。

(4)会社が社会的責任を果たすことが、積極的に求められるようになった

①「社会的責任」の履行が積極的に求められる時代

政治献金最高裁判決が与えた大きな影響の第２は、最高裁が会社の社会的責任活動

について、「社会から期待・要請されることであれば、会社は社会的責任を果たすことができる」として、積極的に認めたことです。

もともと会社法は「『剰余金』(事業で得た利益など)をまったく株主に配当しないとする定款の規定は無効だ」と定めています(105条2項)。逆にいえば、会社法は「剰余金の一部は株主への配当以外に使うこと」を前提にしているのです。

ところが、ウルトラ・ヴィーレスの呪縛で多くの会社は、「定款に書かれていない」というだけで、なんとなく「社会的責任活動は控えめに行うべきだ」といった意識できました。

政治献金裁判の判決により定款の壁が取り払われ、ウルトラ・ヴィーレスと決別したことで、会社は社会貢献を行うことを公に認められたことになります。1970年代以降、「**企業(会社)の社会的責任論**」が世の中で大きなうねりとなりますが、そのきっかけとなったのはこの判決です。

そしていまでは、むしろ社会的責任を果たすことを目指さない会社のほうが批判される世の中になりました。

②会社の社会的責任の履行を考えるキーワード

では経営者は、具体的にどのような指針で社会的責任の履行を考えればよいのでしょうか。また、私たちは、どのような視点で会社の社会的責任の履行ぶりを見守ればよいのでしょうか。

右に述べた定款の3つの機能、①創業者の精神、②株主との約束、③社会との約束──の観点から、実質的に考えるべきです。

政治献金判決で最高裁が、「社会から期待・要請されることであれば、会社は社会的責任を果たすことができる」という表現も、そのことを指摘したものです。大切なのは、「社会から、どのように期待・要請されているのか」です。

この点では会社に対する期待を表すいくつかのキーワードが大きな羅針盤になります。先ほど挙げた**CSR経営**（CSRの期待に応える経営）という言葉、それに加えて**ESG経営**（投資家が掲げた、環境・社会・企業統治〈Environments, Social, Governance〉の要請。これらに応える経営）、SDGsに向けた経営（Sustainable Development Goals：国連が2015年に掲げた、人権、福祉、雇用、気候変動対策、資源の保全など17の目標。これに応える経営）といった各種のキーワードです。

なかでも人権、気候変動対策は全世界の会社にとっての最重要課題になっています。

こうした様々な期待は、1600年に東インド会社が誕生して以来いまに至るまで、「会社」は何のために存在し続けてきたのかという根本的な問題に関わるものです。第8章で改めて考えることにします。

10 それでも、定款の目的記載は残すべき

(1)「目的」記載は不要という考え方

定款の目的記載という壁が取り払われ、ウルトラ・ヴィーレスも退散したいま、新たな考え方も現れています。「目的の範囲」によって会社の活動の有効性に影響が出るような事態を、まったくなくしてしまおうという考え方です。「自動車整備」を定款に掲げる佐高山株式会社で自動車販売を行ったとしても問題とせず、すべて有効な契約であるとして取り扱おうということです。

こうした考え方を背景に、実務上、定款の目的の範囲自体を「すべての合法な事業」とすべきだという考え方も現れ始めています。実際、米国の会社では「会社設立証明書」の「目的欄」に「**合法なあらゆる事業**」(any legal purpose) と記載する例があります。

日本でも、定款の目的記載を「適法な一切の事業」として定款変更したいと株主総会に提案しようとした会社があります。が、事前の書面投票(書面による議決権行使といいます)の段階で、機関投資家を中心に反対論が強く、会社側が自主的に提案を

【機関投資家】
投資顧問、生保・損保、信託銀行、投資信託、年金基金など顧客から拠出された資金を運用・管理する法人投資家の総称。大口の株主として影響力を持っている。

取り下げたことがあります（「日本経済新聞」２００８年6月25日付朝刊）。

(2) それでも、目的記載は残すべき

私は、それでも定款の目的記載は残すほうがよいと思っています。

先に述べた定款の現代的な「３つの機能」を大切にすることは、会社にとって大きな意義があるからです。３つの機能の第1は、創業者たちのパートナーシップ機能です。そこには「創業の精神」が宿っています。いわば会社のバックボーンです。第2の機能は、目的記載を信頼して株式を買ってくれた「株主との約束」です。約束を守ることは株主の信頼と支持につながります。第３は、目的記載をみて会社を見守っている「社会との約束」です。約束を守ることは社会的信用の基礎になります。

この事業は目的記載からみてどうかと疑義が出たときは、前に掲げた「S社団事件」のように「保存、運用利殖に売却は含まれるか？」と禅問答のように抽象的に考えるのではなく、この３つの現代的な機能、それぞれに照らしてどうかと、きめ細かく考えるのです。

佐高山株式会社の場合も「中古車販売」ができるかは、３つの機能に即して考えることになります。「車を大切にするユーザーのために」という「創業の精神」からすれば、〝整備・修理のかぎりを尽くしたが、もう限界だ〟というときに買い換えを勧めることは、「ユーザーのために」という理念に合致すると考えることができます。高橋さ

んも「最後の最後」と言いながら、「買い替え」もありうるとは思っているのです。理解してくれるに違いありません。

ただし、佐高山株式会社が大きくなり、「株式の譲渡制限」をなくして自由に株式の売買ができるようになると、創業の精神をよく知らず目的記載だけをみて株主となる人々も多くなります。また、販売事業が拡大すると、社会一般からみれば「整備・修理だけではなく、販売事業も行っている会社だ」とみられます。そうなってくると、高橋さんの正式な同意を得て「定款変更」を行うほうがよいと、3人の意見もまとまることでしょう。

このように、定款の目的記載を意義のあるものとして受け止め、事業の変革に当たっては、創業の精神に照らしてどうか、株主や社会との約束としてどうかと実質的に考えていく、それが株主と社会に対する「**誠実な企業**」のあり方だと思います。

第3章

法人制度の欠陥

——法人は人に危害を加えても責任を負わない？

1　法人が人に危害を加えるとどうなるのか

(1) 人々の生活基盤となっている株式会社

本章では、会社など法人は、人に危害を加えても法的な責任は負わないのが原則だという、ショッキングなテーマについて研究します。「**法人制度の欠陥**」といってよいと思います。

第1章でみたように、法人制度の歴史は1600年12月31日、エリザベス1世が東インド会社に対して、「東インド貿易の独占権」を、特許状(チャーター)で与えたところから始まりました。その後、東インド会社は「株主有限責任の原則」「株式の自由譲渡性」を備え、近代的な**株式会社**と呼ぶにふさわしいシステムになっていきます。それに並行して無数の株式会社が出現し、法人制度は目覚ましい発展を遂げ、今日に至っています。

現代の私たちの生活は、衣食住に必要な様々な「物」から交通、電力、運送、情報などの各種「サービス」に至るまで、そのほとんどが代表的な法人である株式会社の活動によって支えられています。現代社会はもはや株式会社抜きでは成り立ちません。

(2) 会社が人に危害を加えることもある

①株式会社が人に危害を加える事例も増えている

しかし、株式会社が行うのは、人々にとって利益となる「**プラスの行為**」だけではありません。

株式会社は、ときに人々に危害を加える「**マイナスの行為**」を行うこともあります。株式会社の活動が私たちの生活の隅々にまでしっかりと組み込まれているだけに、そのマイナス行為の影響の大きさは、はかり知れません。

株式会社が人々に被害を生じさせた例を思い出してみましょう。デパートやホテルなど商業施設で起きた大規模火災、近所に被害をもたらした工場の火災や爆発事故、多数の痛ましい犠牲者を出したバス・電車の事故、有害物質による公害、全国的に被害が広がった欠陥商品事故、機微にわたる個人情報の大量流出など、枚挙にいとまがありません。

こうした事件・事故の際には、問題を引き起こした行為者ばかりではなく、**会社**そのものに対しても社会の強い抗議の声が寄せられた例も少なからずあります。

株式会社は、プラスの行為ばかりではなく、マイナスの行為も行うのです。

②自然人が他人に危害を加えたときは？

自然人（私たち「人間」のことです）は、万一、他人に危害を加えてしまったときは**法的責任**（法的なペナルティ）を負わされます。法的責任は、大きく２つに分かれます。危害を加えられた被害者に対して賠償金を支払わされる**民事責任**（民法７０９条など）と、加害行為の重さに応じて拘禁刑・罰金刑・拘留などの刑事罰を科される**刑事責任**（刑法その他の刑事法）との２種類です。

民事・刑事の両方についている「**責任**」という言葉は、法律の世界では厳しい意味です。この責任とは個人的な「負担」のことですが、その負担は国の力で強制的に実行されるのです。民事の賠償責任は、責任を負う人が「分かりました」と自主的に賠償金を支払うならよいのですが、支払わずにいると、被害者から裁判所に訴えられ、敗訴すれば最終的には国の力で強制的に実行されます。これを「**強制執行**」といいます。刑事責任は裁判で「有罪」と認定されると、やはり国の力で刑事罰の内容が強制的に実行されます。「**刑の執行**」といいます。

怖い話です。けれども、私たち「人間」は法に触れてしまうとこうした民事責任・刑事責任を負わされる、そうした厳格な世界に生きているのです。

③法人が人に危害を加えたときはどうなるのか

では、株式会社など「法人」が人に危害を加えたときも「法的責任」を負わされるのでしょうか。

法人の定義は、「自然人と同じように法律上の権利・義務の主体となることを認められているもの」でした。「**法人は自然人と同じように！**」です。そうであるなら、法人が人に危害を加えた場合、自然人（人間）と同じように民事・刑事の「法的責任」を負わされる、という結論になるべきです。

ところが、驚かれると思いますが、日本には株式会社など法人が人に危害を加えたときに、法人に法的責任を負わせることを、「**正面から**」規定した法律はないのです！

私は、これは**法人制度の欠陥**だと思っています。次にご紹介するように、民事でも刑事でも、「**代替制度**」として、法人に間接的に責任を負わせる制度はあるにはあるのですが、直接に規定した法律はありません。

図表3-1　法人の法的責任

- **法人**
  - 民事責任
    - △**不法行為**（民法709条）原則、**法人には不適用**。だが適用例もあり
      - ＊新しい動き「不法行為制度」を法人に直接適用する模索がされている
    - ◯**特別な法律**　**PL法**（製造物責任法）など、特別法に基づく民事責任
    - ◯**代替制度**
      - **「使用者責任」**民法715条　従業員が不法行為をしたときは、法人に責任を負わせる
      - **「代表者行為責任」**会社法350条、一般法人法78条、197条　代表者が不法行為をしたときは、法人に責任を負わせる
  - 刑事責任
    - **×「刑法」は、法人に適用されない!**
    - **◯代替制度**
      - **「両罰規定」**代表者・従業員が違反行為をしたときは法人に責任を負わせる（不正競争防止法、金融商品取引法、消防法、公害罪法など）

注：○は適用可能、△はあいまい、×は適用されない
出所：筆者作成

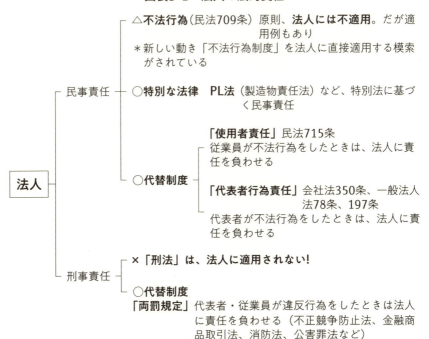

図表3－1は、株式会社を中心にして現代の「法人の法的責任制度」を整理したものです。「法人は責任を負わない！」という実態がご理解いただけると思います。法人の法的責任について、なぜこんな欠陥が生じたのでしょうか、そしてこうした大きな欠陥があるのに、なぜ誰も指摘しないのでしょうか。全体を整理したうえで、改めて考えてみましょう。

2 法人の民事責任を正面から問う法律は、例外を除いて存在しない

（1）「不法行為制度」は法人には適用されないのが原則

①「者」には「法人」も含まれるのか

人（自然人）が他人に危害を加えたときは損害賠償責任を負わされます。その中心となる法律は「**不法行為**」という民法の規定です。条文をみると、「**故意または過失によって**他人の権利または法律上保護される利益を**侵害した者**は、これによって生じた

損害を賠償する責任を負う」と書いてあります（民法７０９条）。法律実務の世界では「**７０９**《ナナマルク》」は有名な条文です。

この「**侵害した者は……**」の理解がポイントです。この**者**は自然人（人）だけなのか、法人も含まれるのかという問題です。国語辞書で調べてみると、「**者とは人を意味する**」と書いてあります。法人が含まれるとは書いてありません。たしかに医者、学者、記者、役者は、みな人（自然人）です。そうすると、ここに書かれている「者」には「法人」は含まれないというのが自然な理解でしょう。

②実際は、法人にも適用されている

実際の裁判でも、会社など法人に民法７０９条は適用されることはあまり、ありません。次に述べる代替制度があるからです。それでも、ときどき、法人に不法行為の規定「民法７０９条」を、ずっと適用している例もあります。被害者を守る必要に迫られての苦肉の策なのでしょう。しかも、適用するときに「法人も『者』に含まれるのか?」といった難しい議論はされていません。なんとなく適用されています。

ただし、後に紹介するように、「法人は『者』に含まれるのか」という問題点を承知のうえで、「公害問題」では、法人に対して正面からガッチリと、民法７０９条を適用する「新しい動き」も出てきています。

(2) しかし、代替する制度はある

①使用者責任

「不法行為」という基本規程は、文字どおり直に読むかぎり、法人に適用するのは難しいのです。そこで、不法行為制度に代わって法人に民事責任を負わせる制度が2つ、法律で定められています。2つを合わせて「**代替制度**」と呼ぶことにします。

1つは、「**使用者責任**」の制度です。「ある事業のために他人を使用する者は、被用者がその事業の執行について第三者に加えた損害を賠償する責任を負う」という法律です（民法715条）。他人を使用する者は「**使用者**」と呼ばれ、使用される「他人」は「**被用者**」といいます。たとえば、レストランのウエイター（被用者）が営業中にお客様と口論になって腹立ちまぎれにお客様を殴ってケガをさせたとすると、レストランのオーナーは使用者ですから、お客様に対する賠償責任を負わされます。

法律上は、一応、使用者が「被用者の選任・監督について落ち度がなかったときは賠償責任を免れる」という「抗弁」（弁解のことです）の制度が認められていますが、認められたことはありません。したがって、使用者責任は、ほとんど**自動的**に使用者に課されます。「**連座制**」といってよいくらいです。

使用者責任の規定は法人に対してドシドシと適用されています。いまの例でレストランが株式会社である場合が典型例です。

【連座制】
本来は、選挙において、候補者本人以外による選挙違反行為を理由として、当選無効や立候補制限となってしまう制度のこと。

先ほどの理屈を蒸し返すと、民法715条の条文では、「使用者」とは「ある事業のために他人を使用する**『者』**をいう」と書いてあるのです。先ほどと同様、この「者」という言葉には「法人」も含まれるのかという問題があるはずです。が、使用者責任の問題については、そうした議論はまったくありません。「人を使ってまで事業を行うのは会社など法人に決まっているだろう！」ということでしょう。

というわけで、使用者責任は、会社自体の民事責任を定める法律がないなかで、会社の民事責任を事実上認める、代替制度になっています。

②代表者行為責任

もう１つの代替制度は「**代表者行為責任**」です。会社法には、「株式会社は、代表取締役が職務を行うについて人に加えた損害を賠償する責任を負う」という規定があります（350条）。法律にははっきりとは書いてありませんが、代表取締役が不法行為を行ったことが前提になっています。

その場合、「株式会社は……賠償責任を負う」と明確に書いてあります。株式会社が民事責任を負うことに間違いありません。

具体的には、会社の社長がいかにも会社の仕事であるようなふりをして、お客様に架空の投資話を持ち掛けてお金をだまし取るような事例が考えられます。

同じような規定が「一般社団、一般財団法人法」（以下、**一般法人法**）にもあります。「一般社団法人は、代表者が職務を行うについて人に加えた損害を賠償する責任を負う」という規定です。一般財団も同様です（一般法人法78条、197条）。

これらの責任は、代表者に不法行為があると、自動的に株式会社・一般社団・一般財団に賠償責任が課されるので、やはり**連座制**といってよいと思います。

③代替制度は「他人の不法行為」について法人に責任を負わせる制度

使用者責任と代表者行為責任には共通の要素があります。それは、どちらも「**他人の不法行為**」について法人が賠償責任を負わされる制度だという点です。使用者責任は従業員という「他人」の不法行為について法人が賠償責任を負わされる制度です。代表者行為責任は代表者という「他人」の不法行為について法人が賠償責任を負わされる制度です。

しかし、両制度とも、法人それ自身の民事責任を正面から認めた制度ではありません。

④法人の民事責任を問う特別な法律

例外的に法人に民事責任を負わせることを、正面から規定する法

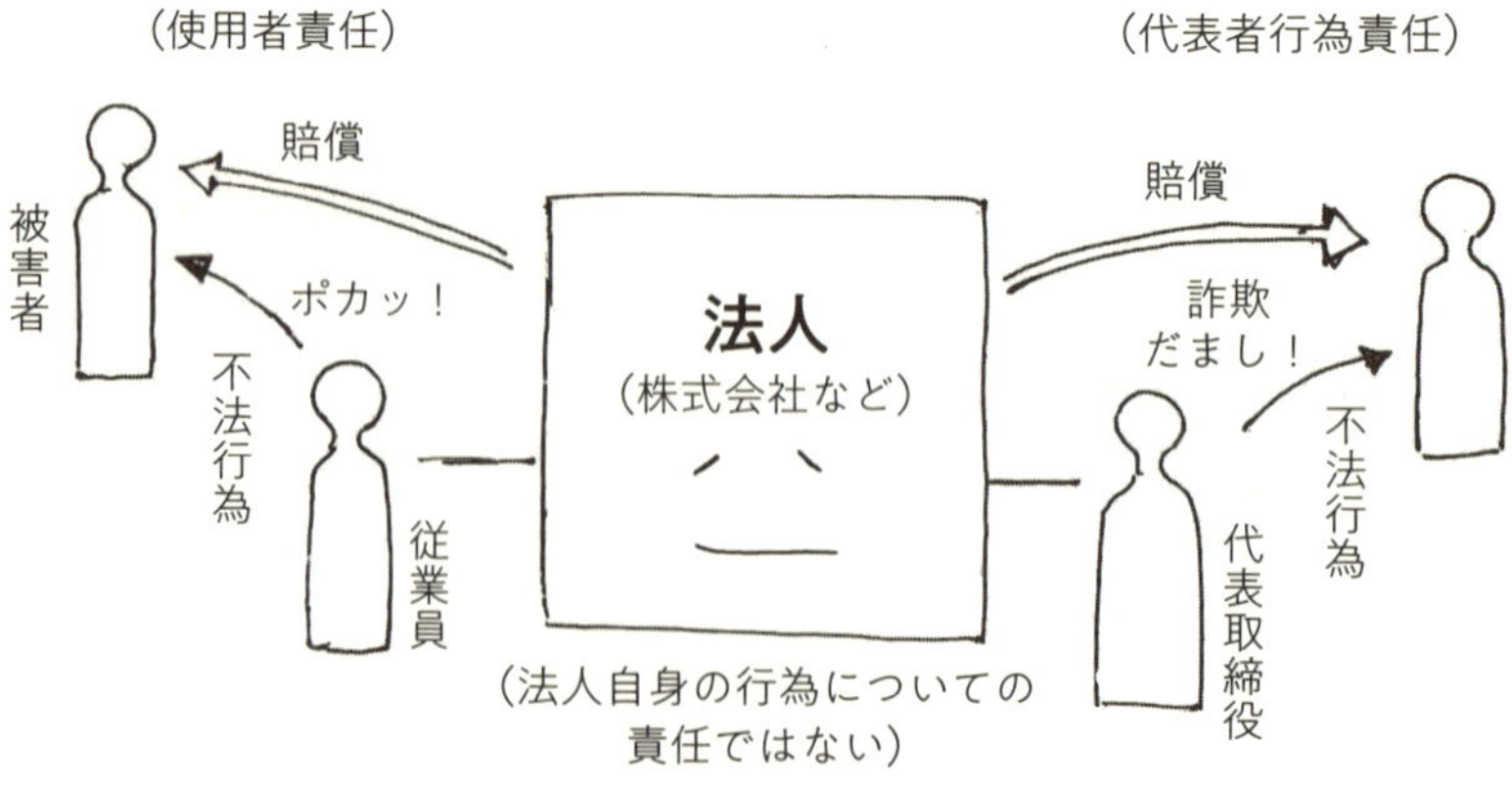

代替責任は「連座制」

律も現れています。**ＰＬ法**（製造物責任法）はその代表例です。「**ＰＬ**」とは「製造物に関する責任（**プロダクト・ライアビリティ：Product Liability**）」のことです。ＰＬ法はもともと大量生産を行う会社（法人）を想定して、会社が「不具合のある商品」を製造して幅広く販売し、多くの被害者が出る場合を想定して立法されました。

法律の条文では対象を「**製造業者**」と表現していますが、この「者」には法人も含まれていることには、誰も文句はありません。

⑤新しい動き　「企業責任」を追及する

ここまで整理したように、法人の民事責任を正面から問う法律は、特別法を除いてはありません。そこで、公害問題、大事故、大量情報漏洩など、大規模な被害が想定される事象に関して、会社の民事責任に着目し、不法行為制度をなんとか活用して「**企業責任**」を正面から追及しようとする新しい動きが始まっています。これについては後で研究します。

3 法人の刑事責任
——「刑法」は法人には適用されない！

(1) 法人には刑法は適用されない

次に、法人の刑事責任の面をみてみましょう。

法人には、刑事責任の基本法である**刑法**は適用されません。それが判例であり（大審院〈現在の最高裁判所〉判決1903・7・3）、学会の「定説」です。刑法の教科書をみると「刑法は法人には適用されない」と、きっぱりと書かれています。

私は初めて刑法を勉強したとき、刑法は会社など法人にも当然、適用されると思っていました。たしかに法人には「身体」がないので刑務所のような施設に入れることはできません。しかし罰金を払うことはできるはずだと勝手に思っていたのです。

ところが、刑法をよく読むと「罰金を完納することができない者は、労役場に留置する」（刑法18条1項）という規定があります。労役場とは、払えない罰金に相当する日数、収容される施設です。やはり、罰金刑も対象者に「身体」があること、つまり自然人であることを前提にしているようです。

となると、会社など法人は、人を傷つける行為をしたとしても、拘禁刑はもちろん、罰金刑も科されないことになります。たしかに、株式会社とは、株主たちが資金を持ち寄ってビジネスを展開するために創り上げた、1つの「経済システム」です。システムには「身体」がありません。「心」もありません。罰金刑という制裁を加えても、「反省」はしないでしょう。法人は何も感じません。

これは東インド会社の発足以来、ずっと指摘され続けてきた問題です。このことについて英国の大法官**エドワード・サーロー**（1731〜1806年）は「**会社は罰するべき肉体も非難するべき魂も持たない。そのため、好き勝手にふるまう**」と、会社制度を厳しく批判したといいます（ジョン、59頁）。**大法官**（Lord Chancellor）とはいまも存続する英国の官職です。当時は、司法・行政・立法に関わる幅広い権限を持っていました。

エドワード・サーローの嘆きは、法人制度の欠陥を端的にいい表しています。

会社というヤツは
罰するべき肉体も
非難すべき魂も
持っていない
だって
システム
だもの
エドワード・サーロー
大法官

エドワード・サーロー大法官と法人

(2) 代替制度として両罰規定がある

法人に刑法は適用されませんが、代替制度として**「両罰規定」**という制度があります。両罰規定とは、法人の代表者や従業員が業務に関して違法行為を行ったときには、その法人にも自動的に罰金刑が科される制度のことです。

たとえば、食品会社の代表者や従業員が、本当は外国産の食材なのに「国産です」と嘘の表示をして商品を製造、販売すると、「誤認惹起行為」として不正競争防止法違反の罪に問われます（同法21条3項1号）。5年以下の拘禁刑または500万円以下の罰金あるいは両方）。

その場合、代表者や従業員が所属している会社（法人）もまた3億円以下の罰金刑を科されます（同法22条1項3号）。法律には**「行為者を罰するほか、法人に対しても……罰金刑を科する」**と規定されています。従業員と会社と、両方が処罰されることになります。そこで「両罰規定」と呼ばれています。

両罰規定を備えている法律には、不正競争防止法のほか、労働基準法、電気製品安全法、廃棄物処理法、金融商品取引法、個人情報保護法、消防法、法人税法、公害罪法などがあります。

両罰規定は法人の代表者、従業員が業務のうえで犯罪行為を行ったときに、自動的に法人にも罰金刑を科すものです。いわば**連座制**のようなものです。やはり、法人自体の刑事罰を正面から問うものではありません。

こうした制度だと両罰規定で罪に問われる法人・会社の経営者が、「会社には落ち度はないはずだが、連座制だから、ま、罰せられるのも仕方ないか……」といった受け止め方にならないかと心配になります。そのような認識だと、代表者や従業員が違法行為を行うのを、なぜ、組織として予防できなかったのかと分析する意欲も湧かないと思います。まして、効果的な「再発防止策」の策定や実施など、到底、望めません。

4　法人が法的責任を負わない「歴史的な理由」

(1)「ウルトラ・ヴィーレス」の呪縛

以上にみてきたように、法人が人に危害を加えても法的責任を負わせる法律制度は、現代の日本にはありません。その理由はどこにあるのでしょうか。

根本的な理由は、第2章でみた「**ウルトラ・ヴィーレスの理論**」です。ウルトラ・ヴィーレスの理論とは、法人は定款に書かれている**目的の範囲**でだけ活動が許され、法的効力を認められますが、「目的の範囲を超えた行為」は一切、許されず、法的効果も認められず、その代わり、法的責任も負わないという理論です。「定款の壁」です。

第2章でみたように、このウルトラ・ヴィーレスの理論は現代の民法にも取り入れられています。「法人は……定款……で定められた**目的の範囲内**で権利を有し、義務を負う」という規定です（民法34条）。

「ヴィーレス」とはラテン語で「武力で勝ち取った領土」という意味です。法人は領土のなかでは活動できます。しかし、領土を「超える」（ウルトラ。ラテン語）と、一切の活動は認められず、行為の法的効果は認められません。他方、「目的外」では一切の責任も生じないのです。こうした国家政策による運用が長い期間行われてきた結果、「ウルトラ・ヴィーレス」という怪物が生まれました。

こうしたウルトラ・ヴィーレスの理論によれば、「**当法人は、人に対する加害行為を行うことを目的とする**」（！）と定款に書いてなければ、法人は、法的責任は負わないのです。すさまじい理由付けですが、これがウルトラ・ヴィーレスを愚直に適用した結論です。「ウルトラ・ヴィーレスの呪縛」といえるでしょう。

東インド会社以来、どの時代の、どの国の、どの業種の法人であっても、定款の目的欄に「人に危害を加えること」と記載している法人はありません。その結果、法人は人に危害を加えても、法的責任はとらないという考え方が定着し、実務の運用が続けられてきたのです。

第2章でみたように、こうした「定款の壁」は崩され、怪物「ウルトラ・ヴィーレス」は退散しました。いまや、法人の民事責任、刑事責任を、実質的に、検討することができる時代に入っています。

(2) 法人が加害行為を行うのは「想定外」だった

また、法人が誕生したときのエピソードも「法人の法的責任」が検討されてこなかった理由のひとつです。東インド会社が設立されたとき、エリザベス1世も、企業家側も、東インド会社が人に危害を加えることなどは「想定外」でした。エリザベス1世は特許政策で国庫収入を確保し国力を充実させることを、企業家側は英国民の食生活を豊かにして人々の役に立ち利益を上げることを、それぞれが夢見ていました。

そのために、法人という権利の宝箱、入れ物を完成することだけに全員が神経を注いでいたのです。法人が行う**プラスの行為**だけを考えていて、万が一にも法人が**マイナスの行為**を行うなどということは考えてもみなかった、というのが本当のところでしょう。

こうしたことは、現代でもよくあることです。プロジェクトの企画会議などで、「万一、失敗したときの処理はどうしますか?」といった発言があると、「これからスタートするというとき、そんな不吉なことはいわないでください」と、むしろ咎められるのは普通にみられる光景です。誰でも、物事のマイナス面、ダークサイドは考えたくないものです。

こうした特許会社誕生のエピソードが今日まで続いているのです。

5 法人が責任を負わない「現代的な理由」

(1) 故意・過失という要件

法人の「加害行為」について法的責任が検討されてこなかった理由は、ウルトラ・ヴィーレスの理論や想定外といった歴史的な理由のほかにも、現代の法律の理屈からしても考えにくいという理由があります。

それは「故意・過失」という要件です。人が加害行為をしたときに民事・刑事の法的責任が生じるためには、その人に「故意・過失」という心理状態があったことが必要です。**故意**とは「わざとやった」という意味であり、**過失**とはミスをしたことについて「うっかりしていた」という意味です。

ところが、法人については、故意・過失という「心の状態」がありません。法人とは「自然人と同じように権利義務の主体となるために創り上げられた、人工的なシステム」です。システムに「心」はありません。当然、法人には「わざと」とか「うっかり」という心理状態も考えられません。

この点が、法人の民事責任・刑事責任を検討するときの、最大の障害になっています。

(2) 考えにくくても、考えるべきである

けれども、本章の冒頭で述べたように、株式会社など法人による、火災事故、工場爆発事故、交通機関の事故、欠陥商品事故、公害、個人情報の大量流出事故などは、残念ながら絶えることはありません。被害者を守るため、また社会正義を実現するために、法人の法的責任を追及する法

法人の故意・過失　「システムだもの」

制度の整備は行わなければなりません。

「法人の故意・過失は考えにくいから……」といって手をこまぬいていることは許されません。「**考えにくくても、考えるべき**」なのです。

6 法人制度の欠陥は、なぜ非難されなかったのか
——代替制度の功罪

では、法人の法的責任を追及する法制度が整備されていないのに、今日まで制度の欠陥が厳しく非難されてこなかったのはなぜでしょうか。皆さんはどう思われますか。

私は、民事・刑事の両面にわたって**代替制度**があったことが最大の原因だと思っています。第1章で挙げた「B社の営業部長甲がライバル会社A社の営業秘密を盗んだ」というケースは、実際に起きた事件をモデル化したものです。事件は大々的に報じられ、世間の非難は甲部長ばかりではなく、B社自体にも向けられました。そのな

かで「甲とともに、**法人としてのB社も書類送検された**」と報じられたので、世間は「ああ、そうか」と、皆が留飲を下げたのです。これで「社会正義が達成された」と感じます。

けれども、実はB社が書類送検された根拠は、先に紹介した両罰規定によるものなのです。不正競争防止法の「法人の代表者または従業員が営業秘密に関する罪を行ったときは、行為者を罰するほか、法人にも5億円以下の罰金を科する」という両罰規定による書類送検です（同法22条1項2号、21条1項）。すでに述べたように、両罰規定は一種の連座制です。法人に「従業員が違反行為をしたのだから、罰金を受けるのも仕方ないか」と受け止められかねない制度です。法人に、どういった故意・過失があったのかなど、正面からその刑事責任を問うものではありません。

それでも社会は、「法人も刑事責任を追及されたのだ」と受け止めます。そこで民事でも使用者責任という代替制度が、ドシドシと法人に適用されています。

こうした次第で、民事・刑事ともに代替制度があるおかげで、法人はそれなりに、形のうえでは法的な責任を追及されてきたようにみえます。社会的正義を実現するうえでの代替制度の貢献だともいえます。

しかし、そのために「**法人の法的責任**」について、正面から議論されることがなく、今日まで過ぎてしまいました。けれども実は、その代替制度には大きな問題があるのです。

7 使用者責任の問題点——民事の代替制度、その1

(1) 使用者責任は法人責任の代替制度

①使用者責任の概要

使用者責任とは、「**被用者**」(従業員など)が仕事のうえで他人に危害を加えたときは、その従業員を雇用している「**使用者**」にも被害者への賠償責任を負わせる制度です(民法715条1項)。たとえば、自転車で**ランチの出前**をしていた従業員が、出前途中で人にぶつかりケガをさせた行為で、故意・過失があり不法行為とされれば、使用者も従業員と並んで賠償責任を負うのです。この使用者には「法人」も含まれることに異論はありません。

2016年1月15日、長野県で起きた**スキーバス事故**では15人の痛ましい犠牲者が出ました。遺族は、バス運行会社に対して使用者責任を根拠として賠償を求めて提訴しました。遺族の一部は会社と合意して和解に至っていると報じられています(「朝日新聞」2019年4月19日付朝刊)。

②使用者の弁解は認められず、連座的な責任になっている

使用者責任の法制度のうえでは、使用者が従業員の選任や監督について「**相当な注意**」をしていたこと、または相当な注意をしていたとしても被害発生は「**不可避**」であったことを反論、立証できれば、賠償責任は免れることになっています（**免責**。民法715条ただし書き）。こうした反論を、法律上は「**抗弁**」と呼びます。日常用語でいえば「弁解」のことです。

ところが、この弁解が裁判で認められたことは戦後、１件もないと指摘されています（内田貴『民法Ⅱ』東京大学出版会、484頁）。実際のところ、使用者の弁解が認められないのは、「認められないケース」が偶然に積み重なったのではなく、裁判所全体に「使用者の弁解は認めない」という、確固たる運用方針があるからだと考えられます。裁判の公平を保つためには、こうした運用基準はあってしかるべきです。

その結果、使用者責任は、ひとたび従業員に不法行為が成立したとなると、会社など使用者は「自動的」に賠償責任を負う制度になっています。一種の連座制です。この制度が、法人の法的責任を代替する制度になっているのです。

⑵使用者責任制度の問題点
――その１　使用者の落ち度が解明されない

使用者責任という代替制度があることの第１の問題点は、「使用者にどのような落

ち度があったのか」が解明されないことです。

従業員（被用者）が仕事のうえで他人に危害を加えたなどということは、使用者（会社など）にとって、**リスク管理、内部管理体制**に関わる大問題です。社内規則の整備、内部監査体制、日ごろの研修制度など、どこかに問題があった可能性がありま す。使用者はその点を解明し、再発防止に努める必要があります。そのことが、結果的に社会にとっては好ましい結果を生みます。

ところが、使用者責任制度があると、被用者に不法行為が成り立てば、自動的に会社など使用者の賠償責任が認められるので、このような分析、反省をする機会が使用者に与えられません。その結果、会社など使用者は、「ま、仕方ないか」と賠償責任を負うばかりで、何の教訓も残りません。

(3) 使用者責任制度の問題点 ——その2　法人の不法行為責任の議論がない

①無理をして被用者の不法行為を認める懸念

使用者責任という代替制度の第2の問題点は、被害者を救うために資金力のある使用者（会社）に責任を負わせようとして、その前提である被用者の不法行為を、多少無理をしてでも成立させるのではないかという懸念が生じることです。日本の裁判官は、みなきわめて優秀であり、そのような心配は杞憂だとは思います。が、使用者責任制度が必然的に持っている心配な点です。

②「エステ会社情報流出事件」を考える

エステ会社情報流出事件は、顧客情報の流出について使用者責任が問われた事案です。この事案では、ネット業務の保守管理の委託先であるシステム会社が「被用者」だとされ、エステ会社は「使用者」であるとして、使用者責任を負わされました（東京地裁判決2007・2・8）。

エステティック（全身美容）の会社**C社**は、無料体験の**利用者**から寄せられていた**個人情報**（氏名・年齢・住所・電話番号・メールアドレス・アンケート回答など）をサーバーに保管していました。容量が足りなくなったので、2002年3月、ネット業務の保守管理のシステム会社**D社**に依頼して専用サーバーに情報を移設しようとしました。その過程で、保管していた個人情報が誰でも**閲覧できる状態**になってしまいました。2002年5月になって、ネットに「**大量流出！　C社のずさんな個人情報管**

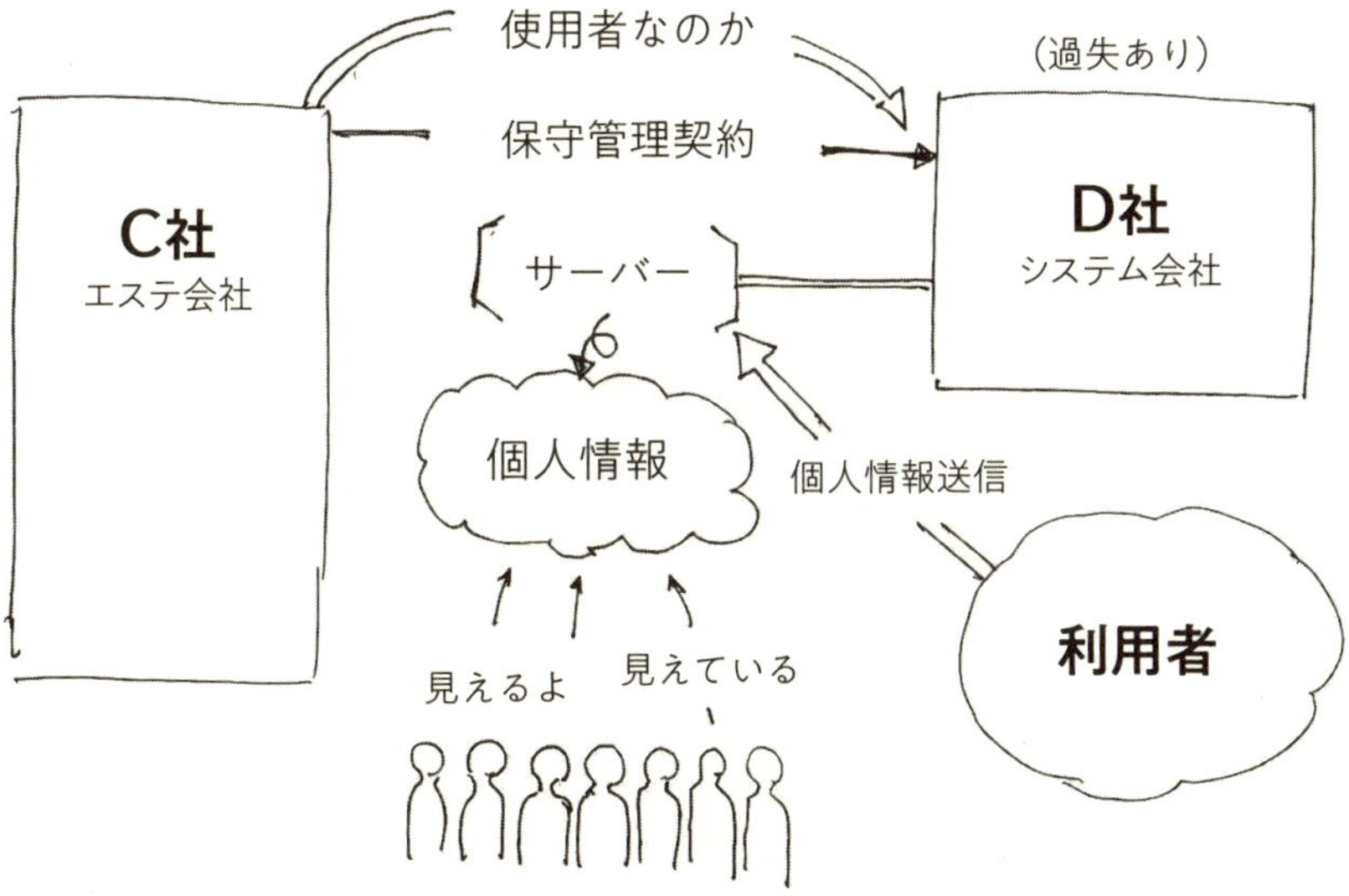

エステ会社情報流出事件

理！」と書き込みがなされました。

C社はすぐに情報を削除しましたが、利用者たちから「個人情報の侵害だ」として提訴されました。D社のミスで情報流出したのですが、「C社はD社の使用者であったのだから使用者責任を負うべきだ」という主張です。

③裁判所はC社の「故意・過失」については論じていない

裁判所はC社に「**使用者責任が成立する**」と判断しました。その判断に基づいて、エステ会社C社に、原告となった利用者15名に対してそれぞれ3万5000円、2万2000円などの損害賠償を支払うことを命じています。

C社に使用者責任が成立する前提として、裁判所は、システム会社D社に不法行為が成立するとしています。D社は、情報がアクセスされないように対策をとるべきであったのにこれを怠った、だから「不法行為が成立するのは明らかである」としています。

④「被用者の不法行為」を積極的に認める

「エステ会社事件」において裁判所は、「**エステ会社C社＝使用者**」「**システム会社D社＝被用者**」であり、C社・D社間には使用関係が成り立つとして、C社に使用者として賠償するように命じたわけです。

しかし、この認定は少し無理があったのではないかと思われます。

使用者責任とは、従業員が不法行為を行ったとき、使用者は、従業員（被用者）と「労働契約」に基づく「指揮・監督権限」を持っているのだから、賠償責任を背負いなさいという制度です。

「エステ会社情報流出事件」のＤ社は独立したシステム会社です。独立した１つの会社が他の会社に対して被用者（従業員）に当たるというのは、少し無理があると思います。

裁判所は、事実上の「指揮・監督関係」があったとする理由について、Ｃ社がＤ社から随時、報告を受け、不具合があったときは協議していたことを挙げています。けれども、これはシステム保守の委託会社と受託会社の正常な、普通の関係です。

裁判所がこうした苦労をしてまで使用者責任を活用している理由は、法人の不法行為責任を正面からきちんと議論し、法的な制度を整えていないからです。いつまでも代替制度に頼っているべきではありません。

8 代表者行為責任
——民事の代替制度、その2

(1) 法人の「代表者行為責任」の問題点

①法人の代表者行為責任とは

法人の代表者行為責任とは、先にみたように、法人の代表者が職務を行うに際して他人に損害を加えたときは、法人が賠償する責任を負うという制度です（350条、一般法人法78条、197条）。代表者が不法行為を行ったときは、自動的に法人が賠償責任を負わされる制度であり、やはり一種の連座制です。

使用者責任の場合は形だけとはいえ弁解（抗弁）が成り立てば免責されるという制度がありました。代表者行為責任では、そうした制度もありません。

②代表者行為責任はコーポレート・ガバナンスの問題

代表者が法人の職務を行うについて不法行為を行うなんて、とんでもないことです。従業員の不法行為どころの話ではありません。たとえば、金融会社の社長が、顧客に対して「架空投資話」を持ちかけて損害を与えるようなことです。会社が自動的に賠償責任を負うのも当然です。

トップの不法行為といえば「コーポレート・ガバナンス」の問題です。コーポレート・ガバナンスとは、広い意味で漠とした内容で語られますが、究極的には、株主を中心とする人々の力で「**トップの暴走を食い止めること**」です。

経営トップは会社の最高権力者ですから、その暴走を止めるのは容易なことではありません。監査役、監査役会、監査等委員会、社外取締役などが必死の努力で止めなければなりません。それで足りないときは、会社の最高会議、すなわち株主総会で解任してもらうことになります。どんなに大変であろうとも、会社の維持・存続のためには、ガバナンス体制を維持し実践することは、会社にとって最もベーシックな課題です。

ところが、**代表者行為責任**は、代表者に不法行為があると、自動的に会社の法的責任が認められてしまいます。会社として「ガバナンスのどこに問題があったのか」と、分析、反省することもできません。会社が適切な再発防止を策定、実行できないとなると、結局、消費者、取引先、社会にとってもマイナスが生じます。将来同様のことがまた起きる可能性があるからです。

【コーポレート・ガバナンス】
会社は経営者のものではなく資本を投下している株主のもの、という考え方のもとで、株主を中心に企業経営を監視、監督する仕組みのこと。企業統治ともいう。

(2) 法人が「代表者行為責任」を負わされた事例

①M社パワーハラスメント事件

株式会社が代表者行為責任を負わされた事例は多くはありません。「**M社パワーハラスメント事件**」(名古屋地裁判決2014・1・15)は少ない事例のひとつです。

M社の代表取締役社長のEは、設備・機械を傷つけた従業員Fに対して、「弁償しろ」「支払わなければ辞めさせない」と迫る、暴行を加え傷害を負わせる、「どうしてくれるんだ」と怒鳴るなどの行為を行っていました。そうしたところ、従業員Fが自死したという事案です。

②裁判所の結論

裁判所は、社長Eの行為はパワーハラスメントに該当し、不法行為であると述べ、「これらの行為は会社の職務を行うについてなされたものであると認められるので、M社は会社法350条により、E社長が従業員Fに与えた損害を賠償する責任を負う」として、従業員Fの遺族に2707万円を支払うよう命じました。

社長が職務に関して不法行為を行っていたことが明らかに認定される事案であり、まさに法人の「代表者行為責任」が発生してしかるべき事案です。

9 新しい動き——法人の不法行為責任を正面からとらえる動きが始まっている

(1) 不法行為制度（民法709条）を活用する動き

①正面から企業責任を追及

いま、公害や大規模事故など法人が加害行為を行ったときに、法人自身の賠償責任を正面から「**企業責任**」として追及する動きが始まっています。現在の**不法行為制度**（民法709条）を活用して、法人の不法行為責任を認める判例が現れているのです。

②「メチル水銀・排水事件」にみる新しい動き

なかでも有名な判例は、「**メチル水銀・排水事件**」です（熊本地裁判決1973・3・20）。化学会社の工場から出される排水に含まれていた**メチル水銀化合物**が原因で、その地域の住民に神経疾患が多数発生した事案です。

裁判所は会社そのものに対して「民法709条を正面から適用する」ことを宣言しました。

裁判所は、①化学会社の技術部職員がアセトアルデヒドの溶液中にメチル水銀化合物が存在するとの論文を発表していたこと、②近海で魚が死んで浮上するなど異変が起きていたこと、③大学の研究で本疾患は魚介類を摂食したことによる中毒症であるとの見解が発表されていたこと――などを掲げ、それにもかかわらず、化学会社は文献調査、排水の水質分析、放流先の地形、環境調査などの対策をとらなかった、と指摘しました。

そのうえで、「**会社は過失責任を免れない**」として、「会社の**排水の放流は会社の企業活動そのもの**としてなされたのであって……会社は民法709条によって**不法行為責任を負う**」としたのです。

裁判所はさらに念を押すように、この責任と法人の使用者責任や代表者行為責任とは「おのずからその本質を異にするものというべきである」と述べています。使用者責任という代替制度との決別を、裁判所自身が宣言したのです。

「定款の壁」が崩され、「怪物ウルトラ・ヴィーレス」が退散した現代では、法人の法的責任も実質的に議論すべきです。そうした新しい時代の訪れを告げる判例といえます。

(2) 将来的には法改正で「法人の不法行為責任」を明確化する

①どこからが違反になるのか？――基準の必要性

法人に正面から民法709条を適用するためには、その「要件」を明確にしておく必要があります。要件をはっきりさせておくことは、会社に対して「ここまで注意すればよい」と指針を示すことになり、社会の人々に対しては「この基準に違反したときは、法人の不法行為責任を追及できる」と、ガイドラインを示すことになります。

②「法人の故意・過失」を考える

民法709条を法人の民事責任の根拠として適用するうえで、**法人の故意・過失**をどのようなときに認めるかが、要件の中心です。

先に検討したように、法人はシステムですから、「わざと」とか「うっかり」という心理状態はありません。けれども、株式会社など法人をひとつの機能的な「生きた組織体」ととらえて、法人全体の「故意・過失」があると考えることは可能です。

見方を変えれば、株式会社など法人を、「単なるシステム」ではなく、「生きた組織体」として生命を吹き込むのは、これからの経営者の使命だといえます。ＣＳＲ、ＳＤＧｓの要請など、企業の存在価値が問われているいま、当然、経営者に求められることです。そうであれば、法人の故意・過失もありうることになります。

③法人の故意・過失を考える基礎

法人の故意・過失を考える際に基礎となるのは「**リスク管理体制**」の整備状況です。裁判所からみて「リスク管理体制が整備されていない」と判断されたら、「法人に過失あり」と判断する方向に傾くことでしょう。

一般に、体制とは、①ルール、②組織、③手続き——の3要素で成り立ちます。メーカーの場合、①製品開発の際に、その危険性を調査・確認すべきだが、そのことが社内規則で義務付けられているか、②危険性の確認・追跡を行う責任部署・担当役員は定められているか、③取締役会への報告は義務付けられているか、③問題が発見されたとき、調査、確認、報告など対応手続きのあり方は定められているか——などの項目がリスク管理体制の確認事項です。

「**メチル水銀・排水事件**」では、①職員が、メチル水銀化合物が存在するとの論文を発表していたこと、②魚が浮上するなど異変が起きていたこと、③大学の研究で見解が発表されていたこと——などが指摘されています。これらの事実は**リスク情報**です。そうしたリスク情報が、社内に報告され、さらなる調査や対応が義務付けられていたかが問題になります。こうした基準に反しているときに、「組織体としての法人」に「過失」があったと認定されます。

今後の企業責任の追及は、こうした体制の整備の適切さを審査する方向で進んでいくと思います。

10 法人の刑事責任

(1) 刑法は法人には適用されないが……

①刑法の罰金刑も科せられないのか

先にみたように、刑法は法人には適用されません。これは「定説」です。刑法には罰金刑が法定されている犯罪もあります。「身体」のない法人も罰金なら支払えるはずですが、刑法の罰金刑も法人には科せられないのです。

②挑んだ検察官もいた！

こうした「定説」に臆することなく挑んだ検察官も、過去にはいました。その検察官の名誉のためエピソードを紹介しておきます。

戦前、個人の比較的少額の貯蓄を取り扱う**貯蓄銀行**という金融機関がありました。預金者を保護するため厳しい規制の対象とされていました。ところが、国の免許を受けることもなく、手広く預金の受入れをしていた**金融会社**があり、摘発されたのです。この事案で、検察官は、会社の代表者（自然人です）のほかに「会社自体」をも起訴しました。法人は刑事罰の対象とならない確固とした定説があるのに、勇気ある対処です。「免許を受けないで営業を行った者は処罰する」という条文の「者」には「法人も含む」と主張したのです。免許もないのにつましい生活をしている多くの個人から預金をかき集めたことへの正義の怒りのなせるわざだったと思います。

しかし、この起訴に対して大審院（現在の最高裁判所）は、「法人の**犯罪行為能力**については、我が現行法の解釈としてはこれを否定すべく」として、そっけなく上告棄却としています（大審院判決1935・11・25）。この「犯罪行為能力」とは法律用語です。法律の世界では刑事罰の対象になりうることを「犯罪能力」と表現します。法人にはその「能力がない」と大審院は改めて宣言したのです。

(2) 法人に刑法が適用されないことの問題を認識させた事件

①福知山線脱線事故の概要

法人処罰を正面から認める規定がないことを強く認識させたのは、2005年4月25日に起きた「**福知山線脱線事故**」です。

この事故では、急カーブなのに運転士がスピードを落とさなかったため、電車が脱線し、106名の人々が犠牲になりました。運転士はその前に停車位置を過ぎてしまう「オーバーラン」をしてしまい、それによりまた社内での指導を受けることになるのではないかと、そのことを気にかけていたという記録があります。

②刑事裁判が指摘した「組織の問題性」

検察官は、事故当時に常務・鉄道本部長であった「役員」を、業務上過失致死罪で起訴しました。これに対する裁判所の判決は、「役員は無罪」です。裁判所が述べた理由の概略は「役員が個人としてこの事故が起きると予測することは無理であった。したがって役員は無罪である」というものです。

ところが、裁判所はさらに進んで、**「鉄道会社は、組織として大規模鉄道事業者として期待される水準には及ばない」**として、会社（法人）の責任について厳しく指摘しました。「組織として水準に及ばない」とした理由について、①事故の起きたカーブを設計するときに、転覆の危険性を考慮していないこと、②リスクの分析に問題があったこと、③電車自動停止装置（ＡＴＳ）を設定することについての優先度を検討していなかったこと――などを具体的に詳細に指摘しています。

裁判所はこれだけの大事故について、役員１人の個人責任を問題として非難するのは無理であると考えていたのです。そのうえで、現行法ではかなわないが、本当は会社が組織としての責任を負うべきだと感じ、組織としての問題点を分析して判決で明らかにしておきたかったのです。法人自体に刑事責任を問うことができない現在の法律制度に対する、残念な気持ちを痛切に述べた判決だといえます。

③「法人処罰」を求める声の高まり

この裁判をきっかけに、日本では法人に刑事責任を問うこと（法人処罰）を求める声が一挙に高まりました。遺族らが中心となって「**組織罰を実現する会**」が結成され、２０１８年には1万人の署名を添えて法務大臣と面会したと報じられています（「朝日新聞」２０１８年10月23日付朝刊）。

(3) これからの法人の刑事責任の議論

①企業による不祥事をなくすためにも議論すべき課題

株式会社を中心とする法人の活動する規模、範囲は日に日に拡大しています。法人の活躍に私たちの生活がかかっている以上、法人の刑事責任を正面から問う法律も作られるべきです。

「**企業不祥事はなぜなくならないのか**」という問いかけが度々なされます。答えは明快です。法人の刑事罰を正面から問う法律がないからです。両罰規定はあるものの、なぜ処罰されるのかもよく分からず、しかも刑事罰は軽くなる懸念があります。

個人（自然人！）の場合を考えてみましょう。会社の幹部がライバル会社に食材の仕入先、仕入価格のリストを渡した「**回転寿司事件**」では、営業秘密を不正取得した役員は懲役（拘禁刑）3年執行猶予4年の判決を受けています（東京地裁判決２０２３・５・31）。執行猶予が付いているとはいえ、人が刑事裁判で有罪判決を受けることは、私たちの想像を超える「重さ」を持っています。抽象的にいえば、法人にもそれだけの重さを持つ刑事罰を科すことが必要だと思います。人が「拘禁刑２年」をい い渡されるほどの犯罪なら、法人は「営業停止２年」に匹敵する罰金刑でないと、組織としての真剣な反省も、真摯な再発防止策の実施も期待できません。そのくらいの厳格さで考えていかないと、「福知山線脱線事故」のような大事故を根絶できることにはなりません。

②米国の量刑ガイドライン

法人の処罰を考えるときに参考になるのは、米国の量刑ガイドラインです（FSG：The Federal Sentencing Guidelines）。会社に対する刑事裁判の判決を整理したものです。

内容を概観すると、法人処罰規定の「基本罰金額」が決められていて、上級レベルの管理職が参加していると5点加算、前にも同種行為があるとそれが何年前かにより1～5点加算、司法妨害があると3点加算というように加算していき、持ち点に乗じる算定方法です。

逆に、コンプライアンスプログラム、倫理プログラムがあれば、3点控除されます。こうした計算の結果、情報会社による中国、ベトナム公務員への贈賄事件では日本円（当時）にして1150億円（米司法省2019・12・6発表）、金融機関のマネーロンダリングでは同1560億円の刑事罰が科されています。

③英国の法人故殺罪の制定

英国では2007年7月、死亡事故を起こした会社に適用される「**法人故殺罪**」

（Corporate Manslaughter and Corporate Homicide Act 2007）が制定されました。法律制定の発端は、1997年9月19日にロンドン郊外で起きた鉄道事故で、7名が死亡し、139名が重軽傷を負ったことでした。運転士が自動警報装置を切っていたことが原因でした。この事故を機に、法人も処罰すべきだという議論が英国で高まったのです。

同法は、「行為の重要な部分」が会社幹部によって起こされた場合、または「組織化されていた場合」と規定しています。法定刑については「罰金刑として告発される」とだけ定められています。つまり、「上限はない」ということです。

こうした世界の動きをみると、わが国も「法人処罰の規定」を設けるべき時代に入っているといえます。東インド会社設立のときの、「法人が加害行為を行うなんて、想定外だ」という1600年代の認識を、いつまでも持ち続けるべきではありません。

11 「法人の法的責任論」のこれからについて

いま株式会社制度は曲がり角に立っています。「株式会社は、果たして人類にとって有益なものであったのか?」が問われているのです。

２０１５年の「パリ協定」では、「世界の平均気温上昇を、**産業革命以前に比べて１・５℃に抑える努力を追求すること**」と宣言されました。この宣言は、企業を取り巻くすべての人々が重く受け止めるべき言葉だと思います。私が子供のころは、産業革命は単純によいことでした。「産業革命のおかげで人類は発展を遂げた」という教育を受けました。その産業革命を支えてきたのは、株式会社です。

パリ協定は、その産業革命以来の株式会社の活動が「間違ったことではなかったか?」と問いかけています。突き詰めていえば、宣言は「産業革命以後の、人類の営みは間違ったことではなかったか?」という意味です。産業革命を支えたのが株式会社であることを考えると、「株式会社は間違った存在ではなかったか?」という問いかけにほかなりません。

その点で、エドワード・サーローの「**会社は罰するべき肉体も、非難すべき魂も持たない**」という言葉は、新たな、重い意味を持ち始めます。先に「法人はシステムなので故意・過失はない」と述べました。しかし、いまは「システムだから責任はとれない」と受け流している時代ではありません。そのような対応をすれば、社会から「では、株式会社制度は社会にとって有害無益だ。国家の管理下に置くべきだ」といった議論が復活してくるでしょう。

経営者は、株式会社・法人に「魂」を吹き込むべきです。それが「**経営理念**」です。

【パリ協定】
２０１５年の国連気候変動枠組み条約締約国会議（COP21）で採択、２０１６年に発効した気候変動問題に関する国際的な枠組み。２０２０年以降の温室効果ガス削減に関する世界的な取り決めが示され、世界共通の「２℃目標（努力目標１・５℃以内）」という数値目標が掲げられている。

そのうえで、株式会社を統一した、「ひとつの生き物」のようにまとめあげ、価値観を行き渡らせることが求められています。

万一、法に違反することがあれば、「自然人」と同じように、民事責任、刑事責任を、粛々として受けるべきです。そこまでして初めて、株式会社は、「社会貢献」「社会的責任」が厳しく求められる、これからの社会で生き残っていけます。

第4章

株主有限責任はなぜ認められたのか

——有限責任と引き換えに求められる公共性

1 すべてを物語る「リミテッド」という呼び方

(1) 株主有限責任が株式会社を大発展させた

株式会社の株主は、「〇〇円、資金を出します」と「約束」(**引受け**といいます)した金額を実際に出資すれば、それ以上に追加出資を強いられることはありません。また、万一、会社が倒産したときも、株主が個人的に会社の債権者から、「会社の代わりに支払え」と債務(借金など)に対する責任を負わされることはありません。これを「**株主有限責任の原則**」といいます。会社法にハッキリと「**株主の責任は、その有する株式の引受価額を限度とする**」と定められています(104条)。

有限責任というと、限定はされているものの、何らかの責任があるような感じがします。が、引き受けた金額の出資を実行すれば、それ以上は何の責任も残っていません。ですから、本当は「株主無責任の原則」といってもよいのですが、それはあんまりなので「有限責任」といっているというのが、私の解釈です。

1600年に設立された東インド会社は、次第に近代的な株式会社に進化していきますが、ほかにも続々と世界中で株式会社が設立され、株式会社制度は大発展を遂げます。現代の私たちの生活は、衣食住から職場に至るまで、あらゆる場面が株式会社の活動で成り立っています。現代社会は株式会社制度抜きでは考えられません。

これほどまでに株式会社が大発展を遂げた理由は、「株主有限責任の原則」があるからです。多くの人が、有限責任の安心感のもとで出資することができ、経営者は集まった巨額の資金を資本金として、最先端技術の開発、大規模工事、大量生産工場の建設など、個人事業では到底成し遂げられないようなビッグビジネスを展開することが可能になったのです。私は、有限責任は「**人類最大の発明**」だと思っています。

(2) 株式会社の象徴は「リミテッド」という表記

というわけで、株式会社の特色を一言でいうなら、それは「株主が有限責任であること」です。日本では、株式会社を英文表記するときは、社名の後に「**Co.,Ltd.**」と付け加える例が多くみられます。設例で挙げている佐高山株式会社は「SADAKAYAMA Co.,Ltd.」と表記することになります。

この「Co., Ltd.」は「カンパニー・リミテッド」(Company Limited)の省略形です。「カンパニー」は会社、仲間、商会などの意味で、様々なタイプの組織を表す言葉です。そのカンパニーに「制限する」という「**リミテッド**」と付け加えると、株式会社という意味になるのです。「株式会社といえば株主は有限責任だ」ということが世界共通の理解になっているのです。

SADAKAYAMA Co., Ltd.

佐高山株式会社を英文で表記すると……

ちなみに英国では、上場会社で株主が有限責任である会社は「上場有限責任会社」(**Public Limited Companies.**、または **p.l.c.**)と表記することが法律で定められています(英国会社法58条)。

株式会社の本質を突き詰めていくと、「リミテッド」というたったひとつの単語になるのです。

2 本当は変な「有限責任」

けれども、素朴に考えると、事業の出資者が責任を負わないのは、本当は「変」です。たとえば、3人の企業家が共同出資により鉱物掘削事業を行っているとします。ある日、岩盤が崩れて大事故となり、近所の人が重軽傷を負い、家も何軒か倒壊してしまいました。

そんな事態が起これば、出資者たちは当然、近所の人々を回ってお詫びをし、被害の弁償を申し出るべきでしょう。そうでないと、近所の人々にとって共同事業者は、単に「迷惑な隣人」になります。共同事業であるだけに事業規模も大きいのが普通ですから、被害も大きくなります。事故を起こした3人の共同事業者たちが「私たちは出資しただけですよ……」といって責任を免れるなんて通らない話です。

ところが、３人の企業家たちが株式会社形態で掘削事業を行っていたとなると、状況は一変します。近所の人々が賠償請求しても、共同事業者の３人は「お気持ちは分かりますが、私たちは『株主』にすぎないのです。請求は会社にしてください」と涼しい顔でいえてしまうのです。それが「株主有限責任」です。そんな涼しい顔をみたら、先に私が指摘した「有限責任」の正確な呼び方?の思いを込めて「株主の無責任！」といってやりたくなるでしょう。

読者の皆さんも変だとは思いませんか。本来は出資者として責任を負わねばならないのに、「有限責任」（本当は無責任）のおかげで責任を負わないでよいというのは、とんでもない例外です。特別扱いもいいところです。**特典**といってよいでしょう。なぜ、事業が株式会社組織になると、突然、出資者には有限責任という、びっくりするような特典が与えられるのでしょうか。

その謎を突き止めるのが本章のテーマです。

3 東インド会社の出資者たちは「無限責任」を負っていた

(1) 株主責任の2つの意味

有限責任の由来を研究する前に、「有限責任」の正確な意味について整理しておきます。

株主の責任は2つの方向から考えられます。

1つは、「**追加出資責任**」があるのかという点です。会社設立のとき、出資者は一定の金額を出資すると約束して(引受け)、出資を実行(履行)します。しかしその後、会社に新たな資金需要が出てきたときに、追加で出資することを強制されるのでしょうか。強制されるという考えもあります。「出資者は、一度出資したら、とことん責任を持つべきであり、新たな資金需要にも応じるべきだ」という考え方です。実は、初期の東インド会社はそうでした。

もう1つは、「**連帯責任**」があるのかという点です。会社にお金がなくなって、買掛金や従業員の賃金といった債務を支払えないときに、出資者も個人的に会社と「連帯」(同じ責任で、という意味です)して、支払い責任を負うのかという問題です。

「出資者は、一度出資したら、最後まで責任を持つべきであり、会社と連帯して個人で支払うべきだ」という考え方があります。東インド会社の初期の出資者たちは、連帯責任をも負っていました。

出資者がこの追加出資責任や連帯責任を負う場合、その責任は、会社に債務が残っているかぎりずっと消えません。これを「**無限責任**」といいます。なんだか「無限地獄」のようで怖い言葉です。先ほどの、掘削事業を行っている3人の企業家のケースでは、「共同で事業を行っているなら、責任を負うのが当然」といいました。が、それを無限地獄と考えると、今度は少し気の毒にもなります。

その怖さや気の毒さを感じていただくと、有限責任という言葉の「ありがたみ」が改めて実感できます。会社法の条文、「株主の責任は、その有する株式の**引受価額を限度とする**」（１０４条）という表現の意味もリアルに分かってきます。会社法は、出資義務を果たしたら、追加出資責任も連帯責任もないと明言しているのです。

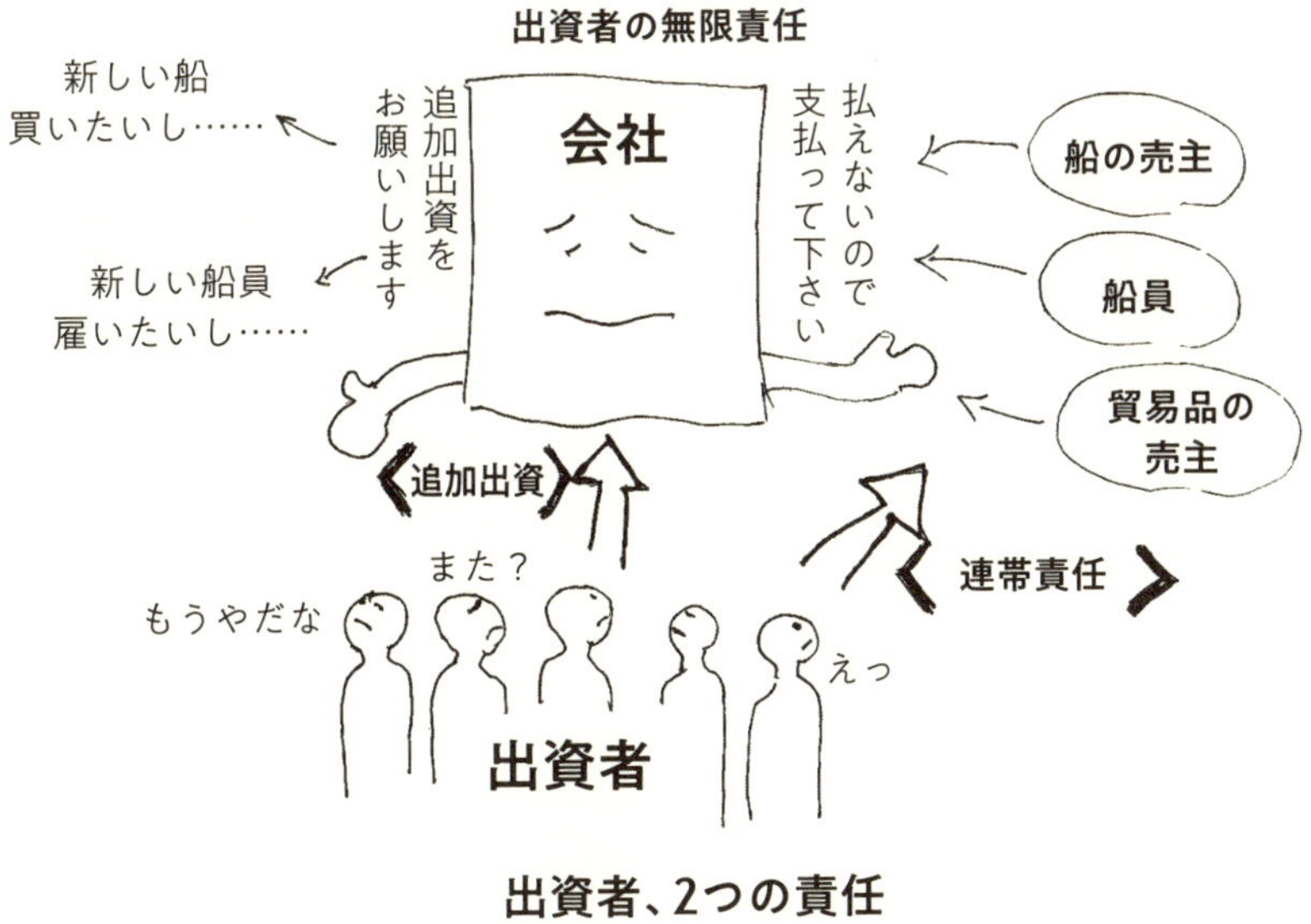

出資者、2つの責任

(2) 東インド会社の出資者たちは無限責任を負っていた

1600年に設立された東インド会社の出資者たちは、会社に対する追加出資責任と会社債権者に対する連帯責任と、その両方を負っていました。しかも、無限責任です。

東インド会社の追加出資責任の状況についてみてみましょう。出資者たちは、①出資引受け後の払込みがきちんと履行されなかったときには、追加出資を求められ、②第2航海のときなど、資金不足が判明した場合にも、追加出資が求められています（『大塚久雄著作集　第1巻・株式会社発生史論』岩波書店、460頁。以下、大塚）。

東インド会社の200人以上の出資者たちは、当時の英国の「名士」たちです。みな、資産家です。それにもかかわらず、出資はなかなか実行されなかったようです。東インド会社の執行部は「出資強制の決議」を行ったり、「**履行しないと投獄する**」と、出資者たちに脅しをかけたりしました（大塚、449頁）。当時は、民事と刑事があまり区別されていなかったので、ちゃんと出資しないと投獄されることも十分にありえたのです。

それでも、出資はおいそれと履行されませんでした。理由は、出資者たちに資金がなかったのではなく、名士たちであるため、そもそも物事に関して人から指示されたり、強制されたりする立場ではなかったことが原因だと思います。

また、連帯責任についてみると、船員に対する費用を支払うことが必要となり、その負担を要請された事例もありました（大塚、460頁）。
東インド会社の出資者たちが「無限責任」を負わされていたのは明らかです。

(3) 無限責任でも出資者たちは異議を唱えなかった

①初期の英国東インド会社では、それでも問題なかった

それでも、出資者たちは不満も述べず、また、特に問題も起きなかったのです。その理由は、東インド会社の200名強の出資者たちがみな、貴族である伯爵（Earl）や、貴族に次ぐ階級である騎士（Knight：ナイト）、**郷紳**《きょうしん》（Esquire：エスクワイア）など有力地主（Gentry）たちであったことにあります。貴族とジェントリであり、全員が英国の「名士」でした。

こうした出資者たちの資産は莫大でした。無限責任を負って支払うだけの**資力**はあったのです。伯爵より下位の貴族である子爵、男爵でも、その領有地は平均1万4000エーカーだったといわれます（水谷三公『英国貴族と近代』東京大学出版会）。騎士も平均1万エーカーの土地を領有していました。1万エーカーといえば、ほぼ東京都江東区全体と同じ広さです。出資者たちの財力、資力は、想像を超えるものがありました。

もう1つの理由は「**独占権**」を与えられていたことです。出資者たちは、東インド

貿易の独占権という夢のような特権を女王陛下から与えられていました。東インド会社が、名士たちが設立した会社だからこそ与えられた特権だと、出資者たちは受け止めていたはずです。また、英国民の食生活を豊かにして「社会の役に立ちたい」という、名士らしい社会奉仕の精神も大きく影響していたと考えられます。

こうした理由から、出資者たちは、無限責任については「相応のことだ」と理解していました。無限責任を負うことについては、女王陛下から直接に特許状（チャーター）を賜った「栄えある会社」を運営することは、自分たちのような名士だけに許されたことだと受け止めていて、負担感よりはむしろ誇りと満足感があったことでしょう。

②英国とは当初から違っていたオランダの東インド会社

これに対して、オランダは状況が違いました。英国のような強大な資産や権力を持つ貴族はいなかったのです。ネーデルランド（後のオランダ）も宗教改革の波を受けてプロテスタントの勢力が強まっていましたが、１５０４年にカトリックの盟主であるスペインの統治下に置かれます。スペインのフェリペ２世は、オランダの人々が「スペインの狂暴」と呼んだほどの圧政を始めます。

この圧政に対してネーデルランドの人々は、オレンジ公ウイリアムをリーダーに仰ぎ、１５６８年から独立戦争を開始します。長い戦争の結果、１５８１年に至ってやっとホラント州を中心とする北部７州が「ネーデルランド連邦共和国」の独

図表4-1　英国の貴族とジェントリ（Gentry）

貴族……………………………	公爵（Duke）、侯爵（Marquess）、伯爵（Earl）、子爵（Viscount）、男爵（Baron）
ジェントリ（有力地主）……	騎士（Knight）、郷紳（Esquire）

立を宣言します。ホラント州の名から同国は、日本では「オランダ」と呼ばれるようになります。

こうした経緯のもと、1602年3月に**オランダ東インド会社**が設立されます。事業力を持つプロテスタントたちによってすでに設立され、活動していた「フォール・コンパーニエン」（Voor compagnieen：会社の原型。Voor は「前の」という意味）を統合したのです。

オランダ東インド会社は、このように共和国体制のもと、プロテスタントである商工業者たちが、自分たちが望んでやまない毛織物の輸出・香辛料輸入事業の独占権を得ることを目的として、当初から近代的な合理主義のもとに設立されたのです。特許状も、オランダ連邦議会から与えられています。**出資者の有限責任**が、オランダ東インド会社では最初からすんなりと認められたのも、こうした経緯をみると自然なことです。

4 有限責任は王様の部下に対する思いやりから始まった

(1) 引き継がれた特許会社政策

英国では、エリザベス1世が始めた東インド会社などに対する特許会社政策は、後を継いだジェームズ1世や、その子であるチャールズ1世によっても承継されていきます。

英国では1642〜1649年には**ピューリタン（清教徒）革命**が起こり、**オリバー・クロムウェル**の指導のもと英国は一時だけ共和国になります。が、その後、チャールズ1世の子である**チャールズ2世**が後を継いで「**王政復古**」を実行し、英国は元の君主制に戻ります。

(2) 腹心の部下を東インド会社に送り込んだチャールズ2世

チャールズ2世は、東インド会社を完全な支配下に置こうとしました。当時、東インド会社の執行部門は「総裁と副総裁が各1名、理事が24名」で構成されていまし

図表4-2　スチュアート朝とテューダー朝の関係図

（1450~1509）**ヘンリー 7世**（スチュアート朝）

キャサリン ＝＝ **ヘンリー 8世** ＝＝ アンブーリン
スペイン王の娘
（カトリック）
（1509 ~ 1547）

エドワード6世（1547~1553）
メアリ（1553~1558）
エリザベス1世（1558~1603）

スチュアート朝からテューダー朝へ

ジェームズ1世（テューダー朝）
（1603~1625）
スコットランドから来てエリザベス1世の後継者となる　専制政治
王権神授説を唱える

クロムウエルの改革
（1649~1660）英国で唯一、王様のいない時代

チャールズ2世
（1660~1685）王政復古　チャールズ1世の子
1662、特許会社の出資者有限責任を認める

注：（　　）は在位期間を示している。
出所：『詳説世界史研究』（山川出版社、1999年）、『世界の歴史』（7巻・8巻、中公文庫、1997年、1999年）をもとに筆者作成

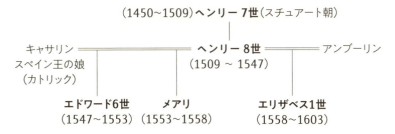

た。チャールズ2世は、そこに側近の騎士、郷紳たちを送り込んだのです。チャールズ2世がいかに東インド会社の生み出す利益に期待していたかが分かります。

しかし、環境が変わっていました。チャールズ1世の時代、ピューリタン革命を背景にしたクロムウェルの改革で、東インド会社の**民主化**が行われていたのです。「**クロムウェルの改組**」と呼ばれます。

出資者総会では、出資者には500ポンドごとに1票の投票権が与えられ、決議は挙手方式から無記名投票方式に変えられていました。無記名とされたことには大きな意味があります。この方式なら、出資者たちは理事候補者に遠慮することなく選任投票ができます。さらに、チャールズ2世が利益を期待していた商品販売については、販売委員会（general court for sale）を通さなければならないルールになっていました。輸入商品を自分の利益になるように売る身勝手な取引、「利益相反取引」はできなくなっていたのです。

こうした変化は、クロムウェルが行った**民主化**によるものです。今日的な表現をすれば、東インド会社では、理事たち執行部に対する**コーポレート・ガバナンス**が強化されていたといえます。

(3) チャールズ2世の部下への思いやり政策
――有限責任制への第1ステップ　1662年

こうした状況では、チャールズ2世が送り込んだ部下たちは思うような利益を上げられません。それなのに、部下たちは出資者総会の厳しいガバナンスの監視にさらされ無限責任を負わされていたのです。送り込まれた部下たちの心に不満が生じました。

そこで**1662年**、チャールズ2世は「**破産者に関する布告の条例**（An Act declaratory concerning Bankrupts：破産者布告条例）」を宣言します。内容は、会社が破産したときにも出資者たちは破産法の適用を免れ、個人責任は負わないというものです。「会社」としては東インド会社や王立アフリカ会社が想定されていました。

この条例が適用されるのは、会社が倒産したときだけです。倒産は「無限の連帯責任」が問われる、最も象徴的な場面です。そうした象徴的な場面で適用されるルールに関する無限責任を法制度として免除したのは、周囲に大きな衝撃を与えたと思われます。

チャールズ2世がこの政策を導入した動機は「部下への思いやり」であり、それ以上に、株式会社制度を発展させようといった発想はありません。しかし、「出資者が無限責任を負うのは当然だ」という、みんなの「思い込み」を打ち破るきっかけになったのは事実です。これが「有限責任制」への第1ステップでした。

(4) 東インド会社は有限責任制へ　1665年

その後、東インド会社では、有限責任制が破産手続き以外の場面にも広げられます。

1665年、東インド会社の組織改革が行われたときの趣意書には、「出資者は、会社の債務については、**その出資金と配当金の範囲で**弁済に充てる」と規定されます。「**の範囲で**」と断りが付けられたことで、無限責任が有限責任へと変わる大きな1歩となりました。大塚久雄教授は、この段階をもって「全社員の有限責任制」が確立したことは明瞭であると述べておられます（大塚、504頁）。出資者の有限責任が認められたことで、東インド会社など「特許会社」は今日の「株式会社」のフレームを備えたことになります。

ただし、この有限責任制は国王から正式にチャーターを与えられている「特許会社」だけの話でした。

5 「南海会社狂騒曲」と「泡沫会社事件」の影響で強まる有限責任への動き

――有限責任制への第2ステップ

(1) 1720年「南海会社狂騒曲」

ここまでは、東インド会社など、正式な特許会社だけに関する出来事でした。株主有限責任制が特許会社の外に一般的に広がる動きに弾みをつけたのは、第1章で紹介した1720年の「南海会社狂騒曲」です。

1720年1月、それ以前から南海会社設立法に基づいて設立されていた**南海会社**(South Sea Company)に対して、英国政府は「南アメリカ西海岸で貿易を行う独占権」を特許状で与えました。同時に政府は、南海会社の株式を市民に広く売り出します。売り出しは人気を呼び、株価は急騰、額面100ポンドであったものが同年6月には1050ポンドと、**10倍以上**になりました。

市民ばかりではなく、大臣、議員、貴族、地主など多くの人々が争って株を買いました。借金して買う人も多くいました。「**南海会社の狂騒曲**」の始まりです。

この狂騒曲は、国王から特許を与えられている**株式会社**というものに対する「一般市民の憧れ」の表れです。莫大な利益が出ていると噂されている東インド会社や王立アフリカ会社の活躍ぶりは、市民の間でさぞ話題になっていたことでしょう。しかし、出資者になれるのは「名士」に限られます。市民は、自分たちも株式会社の出資者になりたい、そういう願望を強く持っていました。

そこに南海会社の株式が一般に売り出されたのですから、市民が飛びつかないはずがありません。「会社に南アメリカの金採掘権が与えられるらしい」という憶測も飛んでいました。

(2) 偽特許会社の横行と「泡沫会社規制法」

南海会社の騒ぎをみていた人たちのなかで目端の利く人は、多くの「**偽特許会社**」をどんどん立ち上げます。1720年の4月から5月にかけて50の新会社が設立されました。しかも、新会社は国王からの特許も得ていないのに、勝手に「特許会社」を名乗り、**株主有限責任**を主張し始めました（大塚、518頁）。新会社のなかには真面目な会社もあったのです。しかし、多くは「永久運動をする車を完成するための会社」「水銀を固体にする会社」など、怪しげな会社でした（第1章）。この怪しげな会社群を「**泡沫会社**」（bubble companies）といいます。「バブル経済」という言葉の語源です。

政府は慌てました。政府としては、1662年のチャールズ2世の宣言に従い、東インド会社のように国から正式に特許権（チャーター）を与えられた会社にだけ、株主有限責任制を認める方針でした。しかし、偽特許会社は横行し、「自分たちは有限責任なのだ」と称して活動していました。

そこで、英国政府は1720年6月11日、「**泡沫会社規制法**」を成立させ、怪しい会社の設立規制に乗り出します。特許状もないのに「有限責任」を名乗ると刑事罰に問うという厳しい法律です。

(3) エンディングを迎える「南海会社狂騒曲」

1720年8月18日、英国政府は、泡沫会社禁止法を泡沫会社の代表格4社に適用します。これが「バブル崩壊」のきっかけになります。**「株式会社というものは信用できない！」**。泡沫会社の株を買っていた人々の間に衝撃が走りました。泡沫会社の株価はたちまち無価値になります。

そして、この「株式会社というものは信用できない！」という衝撃波は、正式な特許会社である**南海会社**にも及んだのです。泡沫会社禁止法が適用された8月18日から南海会社の株価も暴落を始め、9月28日には190ポンドにまで下がりました（浅田、140頁）。

バブル崩壊のなかで多くの自死者が出ました。南海会社に対する恨みの声が国民の間に高まります。これに対処するため、後に首相になるロバート・ウォルポールが大蔵大臣となり、南海会社の主導者らの財産を没収し、株主に返還する政策などを次々と発表して事後処理を進めました。「南海会社狂騒曲」のエンディングです。

この間に英国民の間に「**株式会社は信用できない**」という「株式会社不信感」が芽生えました。この不信感は根強く残り続けます。そのため「泡沫会社規制法」も1825年まで、その後100年以上もの間、存続し続けることになります。

【ロバート・ウォルポール】
1676〜1745年。英国の政治家。1720年の「南海泡沫事件」の混乱を収拾して頭角を現し、1721年から第一大蔵総裁を務め、内閣のメンバーとなった。

【プライム・ミニスター】
ロバート・ウォルポールが就任した「大蔵総裁」は大法官、国務大臣などの大臣のなかでも最も重要な地位であったので、一般には「プライム・ミニスター（prime minister 主席の大臣）」と呼ばれた。この呼び方が後に「首相」を意味するようになる。

(4)「南海会社狂騒曲」と「泡沫会社事件」の位置づけ

①株式会社は信用できない? だったらどうするか

南海会社狂騒曲と泡沫会社事件の結果、英国民の間に芽生えた「株式会社不信感」は、その後も長くしぶとく残り続けます。特許も得ていないのに「株式会社」と称するニセ特許会社を運営する怪しげな「経営者」は信用するな、そんな会社に出資する「株主」も信じるな、という具合です。そうした気分が蔓延している状況で、「株主有限責任」などという「特典」を与えるなど、とんでもないことだ! という意見が支配的になっていったのも自然なことです。なにしろ南海会社事件、泡沫会社事件では多数の自死者まで出たのですから。

英国で一般的に有限責任制が認められるのは、両事件から約150年を経た1856年のことです。その間の長い「とまどいの期間」を、英国での有限責任への第2ステップだということができます。しかし、次にみるように、この「とまどいの期間」は、有限責任の重みを知るうえで、とても意味のある期間でした。

他方、南海会社狂騒曲と泡沫会社事件の反省から、英国では、株式会社には「情報開示(ディスクロージャー)」を積極的に行わせるべきだという問題意識が生まれました。南海会社が崩壊したときには議会で、「南海会社の帳簿と議事録を議会に提出させるべきだ」と決議されたのは、その表れです(浅田、142頁)。南海会社については「うわさ」ばかりが飛び交い、株を買った人たちは南海会社が何をしている会社なのか、本当のところは知らなかったのです。

「株式会社は信用できない？　だったらどうするか」という、実際的な発想が生まれるところが英国らしいところです。

②積極的な要素もある

南海会社事件、泡沫会社事件の波及効果については、「バブル経済を生んだ」「株式会社制度の問題性を露呈した」などとマイナス面だけが指摘されています。

しかし、私は、南海泡沫事件は、社会全般に対して株式会社というシステムの持つ**ダイナミズムとパワー**をみせつけた事件だったと思っています。「会社をどのように規制したらよいのか」といった問題を提起したこととは別に、とにかく「株式会社という仕組みはすごい」と、社会に知らしめました。

事件の影響で、市民は「有限責任制さえあれば、誰でも株式会社に出資し、運営に参加できる。それは素晴らしいことだ！」と気づきました。そして、「これほど素晴らしいシステムを、貴族、騎士、郷紳など、ごく一部の名士たちに独り占めさせておくのは合理的ではない」と、不満を抱き始めました。

他方、企業家は、「有限責任制さえあれば、多くの人々から出資を募ることができる。その資金でビッグビジネスが展開できる」ことを心に刻みました。

こうした影響が、株主有限責任制の実現へと、時代を後押しすることになります。

「有限責任を認めてよいのか?」と迷いながらも、とにかく前へと一歩を踏み出した。これが有限責任実現への第2ステップです。

6 そして、有限責任の確立へ——有限責任の第3ステップ

(1) 有限責任を求める陳情はなされていた

18世紀末になると、企業家たちが「有限責任法」の制定を求めて議会や法務官僚に対して「有限責任制度は自分たちの事業の成功に欠かせない」と陳情をするようになります(ロン・ハリス『近代イギリスと会社法の発展』川分圭子訳、南窓社、156頁)。

にもかかわらず、英国政府は相変わらず1720年8月制定の「泡沫会社規制法」を堅持し、なお「有限責任が認められるのは正式な特許会社だけであり、一般には無限責任制を負うべきだ」という基本姿勢を崩そうとはしませんでした。

(2) 有限責任の賛成派と反対派の論戦

①1856年株式会社法で有限責任制が確立

1855年になって、ついに「**1855年有限責任法**（Limited Liability Act）」が成立します。同法の手続きは複雑だったので、翌年、手続きを簡略化した画期的な改正法「**1856年株式会社法**」がロバート・ロウによって成立します。1600年に東インド会社が設立されてから250年、チャールズ2世の「破産布告条例」から200年、やっと「株主有限責任の原則」が法的に確立されたのです。

②有限責任法成立までの長い道のり

しかし、1856年法が制定されるまでの道は、平坦なものではありませんでした。英国では、右に述べたように有限責任反対派の力がまだまだ強く、次第に勢力を強める賛成派との間でずっと論争が行われていたのです。1600年に東インド会社が設立されて以来、1856年法成立に至るまで、有限責任を認めるべきかについての熱い議論が、延々と続いていました。

どんな議論だったのでしょうか。

【ロバート・ロウ】
Robert Lowe（1811～1892）
英国の法律家・政治家。「1856年株式会社法」の成立に尽力した。「近代会社法の父」と呼ばれる。株式会社に対する国家管理を撤廃することを強く主張した。後にグラッドストン内閣で大蔵大臣に任命された。

③有限責任反対派――会社は、責任を持った「名士」が運営すべきだ

有限責任反対派の言い分をまとめると、「会社は、無限に責任を負う覚悟と財産を持った『名士』たちによって運営されるべきだ」という点に尽きます。それでこそ、正当な目的のための、適正な会社運営が実現するというのです。たしかに、名士たちは、覚悟を持って無限責任を負うだけの資産と心構えがあったことはすでにみたとおりです。

反対派は、仮に有限責任を認めてしまうと、責任も取らないような**怪しい人物**たちが株式会社をでっち上げ、世の中に対して悪いことをするにちがいないと考えていました。反対派は、その他にも「会社が倒産したときは銀行などの『債権者』は『貸倒れ』という形でまともにリスクを背負うのに、『株主』はまったくリスクを取らないのは不公平だ」という理由も述べています。

④有限責任賛成派――有限責任制で市民（投資家）と企業家の自由を守るべき

これに対して、**有限責任制賛成派**の論拠は、端的に「自由の尊重」です。

賛成派は「企業家が、有限責任制でビジネスを実行したいと願っているのに許さないとしたら、それは自由の尊重に反する」と述べています。また、当時、キリスト教社会主義派の人たちは「有限責任制は、貧しい者に富をもたらし、階級間の対立を緩和できる制度だ」として、有限責任制の賛成論を展開しました（ジョン、81頁）。その意味は、有限責任制があれば、市民は「投資家」として安心し

図表4-3　有限責任、賛成派と反対派の議論の核心

賛成派	反対派
株式会社は、株主を有限責任として広く市民が自由に投資できるようにし、また、資産のない人も、自由に起業できるようにすべきである！	会社は、出資者は無限責任のままとし覚悟と財産を持った名士だけが出資し、設立、運営するのが望ましい！

出所：筆者作成

て株式会社に投資する自由を享受できるし、十分な資産を持たない企業家も資金集めが容易になり、思う存分に事業展開の「自由」を享受できるというものです。

7 有限責任制の実現と公共事業

(1) 有限責任制の採用へ、英国の決断

こうして長く議論が続いた後、1855年法、そして1856年法をもって、英国は株主有限責任制の採用に踏み切ります。この段階に至っても、反対派の勢力は依然として強かったことは、1855年法を「強行可決させた」というエピソードからも察することができます（ジョン、81頁）。

では、英国の政府と議会が、長々と続いた議論に終止符を打ち、株主有限責任制を導入する大きな決断を下した背景には、いったい何があったのでしょうか。

(2) 鉄道など公共事業の増加

①産業革命の始まりと鉄道の必要性

英国政府が有限責任制の採用に踏み切った背景にあったのは、**鉄道事業**の登場と増加です。

英国では1770年ころから**産業革命**が始まります。英国の伝統的産業は羊毛事業でした。しかし、東インド会社がインドのカリカットからもたらした綿織物（カリカットにちなんで「キャラコ」）は柔らかく、吸湿性もよく、圧倒的な人気を獲得します。

産業革命とは、端的にいえば、キャラコに劣らない綿織物を英国内で生産できるようにするためのイノベーションでした。インド職人の腕に匹敵する品質の綿織物を作るためには、どうしても機械生産が必要だったのです。ケイの飛び杼《ひ》（1733年）、ジェニーの紡績機（1764年）、アークライトの水力紡績機（1769年）、ワットの蒸気機関（1769年）、そして、カートライトの力織機（1784年）など、産業革命時に発明、改良された技術は、すべてが機械による綿織物の国内生産に向けられた技術です。

その産業革命の成果物である綿織物を海外に輸出するために、生産地マンチェスターから輸出港リヴァプールまで輸送する必要が出てきました。これに応えるため

1830年、世界初の定期旅客鉄道「**リヴァプール・マンチェスター間鉄道**」の運行が始まります。

②鉄道敷設に欠かせなかった有限責任制

鉄道を敷設するには、用地の買収から施設、設備、人件費と、巨額の資金が必要です。その資金は名士から集めるだけでは到底足りません。政府は一般市民から広く出資を募る必要に迫られます。そこで、有限責任制度を取り入れて、株式会社によって多くの人々から資金を集める案が浮上したのです。賛成論が論拠としていた「市民が安心して事業に投資できる自由」というポイントが、まさに当てはまりました。ただし、反対論が大変に強かったのも前述のとおりです。

リヴァプール・マンチェスター間鉄道が運航開始されたのは**1830年**です。対して有限責任法案が成立したのは**1855年、1856年**です。有限責任法は、鉄道敷設事業の拡大に向けて、市民から資金を集めるために制定されたものといえます。

特許会社では1つひとつの会社に国王の特許状が必要でした。その名残で、英国では1つひとつの鉄道に法律が必要でしたが、1836年には29本、1845年には120本、1846年には272本、1847年には170本の、鉄道法案が成立しています（ジョン、77～78頁）。

③世界の鉄道ブームとともに

同じような動きは世界各国でみられるようになります。ドイツのプロイセン公国では1838年に「鉄道事業に関する法律」が事実上、初めての会社法として制定されます。同法を踏まえて1843年に制定された「株式会社に関する法律」では、株主の有限責任制が明確に宣言されました（第15条。高橋英治『日本とドイツにおける株式会社法の発展』中央経済社、22頁。以下、高橋）。

米国でも1830年にボルティモア・オハイオ間に鉄道が敷設されます（放送大学「アメリカ史：世界史の中で考える」第6回、同志社大学肥後本芳男教授）。米国では1860年の時点で約5万キロメートルに達する鉄道が走っていました（ジョン、92頁）。こうした鉄道事業を進める巨額資金は、株式会社によって集められていました。

日本では1889年に官営の東海道線が開通しますが、1881年に私鉄の日本鉄道会社が設立され、以後、多くの鉄道会社が設立されます。

このように、株式会社発展の初期、1800年代半ばころからの株式会社の大発展を決定づけたのは、世界中の鉄道ブームでした。

④他の公共事業

ほぼ同じころ、産業を盛んにするために「運河事業」の必要性が高まります。運河事業も鉄道事業と同様に巨額の資金を必要としていました。英国では、1758年から1808年にかけて165本の運河建設法案が議会に提出されています（ジョン、

67頁)。米国でも、鉄道以外に、運河事業、道路建設が計画され、巨額の資金を必要としていました。

(3) 公共事業と有限責任

英国の議会が株主有限責任制をなかなか認めなかった要因のひとつは、英国議会の構成にあります。英国議会は貴族院(上院)と庶民院(下院)とで構成されます。貴族院の議員は当然に貴族ですが、庶民院の議員も貴族の子弟が多かったのです。貴族院・庶民院とも、議員は貴族の関係者が多かったため、「会社は、資産と心構えを持った名士によって運営されるべきである。有限責任制となって多様な市民が株式会社に入ってくるのは好ましくない」という抵抗感が強かったと考えられます。

しかし、国家にとって、鉄道、運河、道路などの公共事業はどうしても取り組まなければならない重要課題です。進めないわけにはいきません。

1855年法が可決されるとき、**ジョン・スチュアート・ミル**(英国の哲学者。『自由論』の著者)は、「**大規模な事業に関しては、政府管理以外には株式会社しか選択肢はない**」と述べています(ジョン、81頁)。この「選択肢は、政府管理か株式会社か」という言葉は、有限責任成立の背景を知るうえでの大きなヒントです。ミルがいいたかったのは、次のようなことでしょう。

「鉄道、運河、道路など大規模事業は、本来、政府が管理すべきだ。だが、政府

【ジョン・スチュアート・ミル】
1806～1873年。英国の哲学者、経済学者。「人々の幸福が大切」「最高なのは、他者との一体感で得られる喜びである」という思想を展開。また、「女性参政権」を主張した。『自由論』のほかに『功利主義論』『経済学原理』の著作がある。

がすべてを管理しきるのは非現実的な話だ。

そこで、多くの人々から資金を集めるため、『株主有限責任制』を採用するのもやむを得ない。ただし、有限責任採用に際しては、政府が管理するときと同様に、①事業目的が正当であること、②運営管理が適正に行われることを、株式会社の経営者と株主とに約束してもらうべきだ」

こうした2つの願いを込めて有限責任制が採用されたのです。政府管理に劣らない、①目的の正当性、②管理の適正さが、有限責任制を採用するための「交換条件」だったといえます。

(4) 株式会社は設立された瞬間から公共性を帯びている

株主有限責任制は、株式会社が、①鉄道、運河、道路事業に象徴されるような、正当な目的のために利用され、②政府管理に劣らない適正な方法で運営されることを交換条件として採用されたのです。さもなければ、株主有限責任制というとてつもない「特典」を生じさせるのは不合理です。

出資する国民の側も、また、資金を運用する経営者も、その

株式会社
議会
1856年法
有限責任
分かりました
お約束します！
有限責任を認めます
そのかわり国が行うのと
同じように正しい目的に向けて
正しい管理をしてください
株主
経営者
議員

有限責任・2つの約束

趣旨を十分に理解したうえで、①目的の正当性、②管理の適切性を守ることを約束して、株主有限責任制という「特典」をありがたく受け入れたのだといえます。

ここから、「**株式会社は設立された瞬間から公共性を帯びている**」という考え方が生じます。公共性は、株主有限責任制を享受する株主も、その株式会社を運営する経営者も、ともに銘記すべきことです。なお、株式会社の公共性のテーマは第8章で「株式会社が直面する現代の課題」として、改めて検討します。

8 日本における株主有限責任制の採用

(1) 明治23年商法（1890年）——株主有限責任を間接的に表現

日本でも、商法（現在の会社法）に株主有限責任制が取り入れられています。

1890年に制定された「**明治23年商法**」でもすでにその原型がみられます。法律には「会社の資本を株式に分かち、その義務に対して会社財産のみ責任を負うものを株式会社となす」と規定されています（１５４条）。

この条文が意味しているのは、「会社の債務については、会社の財産だけで支払う。それが株式会社だ」ということです。会社の債権者に対する弁済は会社の財産だけで行うということは、株主の個人財産は使わないということを間接的に表現しています。

(2) 明治32年商法(1899年)——株主有限責任制を正面から規定

これに対して、１８９９年に制定された「**明治32年商法**」は、正面から株主有限責任制を規定しています。「株主の責任はその引受け、または譲り受けたる株式の金額を限度とす」（１４４条）というものです。「株主」を主語として、株主の立場からみた無限責任からの解放を端的に表現しています。この「引受けの金額を限度とする」という部分は、現代の会社法に「株主の責任は、その有する株式の引受け価額を限度とする」（１０４条）としてそのまま引き継がれています。

明治32年商法で「譲り受けたる株式の金額」と書いてある意味は、当時は「株式分割払込み」という制度があり、段階的に払い込むことができたことに対応する趣旨です。１万円の株式を買ったが、払い込みは２５００円ずつ4回に分けて行うといった場合でも、株主の責任は買った金額である1万円に限定される趣旨です。

9 株主有限責任制の現代的な課題 ——ホールディングス

(1) ホールディングスと株主有限責任制

①素朴な疑問

株主有限責任制は、私たちの社会を今日まで発展させた原動力です。そうでありながらも、現在、ここまでみてきた有限責任制が採用された理念からすると、気になる事象が起きています。それは、**ホールディングス**（持株会社）と呼ばれる多くの株式会社たちの存在です。

現代の世の中には、「〇〇ホールディングス」と名乗る株式会社があふれています。多くの子会社を持ち、子会社に様々な事業を展開させ、全体をグループとして統括しています。ホールディングスという呼び方ではすぐにはピンと来ないかもしれませんが、要するに「親会社」のことです。親会社の意味は、子会社をコントロールできるだけの株式を持っている会社という意味です。ホールディングスは親会社であり、同時に「大株主」です。

「気になる点」というのは、子会社が「加害行為」を行ったとき、ホールディングスは、普通の個人株主と同様に、「単なる株主ですから、悪しからず」として株主有限責任の恩恵に浴してよいのだろうかということです。

先にみてきたように、株主有限責任制は、資金が十分でない人にも企業家として事業展開をできる自由を与え、普通の市民にも無限責任の恐怖から逃れて自由に投資できるチャンスを与えるために採用されたものでした。株主有限責任制が想定している「株主」とは、「個人」（自然人）であったといえます。

そうした個人（自然人）に自由を与えるための有限責任制を「法人」にそのまま適用してよいのでしょうか。

この点については、現在の実務、判例、学説では、「法人も株主になれる。当然のことだ」として、解決済みのこととされています。株主有限責任制をホールディングスに適用することには何ら問題がない、ということになります。

②ケース・スタディ――もし子会社で大規模製品事故が起きたら

子会社の加害行為についてホールディングスは株主有限責任を主張できるのか、図表4－4で考えてみましょう。

〇〇ホールディングスの子会社メーカーが、製品に異物を混入させてしまい、大規模PL事故を起こしたとします。被害者団に対して20億円の賠償義務が生じていますが、子会社メーカーにはとても、そんな巨額賠償をする資力がありません。そこで被害者団は、〇〇ホールディングスに対して「20億円の賠償金を支払え」と請求してきました。〇〇ホールディングスはどう対応するのでしょうか。

対応は、「『株主有限責任の原則』があります。子会社に代わって賠償することはいたしかねます」というものでしょう。それが現状では正解です。

でも、なんとなく腑に落ちない気がしませんか。そこにホールディングスの問題があります。ポイントは、株主有限責任制が認められるときの、①正当な目的のために株式会社制度を利用する、②国の管理に劣らないような管理をする、という2つの約束です。子会社の加害行為については、2番目の「適正管理」に問題はなかったかが問われるべきではないでしょうか。

同じ株主でも、ごく少数の議決権しか持っていない個人の株主と、過半数、場合によっては100%の議決権を持っていて、調査能力面でも人材面でも大きなパワーを持っている法人株主とでは状況がまったく違います。今後は、ホールディングスの子会社管理責任について議論がなされるべきだと考えます。

図表4-4　ホールディングスの設例

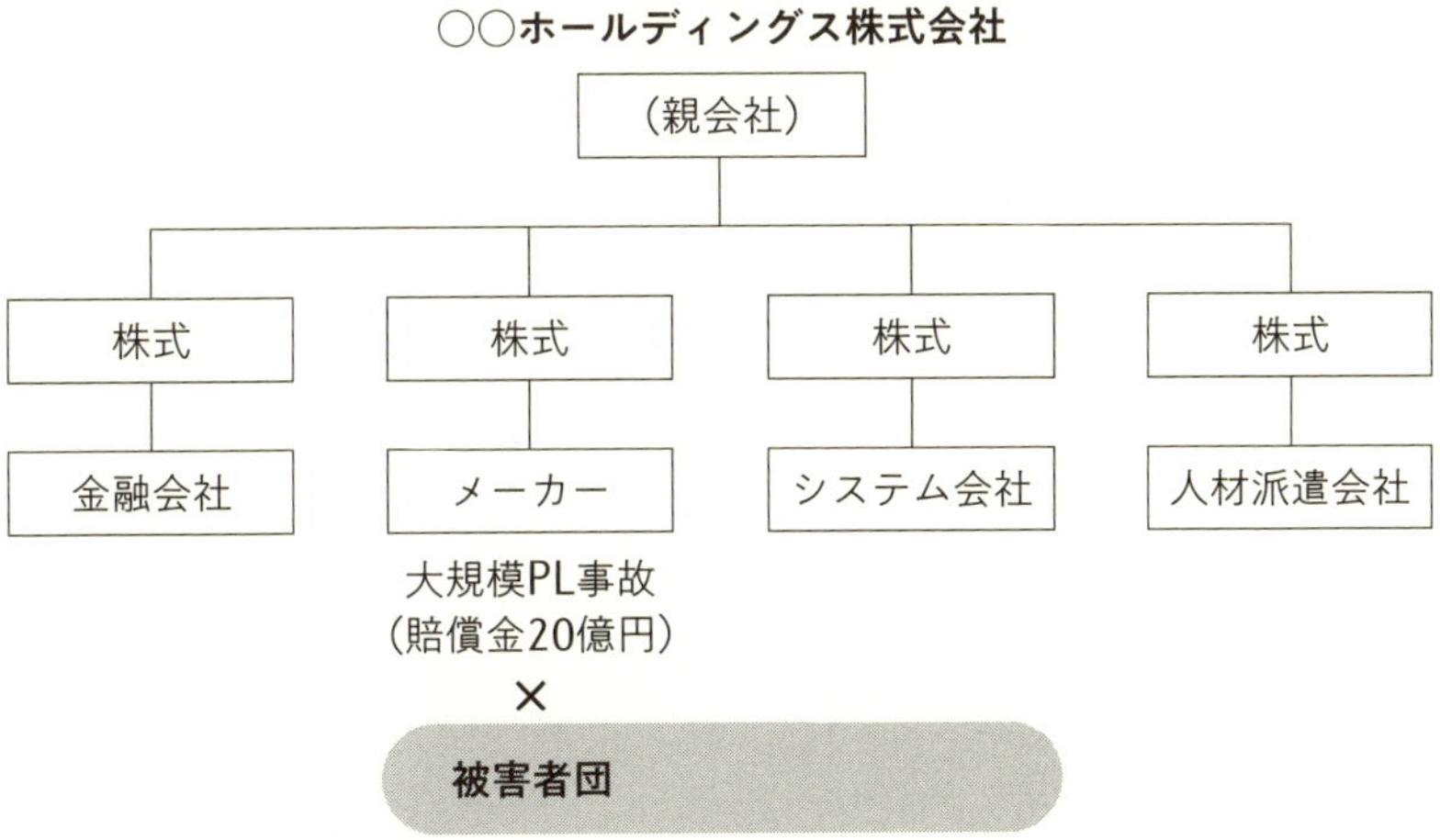

出所：筆者作成

(2) 株主有限責任制を否定して、親会社が責任を負うとした考え方もある ――「法人格否認」の理論

①S工作事件

親会社（現代のホールディングス）に対して株主有限責任の特典を認めず、子会社従業員の賃金債務について親会社が支払い責任を負うべきだとした有名な判例があります（**S工作事件**、仙台地裁判決1970・3・26）。概要は以下のようなものでした。

K工業株式会社は鉄骨工事の請負事業を行う会社です。一時は10社を数えたほど多くの子会社を保有、管理しています。S工作株式会社（S工作）も、そうした子会社のひとつです。

K工業の仕事のやり方は、鋼材をストックしておき、全国規模でどの地区で鉄骨工事の受注をしてもよい体制を整えておき、実際に受注したら、全国子会社のうち適切な子会社を選んで業務を行わせるという方式です。「キャラバン商法」と呼ばれていました。そのなかで、東北方面の工事について配分していた先が100％子会社の**S工作**でした。

S工作の従業員たちは配分された事業に従事していましたが、S

図表4-5　S工作、K工業の件――法人格がないものとする手段「法人格否認」

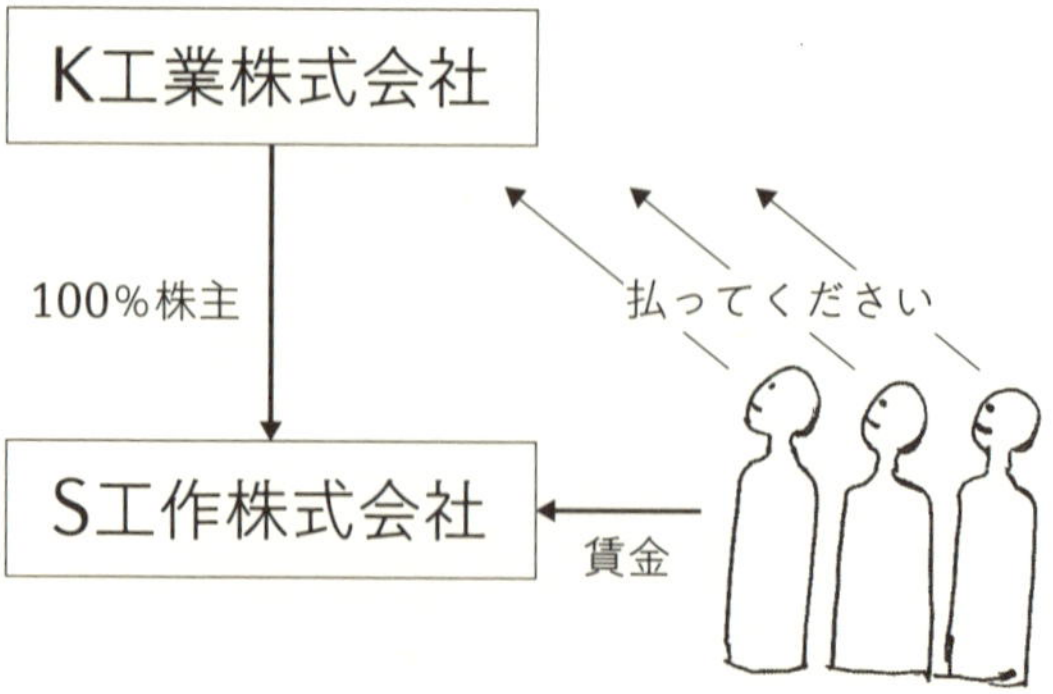

出所：筆者作成

工作の解散（会社を畳むこと）により、最後の1カ月分の給与は支払われませんでした。

そこでS工作の従業員たちは、親会社であるK工業に対して「子会社に代わって賃金を支払ってほしい」と提訴したのです。

②判決が「子会社の法人格を無視してよい」と判断した理由

仙台地方裁判所は、親会社K工業に対して、子会社S工作従業員たちに賃金を支払うように命じました。理由は、賃金については、S工作は「法的には存在しないもの」として扱うのが妥当であり、親会社K工業が支払うべきだというものです。このように、「ある会社が、法的には存在しないものとして扱う」という考え方を「**法人格否認の理論**」といいます。

判決は、法人格否認の理論が適用できる理由として、

1　100%親会社であること
2　子会社の全役員が親会社派遣であること
3　工場の建物、機械は親会社保有であること
4　子会社の仕事は100%親会社の仕事であること
5　親会社が子会社の労務管理まで行っていること

などを挙げています。これだけの要素がそろってはじめて、S工作という子会社は法的には存在しないものとして扱うことができ、親会社は子会社従業員の賃金を支払

うべきだとしたのです。

しかも、裁判所は一般的に親会社の責任を認めたのではなく、「賃金という、従業員にとって最も大切な債権に関することだから、特別に判断したのだ」と、念を押しています。つまりは、「一般のビジネス取引関係については広く適用することはしませんよ」ということです。

③株式会社の公共性を「2つの約束」の視点でみると

この判例も、株主有限責任制の2つの約束のうち、2番目の「適正な管理」に欠けていたという視点で考えると、スッキリと理解できます。裁判所がいうように、賃金は最も大切な債権です。法律上も厚く保護されています。そうであるなら、親会社は100%株主としてS工作の賃金支払い状況を適正に管理すべきでした。その点に欠けるところがあったので、株主有限責任の特典を与えられなかったのです。

(3) 行政処分で指摘される、ホールディングスの責任

①子会社データ改竄事件

行政庁は、グループ会社の違法行為、不正行為について、親会社、ホールディングスに「行政処分」を課す姿勢を示しています。行政庁の活動は「国民を守るための活動」ですから、法律の規定に細かく拘束される司法権の担い手である裁判所よりは、

広く柔軟に考えることが可能です。

「**子会社データ改竄事件**」（２０１０・４・13行政処分）は、製薬会社の子会社が血液製剤について試験データを改竄していた事案です。厚生労働省は子会社に30日間の一部業務停止命令を出しましたが、親会社に対しても25日間の業務停止と業務改善を命じました。当時、「これまで、子会社の不始末で親会社が業務停止になるなんて考えられなかった」という驚きの声も上がりました（「産経新聞」２０１０年４月14日付朝刊）。しかし、国民の健康に関することであり、株主有限責任制の２つの約束の視点で考えると、適正な行政権の行使です。

②自動車保険金事件

２０２３年、中古自動車販売会社が、自動車整備で不要な修理、整備を行い、不当に自動車保険金を請求していた不正事案が発覚しました。

この件で金融庁は、損害保険会社の損害調査にも不適切な点があったことを指摘し、２０２４年１月25日、損害保険会社と、さらに親会社のホールディングスに対しても「業務改善命令」を出しています。金融庁は、ホールディングスに対する処分理由として、「グループの法令遵守体制について、深度あるモニタリング体制を整備していなかったこと、問題を認識した後も、踏み込んだ実態把握をしなかったこと」を挙げています。

自動車保険事件は、自動車の整備という、国民の安全に直結する事柄であり、損保会社のホールディングスも、社会的な責任を問われてしかるべき事案です。

こうした点に、株主有限責任制の「特典」は、経営者、株主が、①正当な目的、②適正な管理と交換条件で与えられたという、そもそもの由来が大きく影響しているのです。

第5章

株式の譲渡は自由で、証券マーケットは独立したもの

――株式を「売る権利」

1 株式譲渡の自由、原則と例外

(1) 株式譲渡自由の原則

①株式譲渡の自由とは

株主は、原則として、持っている株式を他の人に自由に売却することができます。第4章でみたように、長い歴史を経て**株主有限責任の原則**が確立されたおかげです。もし有限責任の原則がなくて、「株を買ったら、もれなく責任もついてきます!・」という状態なら、怖くて誰も株式など買ってくれません。

株式売却の自由は、株式贈与の自由と合わせて「**株式譲渡の自由**」と呼ばれます。会社法は「株主は、その有する株式を譲渡することができる」として、この原則を明記しています（127条）。

ただし、ここで「原則として」と述べたのは、会社法は「**譲渡制限制度**」といって譲渡自由の例外を個々の会社が定款で採用することを認めているからです。佐高山株式会社も採用しています（第2章83頁）。

また、株式会社とは異なり、「**持分会社**」と呼ばれる、合名・合資・合同の3タイプの会社では、株式会社の場合の株式に相当する「持分」を売却するためには、「他の『社員』（構成員、メンバー）全員の承諾」が必要とされています（585条1項）。株式会社と持分会社の決定的な違いです。

②株式譲渡の自由は株主の基本的な権利

いつでも自由に株式を売却できるのは、株主の基本的な権利のひとつです。株式は所有している人にとっては大切な財産です。株式を買うのも、保管するのも、売却するのも、自分の財産に関することですから、人は当然に自分の判断と責任で自由にできるのです。その意味で、株式譲渡の自由は、憲法が国民に保障している「**経済活動の自由**」（憲法29条「財産権」）のひとつです。

では、株式譲渡の自由はなぜ、株主の基本的な権利といわれるほど大切な権利なのでしょうか。その具体的な意義に迫るのが本章のテーマです。株式譲渡の自由を突き詰めていくと、「**これからの株式会社**」を考える視点が明らかになってきます。

(2)　株式譲渡自由の例外、「譲渡制限」

①例外的に譲渡は制限できる

株式譲渡の自由は株主の基本的な権利ですが、会社法は例外を認めています。株式会社は定款で定めれば、自社が発行する株式のすべて、または一部について、「譲渡するには**会社の承認**を得なければならない」として、譲渡制限を行うことができるのです（１０７条1項1号、１０８条1項4号）。これを「**株式の譲渡制限制度**」といいます。

譲渡制限が認められる理由については、会社法の教科書では、株主数の少ない会社では「好ましくない人が株主として入ってくるのを防ぎたい」という実務界の「要望が強いからだ」と、簡単に説明されています。けれども、株主の大切な権利である「譲渡の自由」を、会社の承認が必要だとして制限するのです。株主に不便を我慢させるのです。「要望が強い」というだけでは足りず、それ相応の正当な理由があってしかるべきです。たとえば、きわめて重要な取引先の信頼を得るために「株主間の争いなど起きません」と示すためとか、技術開発型企業で高度なノウハウを持っているため情報防衛を徹底するためといった理由が考えられます。

②無条件で譲渡制限できるわけではない

会社は株式の譲渡制限制を採用したときは、株主に対する「埋め合わせ」を義務付けられます。

株主が、譲渡制限株式を「X氏に譲渡したい」と申し出てきたときに（**譲渡承認請求**。136条）、会社は、X氏への譲渡を認めない場合は別の買取候補者を指定するか（指定買取人）、または会社みずからその株式を買い取らなければならないのです（140条）。株主の基本的な権利である株式譲渡の自由を制限するのですから、当然の埋め合わせ義務です。

③譲渡制限があることは開示しなければならない

譲渡制限は株主の基本的な権利に重大な影響を与えることなので、譲渡制限制度を採用している会社は、そのことを登記して社会に広く開示しなければなりません（911条3項7号）。

会社の登記簿は、法務局に行けば少額の手数料を払うことで誰でもみることができます。「法務局」「登記」というと難しい感じがするかもしれませんが、大切な財産に関することなので、必要を感じたら登記簿をみるべきです。

④「公開」「非公開」と「上場」「非上場」

ここで言葉の整理をしておきます。

譲渡制限をせずに、原則どおり株式の自由譲渡性を守っている会社を、法律上は**公開会社**と呼びます。譲渡制限制度を採用している会社は**非公開会社**ということになります。

他方、**上場会社**という言葉があります。**上場**とは自社の株を多くの投資家に買ってもらうために、株式を証券マーケット（証券取引所）にエントリーさせることをいいます。自社の株式を上場している会社を上場会社、上場していない会社を**非上場会社**といいます。

証券マーケットとは、証券（株式・債券）の売り手・買い手が集まって証券を取引する「場所」をいいます。取引は証券会社を通じて行います。世界的にみると、規模の大きい取引所としては、ニューヨーク証券取引所（NYSE）、ナスダック（NASDAQ）、ユーロネクスト、ロンドン証券取引所（LSE）、シンガポール取引所（SGX）、香港証券取引所（HKEX）、そして東京証券取引所（TSE）などがあります。

公開会社と上場会社とは似た感じの言葉で紛らわしいのですが、公開ということと、上場ということは、別の観点からの区別です。

株式を上場する場合は、証券取引所のルールとして**譲渡制限をしていないこと**が絶対的な条件となっています（JPX「上場審査基準」12項）。会社が「みなさん、どうぞわが社の株式を買ってください」といって株式を上場しておき、いざ買主が現れたら今度は「譲渡は制限されています」というのは投資家に対する裏切りになるからです。したがって、上場会社には譲渡制限会社はありません。

株式会社
- **上場会社**（株式を上場している会社）
- **非上場会社**（株式を上場していない会社）

株式会社
- **公開会社**（株式の譲渡制限をしていない会社）
- **非公開会社**（株式の譲渡制限をしている会社）

＊持分会社は上場できない

公開会社と上場会社

2 なぜ株式譲渡の自由が必要なのか

(1)「投下資本の回収」という表現

なぜ、株式譲渡の自由は「株主の基本的な権利」といわれるほど、必要・重要なのでしょうか。この点について会社法の教科書では、「株式会社制度には**『出資金払戻し禁止の原則』**があり、株主は出資金を返してもらえない。そこで株主が**『投下資本を回収する手段』**としては株式を売却するしか方法がない。そのため『株式譲渡の自由』が認められているのだ」と、説明されています。

この説明の内容を詳しく説明すると、次のようなものになります。

「株式会社には『出資金払戻し禁止の原則』というものがあり、一度会社に出資して株主となってしまうと、株主を辞めること（法的には**脱退**）はできない。そのため、出資金は返って来ない。

そこで、株主が投下資本を回収するためには、持っている株式を誰かに売ってお金に換えるしか方法がない。そのため、株式を売却する権利は株主の基本的権利として保障されている」

ということです。

正しい説明なのですが、この説明に出てくる「出資金払戻し禁止の原則」「投下資本の回収」の意味がよく分かりません。その実質的な意味をみてみましょう。

(2) 資本維持の原則

①融資は返済されるが、出資は返金されない

株式会社という制度では、出資者が株式の募集に「引き受けます」と応募して出資を実行して株主となると、そのお金は**資本金**の一部となり、株主に返金されません。

あなたが、友人から「今度、起業するので、50万円出してくれませんか」と頼まれたとき、50万円を貸してあげるなら**融資**であり、友人の会社が倒産でもしないかぎり、お金は返してもらえます。これに対して、株主になるため50万円を**出資**するのであれば、お金は返金されません。「融資」と「出資」とでは天と地ほどの差があります。

②佐高山株式会社は資本金1000万円という意味は?

ケースで説明しましょう。本書で設定している自動車整備会社、**佐高山株式会社**です。車を愛してやまない佐藤さん、高橋さん、山本さんの3人は、リーダーの高橋さんが400万円、佐藤さんと山本さんがそれぞれ300万円ずつ資金として持ち寄り、**資本金1000万円**の佐高山株式会社を設立しました。

この資本金として集められた1000万円のお金は、早速、仕事のために使われます。小さな中古の工場購入代金500万円のほか、設備費200万円、照明機器等1

００万円、工具一式１００万円などに使われました。現金が１００万円残っています。

そこに、株式会社システムの重要ルールが登場します。今後、佐高山株式会社はビジネスを展開しながらも、常に「合計１０００万円に相当する資産」を維持していくことを義務付けられるのです。これを「**資本維持の原則**」といいます。**資本金**とは会社が維持していかなければならない資産合計の**基準額**のことなのです。現金を１０００万円持っているという意味ではありません。

③出資金払戻し禁止の原則は逆流防止弁

「佐高山株式会社は資本金１０００万円である」ことは登記されます。取引先や社会の人々はその登記をみて、「佐高山社は資本金１０００万円なのか。ということは、工場、設備などいろいろな形で資産を所有しているが、合計すれば１０００万円という基準額に見合う資産は維持しているはずだ」と信頼します。一般に資本金の制度は「債権者（銀行、仕入先など取引先のこと）を守るための制度だ」といわれるのはそのためです。資本金額はその会社に対す

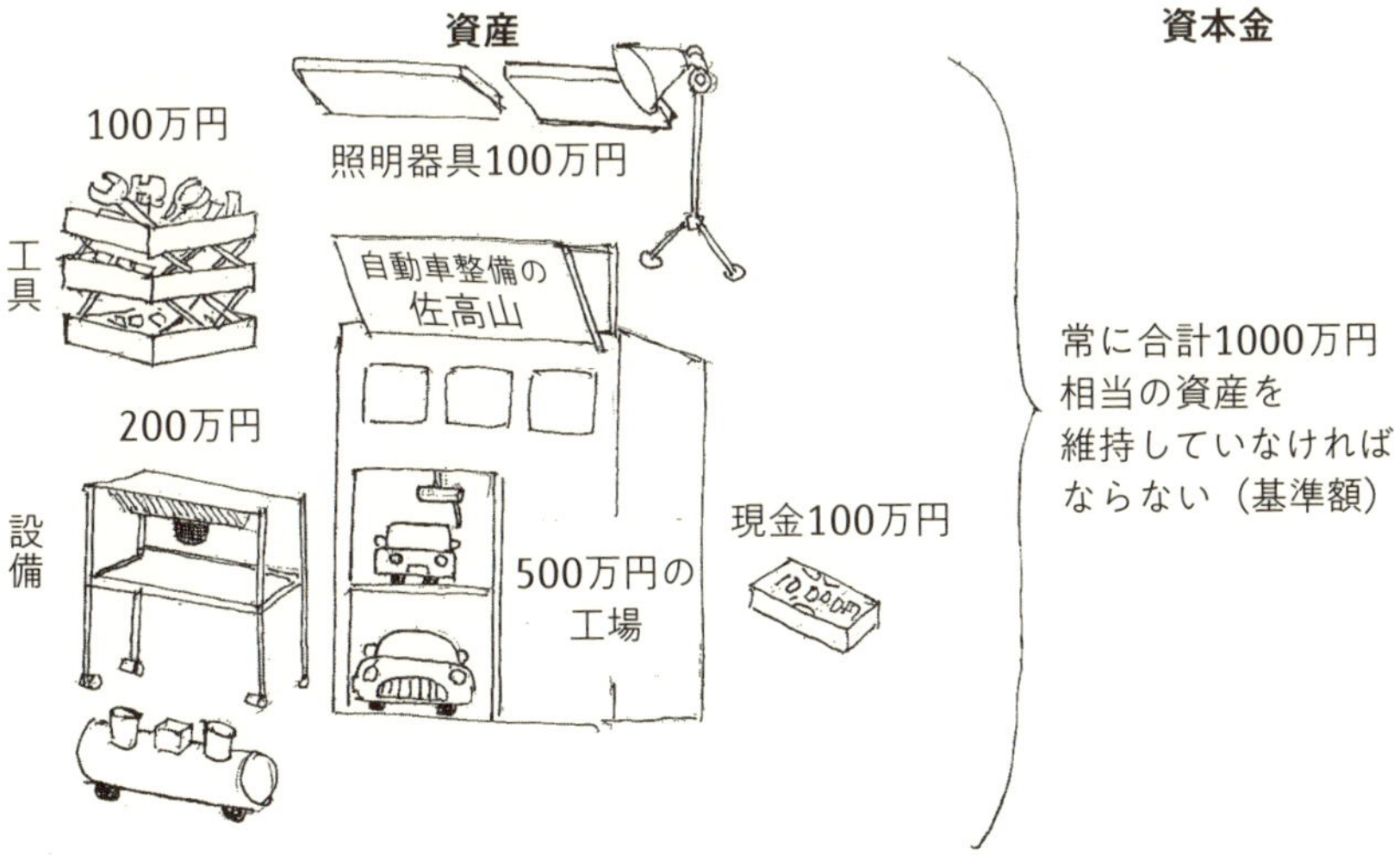

佐高山株式会社は資本金1000万円

る社会的な信用の土台であり、株式会社にとって「**資本金は命**」といえます。

この資本維持の原則を、会社の資本を管理する立場から表現すると、「**出資金払戻し禁止の原則**」になります。

たとえば佐高山株式会社の発足後、佐藤さんが「自宅の改修費用で100万円ほど必要になった。会社には100万円の現金があるのだから、出資した300万円のうち100万円を返してほしい…」と高橋さん、山本さんに頼み込んできたとします。

会社は返してあげてもよいでしょうか。佐藤さん、高橋さん、山本さんはともに「車を愛する」同志的な仲間なのですから、内々で返してよいようにも思えます。

しかし、佐高山株式会社は100万円を佐藤さんに返してあげることはできません。「資本金1000万円」と公示しているからです。先に述べたように、取引先（債権者）や社会は「佐高山が資本金1000万円ということは、それに見合う資産を保っているはずだ」と信頼しています。その信頼を裏切ることはできないのです。

このケースでは、たまたま手元に現金100万円はあります。しかし、それは大切な基準金額1000万円の一部です。基準金額を守るためには出資者への返還はできないのです。

出資金払戻し禁止の原則は、イメージとして、「**資本金貯留タンク**」があり、出資者が引き受けた金額をタンクに投入すると、そこには「**逆流防止弁**」が付いていて、払い込んだお金は2度と出てはこない！　と想像すると分かりやすいと思います。株式会社というものは、一度資本金として入ってきたお金は絶対に戻さないのです。

④東インド会社の資金確保の苦労

出資金払戻し禁止の原則は、政策や理屈の問題ではなく、会社事業を進めていくうえでのきわめて切実な要請から生まれたものです。東インド会社発足当時の執行部は「総裁（Governor）＋24人の理事（assistants）」で構成されていましたが、次のような苦労ぶりを知ると、資本維持の大切さが実感できます。

東インド会社の執行を狙う理事たち執行部にとって最も大切なことは、２００人強の出資者たちに、①出資金を確実に支払ってもらうこと、そして、②払い込んでもらったら、そのお金を確実に守ること、でした。

東インド会社の理事たち執行部は、エリザベス1世に特許権獲得の請願を行う一方で、第1回航海の準備をすでに始めていました。船の購入、船員との契約締結など、現実に資金を必要とする活動です。船は多くの船員と大量の貨物を乗せ、海賊との戦いに備えるための大砲まで搭載した立派なものです。こうした船を4隻も用意するのですから、資金集めは大変でした。

最初の**出資者集会**では、当時の金額で3万ポンド（現在の7億円に相当）の出資申込（引受け）があったのです。が、実際にはなかなか出資は履行されませんでした。みなさん「名士」

資本金貯留タンク（イメージ）

なのに……。理由は、名士たちは大資産家でしたが、人から強制された経験がなかったからだろうと思います（第4章）。執行部はさぞ焦ったことでしょう。経費がどんどんかかっているのに、資金は集まらないのです。

執行部は出資申込者たちに「少なくとも3分の1は払っていただきたい」と要請します。それでもダメだったのです。ついには「支払わない者は『**投獄する！**』」と刑罰をちらつかせて脅すことまでしました（第4章。大塚、449頁）。

それほどの苦労をしても、出資は完全には履行されませんでした。

⑤東インド会社の苦労から生まれた2つの鉄則

こうした苦労を積み重ねた教訓として、執行部の間に2つの鉄則が生まれました。

第1は、「**出資は早く確実に実行させること**」という鉄則です。この鉄則は「引受けは確実に実行させる」という形になって、現在の会社法に受け継がれています。

第2は「**一度支払われた出資金は、絶対に返さないこと**」という鉄則です。高価な船の代金支払い義務を抱えながら出資を集める執行部の必死の思いを想像してみてください。その思いにもかかわらず、記録によれば、**219人の出資申込者のなかから「4人の脱退者」が出て**います。それでも第1回航海に出発する1601年2月には6万ポンド以上の資金がなんとか集まりました。執行部の努力の成果です。

このような苦労のなかから、集めた出資金について、「気が変わったので返してほしい」などと言い出す出資者たちの勝手は許さないという、出資金払戻し禁止の原則が生まれたのでした。

出資金は迅速に確実に集め、一旦集めたら今度はがっちりと守るという鉄則は、現代の株式会社制度でも同じです。

⑥資本維持の原則の２つの目的　債権者を守るため

資本維持の原則の目的は**「債権者を守るため」**だと説明されるのが普通です。たしかに東インド会社の例をみても、そのとおりです。東インド会社は船の売主、船員、積み荷商品の売主などに対して多額の買掛金がありました。売主たちは、万一、船団が帰って来ないときに東インド会社が本当に弁済してくれるのか、不安でならなかったと思います。

東インド会社の債務については、出資者たちが「無限責任」を負うことになってはいました。しかし、出資の履行さえ確保できなかったのですから、あまり当てにはなりません。しかも、１６６２年には、チャールズ２世により出資者の「有限責任」が宣言されます。

そうなると、船の売主、船員、商品の売主などの債権者としては、「会社の資産」が唯一の頼りです。いま現在どれだけの資産が会社にあるのか、それがきちんと維持されているのかが大きな関心事になったのは、当然のことです。

事業を断固として進めるため

資本維持の原則の目的は、さらに会社が目的として掲げている「事業」を断固として推進するためにあると思います。会社としては、一度払い込んでもらったお金は絶対に払い戻さず、ひたすら目的事業を推進するために使うという、ぶれない決意を持って事業を推進すべきです。そのためには、資本の維持が必要なのです。そうでなくては、出資してくれた人々の意向に反することになります。ここに経済システムとしての株式会社の「すごさ」があります。そして、その目的事業を担い、ひたすら推進していくのが経営者なのです。

東インド会社では、１６０１年2月に第1回航海組を送り出した後、同じ年の秋には第2回航海のための資金集めを始めています。第１回航海の船団が帰ってくるのは１６０３年のことです。東インド会社の推進者たちは、以後も第2回（１６０４年）、第3回（１６０７年）、第4回（１６０８年）、第5回（１６０９年）と、来るべき航海に向けて、常に揺るがぬ決意で休みなく事業を進めていきました。そのため、資本金額に相当する資産を何としても維持していく必要がありました。

東インド会社は当座的なものではなかった

よく、「東インド会社は航海ごとに利益のすべてを分配していたので、永続性はなく、当座的なものだった」といわれます。けれども、推進者たちは常に次の航海を意識して資金の確保を考えていました。実際、事業は継続しています。運営者たちの顔ぶれもほとんど変わりませんでした。資金も前回の残金を次回に回して継続使用するなど、連続しています。

独占権を得た企業家たちの東インド会社を「**永続させたい**」という意志の力は、私たちの想像を超える強固なものでした。1回ごとに清算して解散し、「今後については、改めてじっくり考えようか……」などといった生易しいものではなかったのです。

覚悟を持って事業を進めてこそ「株式会社」である

資本維持の原則の目的は、上記の「債権者保護のため」とだけ説明されています。しかし、会社というものは掲げている目的事業を断固として遂行することこそが大切であり、そのための資金確保であり資本維持の原則です。

東インド会社の例にみるように、執行部は、自分たちが企画した事業を進めるために必死の努力をしているのです。執行部は「債権者保護」それだけを使命として活動していたわけではありません。

⑦出資金払戻し禁止の原則の会社法上の根拠――財源規制

意外なことに、会社法には、出資金払戻し禁止の原則を正面から規定した条文はありません。間接的に規制する定めがいくつかあります。

配当に関する**財源規制**は、その代表的なものです。会社は株主に対する**剰余金の配当**（利益の分配）を、自由気ままにできるわけでありません。そんなことを許したら、

「お取引先のみなさまへ。当社の利益は全部、株主に分配しました。ですから買掛金は払えません。あしからず、さようなら……」といったことになりかねません。そこで会社法は、剰余金の配当は厳格に計算される**分配可能額**を超えてはならないとする**財源規制**を定めています（461条）。出資金払戻し禁止の原則の表れです。

3 株式譲渡の自由がなぜ保障されるのか

(1)「投下資本の回収」という表現

①投下資本の回収が必要な理由

以上で、株主は出資したお金を会社から返してもらえないことが分かりました。「だからこそ株主に『**投下資本回収**』の手段を与える必要がある。そのために『株式譲渡の自由』が認められているのだ」というのが一般的な説明です。

たしかに、投下資本の回収というのは、理屈のうえでは正しいと思います。300

万円で株式を買った株主は、その株式を300万円に近い金額で、誰かに売ることができれば、投下資本を回収したことになります。

②株式が上場されていることが前提条件

しかし、投下資本の回収には前提条件があります。「株式譲渡の自由」が制度的に保障されているのはよいのですが、それは株式を**「買ってくれる誰か」**がいることが前提です。そのためには株式が「上場」されていなければなりません。

設例の佐高山株式会社の佐藤さんは、出資金を返してもらえないと分かったら、どうすればよいのでしょうか。親友のところに行って『佐高山』という会社に300万円ほど出資して株主となっているのだけれど、そのうち100万円分の株式を、買ってくれませんか」と頼むのでしょうか。親友からは「佐高山って何?」「佐藤さんの株は本当に100万円の価値があるの?」と素朴に聞かれることでしょう。多少知識のある人なら、「譲渡制限があるのでしょ?」「買ったとしても、高橋さん、山本さんが私を株主として受け入れてくれるの?」と疑問が続出します。結局、親友はその株を買ってはくれないでしょう。

そのときに佐藤さんが「私には株式譲渡の自由があるのだ!」と叫んでみても空しいだけです。「投下資本の回収」ができるためには、株式が上場されていることが前提なのです。

③投下資金の回収という表現は実態に合わない
それはプロを想定した表現である

また、投下資金の回収という表現は、日本の証券マーケットを考えると、実態に合いません。この表現は、株主が「**投資のプロ**」である場合を想定した言い方です。「A社に投資したが、投資方針に誤りがあった。投資のポートフォリオ（目録、全体の構成）を見直そう。投下資本を回収してB社に乗り換えよう」というように。

しかし、日本の証券マーケットの主体は、以下に示すとおり、市民の個人投資家（個人株主）です。

個人投資家が97%

現代の日本は「**個人投資家7600万人時代**」です。個人株主の人数は7609万人であり（重複保有者を含む）、議決権割合では16・9%ですが、人数割合では97・8%を占めています（証券取引所調査結果2024年7月2日）。個人株主は大変な勢いで増えています。株式会社の将来を考えると、これは素晴らしいことです。

個人投資家の年齢層をみると、60代が23・3%、70代以上が24・7%を占めています。若い人々が増えているとはいえ、60代以上が半数近くを占めています。職業別で最も多いのは「無職・年金生活者」で20・2%に上ります（「個人投資家の証券投資に関する意識調査」2023年10月18日、日本証券業協会）。

こうした実態からみると、日本の証券マーケットは、人数的には個人投資家が圧倒的多数で、その半数近くが60代以上であり、無職・年金生活者が2割を占めることが分かります。そうした人々が会社を選びに選んで株式を購入し、資産をつくり、生活の支えとしているのです。

個人投資家の「信頼と支持」が重要になっている

証券マーケットの繁栄は、各上場会社に対する個人投資家の信頼と支持にかかっています。

現代では「同意なき買収（敵対的買収）」が増えています。こうした状況下では、多くの会社が安定的な資本政策を望んでいます。しかも「政策保有株」（株式の持ち合い）は敬遠されています（コーポレートガバナンス・コード〈CGコード〉原則1－4）。買収側とターゲット会社の間で、株主総会に向けてどちらが多くの委任状を獲得できるかという「**委任状争奪戦**」が起きることも珍しくないのです。そうしたとき最後に頼りになるのは個人投資家の票です。ですから会社側としては、個人投資家の信頼と支持を獲得し、「**長期安定保有株主**」になってもらいたいところです。

一方、個人投資家からみれば、「経営陣に対する信頼があるかぎり、株式を保有する」という姿勢でいる一方、「もし、信頼を失えば株式を譲渡する」気持も持っているということです。株式譲渡の自由が保障されているからこその選択です。

個人投資家の信頼を失う理由には、次にみるように様々な要素があります。個人投資家の場合は投下資本の回収という一言で整理してしまうことはできないのです。

「株式譲渡の自由」は「会社を見切る権利」

では、「株式譲渡の自由」の真の意義はどこにあるのでしょうか。

端的に表現すれば、株主として「**会社を見切る権利**」だと思います。会社の活動ぶり、実績、経営姿勢などをみていて、「選びに選んだ会社ではあったが、もうこれは、売るしかないな」と見切ったときに、個人投資家は株式を売るのだと思います。この点について河本一郎教授は、株式譲渡の自由がないとすれば、経営に影響を与えられないような中小の株主は「大株主によって支配されている会社と運命を共にするほかはないことになる」と指摘しておられます（河本一郎『現代会社法』商事法務研究会、1975年版、5頁）。

もちろんキャピタルゲイン（株価上昇による利益）を得るための売却もあります。が、冷静にみれば、そこにも「これ以上、株価は上昇しない」という見切りがあることは事実です。

株式を買う理由、売る理由

日本証券業協会（日証協）の調査によると、個人投資家が投資に関心を持った理由、端的にいえば株式を**買った理由**として挙げているのは、①ＮＩＳＡ（税制優遇制度）（42・2％）、②収入を増やしたい（31・3％）、③株主優待制度（30・7％）、④小額投資ができる（29・5％）、⑤将来の生活に不安（29・5％）、⑥分散投資ができる（25・3％）などの事項です（「個人投資家の証券投資に関する意識調査」２０２４

年10月16日、日本証券業協会）。

これらのうちＮＩＳＡについては第8章で考えますが、その他の項目をみると、個人投資家が、株主優待・株価・配当をとても大切な要素だと思っていることが分かります。ということは、これらの要素に不安や懸念の気持ちが生じれば、個人投資家は会社を見切って、株式を売るのです。

逆に、株式を**売った理由**についてある器具メーカーが調査をしたところ、①株価の上昇、同率で①株主優待の縮小・廃止、③業績悪化、④配当金の減少——などが挙げられていいます（「株主様アンケート集計結果２０２４」株式会社松風）。

日証協の調査のちょうど反対側の理由になっています。

また、こうしたアンケート調査には出てきませんが、「企業不祥事の発生」「企業不祥事への対応ぶり」がその会社の株式について「売り」「買い」の大きな理由になることは、私たちの経験上、明らかです。

株式を売るのはメッセージ

こうしてみると個人投資家は、会社の実績、株価、株主優待、配当、将来性、企業体質などをみながら売るかどうかを

個人株主と経営者の緊張関係

判断しているといえます。したがって選びに選んだ会社を見切って株式を「売る」という行為には、会社に対する「**評価**」をした結果、「もう、見切ります」という消極的な「**メッセージ**」が込められています。「株式譲渡の自由」は「株式（会社）を見切る権利」なのです。

このことを経営者側からみれば、「長期安定保有を願っているのに株式を売られてしまった」ということになります。

生活の支えでもある大切な株式を「売る権利」を持つ株主と、「売られては困る」経営者との、こうした**緊張関係**があるのは、とてもよいことです。この緊張関係は「株式会社の価値向上」に直結します。会社の価値向上は、そのままよりよい社会の実現につながります。この点は「**これからの株式会社**」を考えるときの基本的な視点です。第8章でさらに考えます。

4 株式譲渡の自由に関する会社法の変遷

(1) 株式譲渡の自由は翻弄されてきた

こうみてくると、株式譲渡の自由は、株主の基本的な権利として、いつの時代も同じように守られてきたように思ってしまいます。

ところが、歴史をみると、株式譲渡の自由は時代のなかで翻弄されてきました。一言でいえば、「株式譲渡自由の原則」と、「好ましくない人が株主に入ってくるのは困る」という実務界の要請による「譲渡制限の容認」との間でせめぎ合いがあり、時代ごとに変遷してきているのです。株式譲渡の自由の大切さを改めて心に刻むためにも、その移り変わりをみておくことは有益です。

(2) 「株式会社懐疑論」とロエスレル草案

1884年（明治17年）に作成された「商法草案」（ロエスレル草案）では、「株式の譲渡は会社の承諾を得るまでは無効である」とされていました（草案214条）。すべての株式会社は譲渡制限をとることになっていたのです。

ヘルマン・ロエスレルはドイツの法学者・経済学者で、日本に招聘され内閣顧問として日本の法制度の整備に携わりました。1870年代のドイツでは、株価大暴落や銀行の経営破綻があり、「**株式会社制度を廃止せよ！**」という声が出ていました。それほど、国全体が株式会社システムそのものに対して懐疑的になっていたのです（高橋、

232頁)。ドイツで生じた株式会社に対するこうした反感を「**株式会社懐疑論**」と呼ぶことにします。その懐疑論の影響が草案に及んでいたのです。

好ましくない人物を株主から排除できるようにしておかないと、「株式会社」という代物はどっちに行くか分からない……。英国で1720年に起きた「南海会社事件」「泡沫会社事件」によって生じた株主有限責任反対論が、その後200年間以上もの間続いたことを思い起こさせます。

ロエスレルも株式会社懐疑論に大きく影響を受けていました。その不安感が草案にはにじみ出ています。しかし、幸いロエスレル草案は法律にはなりませんでした。

(3) 原則は自由、例外的に譲渡制限も可能

1899年法(明治32年商法)

1899年法(明治32年商法)は、「株式は定款に別段の定めがないときは、会社の承諾なくしてこれを他人に譲渡することができる」と定めています(149条)。株式譲

図表5-1　株式譲渡の自由について日本会社法の変遷

1884年法 (明治17年ロエスレル草案)	すべての株式会社を譲渡制限とする
1899年法(明治32年商法)	原則自由だが、定款で制限可「会社の承諾が必要」
1938年法(昭和13年商法)	原則自由だが、定款で**全面的な禁止**が可能
1950年法(昭和25年商法)	**完全自由譲渡制**(定款でも制限できない)
1966年法(昭和41年商法)	原則自由だが、定款で制限可「取締役会の承認が必要」
2005年法(平成17年会社法)	原則自由だが、定款で制限可「会社の承認が必要」

出所:筆者作成

渡は原則として自由だが、定款で規定したときは「**会社の承諾を要する**」という方式で譲渡を制限することが認められたのです。

１９３８年法（昭和13年商法）

１９３８年法（昭和13年商法）は、条文の規定の仕方が変わります。「株式はこれを他人に譲渡することができる。ただし、定款でその譲渡の制限を定めることを妨げない」（２０４条）と変更されたのです。

一見、１８９９年法と同じようです。が、１８９９年法は「会社の承諾があれば譲渡できる」としていたのに対して、１９３８年法は「制限できる」という表現だけです。「会社の承諾があれば」という言葉が消えています。承諾を得て譲渡するというルートはなくなったのです。これは定款に定めれば譲渡そのものを「**全面的に禁止できる**」という意味です。**１９３８年**という年は、日本が太平洋戦争を開始する３年前で、戦時体制の確立を急いでいた時代です。戦雲ただよう世の中にあって「好ましくない人が株主になることを防ぎたい」という要請が格段に強くなっていたことが分かります。

(4) 譲渡の完全自由が実現した時代があった！

1950年法で「譲渡の完全自由」が実現

戦後間もなく改正された1950年法（昭和25年商法）では、**株式譲渡の完全自由**が実現しました。「定款の定めによるも、これを禁止しまたは制限することを得ず」とされ、譲渡制限を定款で定めることはできなくなったのです（204条1項）。

1945年、太平洋戦争に敗れた日本は、米国を中心とする連合軍の占領下に入ります。日本では連合軍最高司令官の総司令部（GHQ、第7章参照）の指導のもと、「財閥の解体」と「証券の民主化」が進められました。株式譲渡の完全自由化はその表れです。

事実上の譲渡制限が生まれる

ところが、しばらく経つと、「**事実上の譲渡制限**」が始まります。当時の商法では、株式を譲渡するには**株券**を買主に引き渡すことが必須条件でした（205条）。そこで、好ましくない人が株主として入ってくるのをなんとしても防止したい会社は、株券を発行しなくなったのです。そうした事例が横行し、「脱法的な実務慣行」となっていました（中村光宏『株式譲渡制限制度の研究』法律文化社、24頁）。

株券がない以上、株式の譲渡はできません。会社経営者たちの「譲渡を制限したい

【証券の民主化】
証券の民主化とは、GHQの意向のもと、「持株会社整理委員会」が財閥関係者から株を買い取り、その株を国民一般に売却し、広く証券投資を勧めた活動をいう。1947年ころから始まった。「銀行よさようなら、証券よこんにちは」というキャッチコピーも生まれたという。その結果、1949年度の個人株主の「持株比率」は69％に達した（「日本経済新聞」2014年6月5日付朝刊）。「人数比率」ではなく「持株比率」である。2024年時点の個人株主の持株比率が17％弱であることを考えると、婦人参政権、労働組合の結成奨励、教育制度改革などと並行して行われた一連の「民主化政策」がいかに熱気のあるものだったかが分かる。

要望」がいかに強いものであったかが分かります。

そして現代へ

結局、1966年法（昭和41年商法）で譲渡制限制は元に戻りました。株式を譲渡するには「取締役会の承認」が必要であると定款で定めることが、再び正面から容認されたのです（204条1項）。

この考え方は、現在の2005年法（平成17年会社法）にも引き継がれています。「株式を譲渡するには会社の承認が必要だと定款で定めてよい」という制度です（107条1項1号、108条1項4号）。「取締役会の承認」が「会社の承認」と変わっているのは、2005年会社法では「取締役会のない株式会社」も認められたことによります。

（5）「株式譲渡自由の原則」を見失わないことの大切さ

以上のように、株式の譲渡制限に関する日本の会社法の変遷をご覧いただくと、「株式譲渡自由の原則」が、草案時代に否定的なところから始まり、時代の荒波にもまれながらも、なんとか生き延びてきた事実が分かります。株式譲渡の自由は、憲法による財産権保障の一環であり、株主の基本的な権利です。そのことは、誰も否定できなかったのです。

とはいっても、これから時代が変動するなかで株式譲渡自由の原則はどう変容されるか分かりません。株式会社懐疑論が再び頭をもち上げてくる可能性もあります。そうした事態に備えるためには、株式譲渡自由の原則がなぜ必要なのか、その意義は何なのかを、私たちはしっかりと理解しておく必要があります。

5 株主の「会社を見切る権利」の視点で南海会社狂騒曲をみる

(1) 南海会社の異常人気

①英国政府は国債の償還資金が必要であった

株式譲渡の自由について、株主の「会社を見切る権利」と「売られては困る」会社側との緊張関係という視点で、第1章と第4章でご紹介した**南海会社狂騒曲**を改めて振り返ってみましょう。この著名な事件から「株式の売買」についての重要な課題がみつかります。

英国はフランスと**スペイン承継戦争**（１７０１〜１７１３年）を戦っていました。フランスのルイ14世が孫をスペイン国王の座に就けようとしたため、これに反対する英国・オランダ・オーストリア（神聖ローマ帝国）連合軍とフランス・スペイン連合軍との間で戦争が始まっていたのです。

英国政府は戦費を国債で賄いました。国債とは文字どおり「国の債務（借金）」のことで、英国政府が国民から借金をしたのです。国債は総額５０００万ポンド、現代の円に換算すると1兆円に達していました。政府は国債を国民に償還（弁済）するための資金を作る必要がありました。

②特許会社「南海会社」の設立と「南海計画法」

英国政府は１７１１年、「南海会社設立法」により南海会社（South Sea Company）を成立させ、同社に対して「南海（南アメリカ西海岸。いまのアルゼンチン、チリ）貿易独占権」を特許状（チャーター）で与えていました。

しかし、南海会社はほとんど実績を上げられませんでした。考えてみれば、南アメリカはスペインの植民地であり、英国はそのスペインと戦争しているのですから、これは当然のことです。が、英国民はこうした**情報**を与えられていませんでした。

英国政府は１７２０年4月、その南海会社に国債を３０００万ポンド引受けさせて、その国債を時価の南海会社の株式と交換できるプランを「**南海計画法案**」として議会に提出します。政府は、国民からの「借金」を南海会社の「株」で帳消しにしよ

う と考えたのです。南海会社の株価が上がれば帳消しにできる可能性はあると読んだのです。

③国債を株式に変えるということ

ここで、皆さんは、**国民が「国債」を「株式」に変えることの現実的な意味**を考えてみてください。先ほど、あなたが友人に起業資金を「貸した」のなら そのお金は返してもらえますが、株主となるため「出資」したならそのお金は返ってきませんと説明しました。英国民は大丈夫でしょうか。

④「空想上の富」ではないか――南海計画反対論

この計画に対して、後に英国初の首相となる政治家、ロバート・ウォルポールは反対しました。ウォルポールは下院で、この計画は「空想上の富と彼らの労働の徐々たる所得とを交換させる危険な餌を提供するものだ」という趣旨を述べたといわれます（浅田、125頁）。「徐々たる所得」とは、少しずつ得られている所得ということで、「つましくコツコ

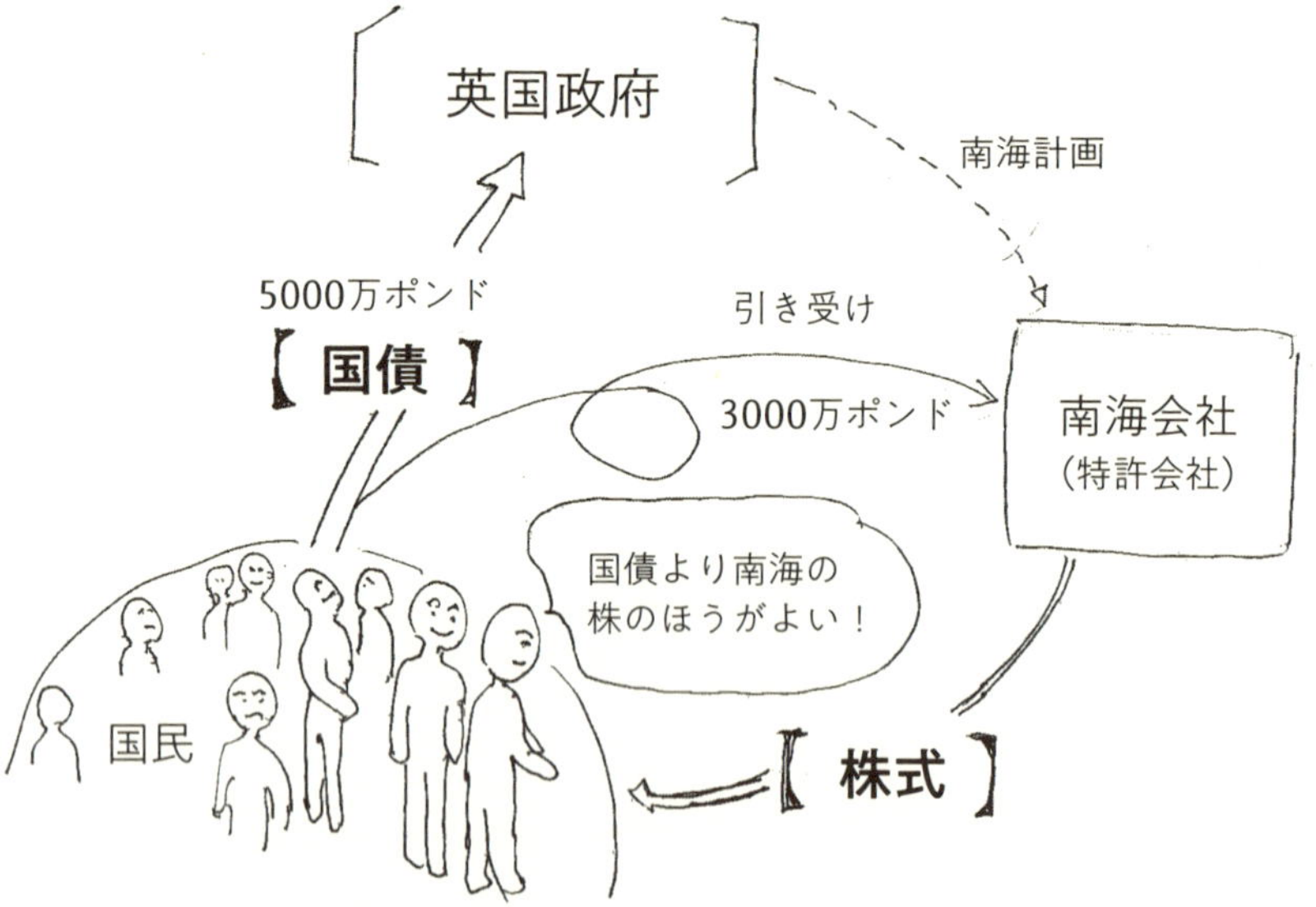

国債と南海会社の株を交換する?

ツと働いて得た英国民の所得を空想上の富と交換させるのか?」というウォルポールの怒りが感じ取れます。

他にも少なからず反対する政治家がいました。「空想上の富」という言葉は、南海会社の「利益」といっても実体がないことを意味しています。

⑤南海会社の株価は急騰した

ウォルポールらの反対にもかかわらず、南海計画法案は1720年4月上旬には下院、上院を通過し、成立します。1720年4月14日、南海会社の株式が広く売り出されます。額面が100ポンドであったものが6月24日には1050ポンドまで10倍に急騰しました。第1章でみたとおりです。

南海会社株の異常なまでの人気の理由は、東インド会社の活躍ぶりが伝えられることで、国民が「特許会社」に対して限りない憧れを持っていたことにあります。国民ばかりではなく、政府関係者も、「万有引力」の提唱者であるアイザック・ニュートンなど当時の著名人も、南海会社の株式を買ったことが伝えられています。

その熱気は東インド会社にも波及し、東インド会社の株価もつられて8月までに124%まで上昇しています。

（2）泡沫会社禁止法の適用による暴落

①続々登場した特許なき会社群

第4章でみたように、南海会社の大成功をみていた企業家たちは、特許も得ていない「会社」を次々と設立します。政府は「株主有限責任」という特典は正規の特許会社だけに与えるつもりでした。それなのに、特許なき会社は勝手に有限責任だと主張していました。特許なき会社は誕生してはつぶれ、また誕生することから「Bubble Companies（**泡沫会社**）」と呼ばれました。

政府は、慌てて1720年6月11日に特許なき会社を罰則付きで禁止する「**泡沫会社禁止法**（The Bubble Act）」を制定、施行します。8月には、比較的大きな「特許なき会社」であるイギリス製銅会社、ウエルズ製銅会社など4社に対して同法を適用しました（浅田、139頁）。

この強硬措置により、特許なき会社（泡沫会社）の株価は一挙に暴落しました。「**バブル経済**」の崩壊です。

②南海会社の株価も暴落

特許なき会社の株価が暴落した影響で、南海会社の株価も暴落します。一時1050ポンドを付けていた株価が、8月18日に900ポンド、9月17日に770ポンド、９月28日には１９０ポンドまで下がりました。株式会社全般に対する国民の信頼がなくなったのです。

ここで「**株式会社懐疑論**」が台頭します。バブル崩壊により、投資して損害を被ったジェントリ（騎士、郷紳）たちは土地を売り、職探しを行ったといいます。自死する人も多数出ました（浅田、１４１頁）。

③ウォルポールの事態収拾策と世界初の監査報告書

南海会社とこれに連動した多数の泡沫会社の退場後、後処理が行われました。

そもそも南海計画法案に反対していたウォルポールが財務大臣となり、事態収拾を図ります。南海会社の役員たちから資産を没収し、ロンドン塔に送り、没収したお金を株主たちに賠償金として支払ったのです。歴史家は以上の「南海会社狂騒曲」「泡沫会社事件」を合わせて「**南海泡沫事件**」と呼んでいます。

議会に設けられた委員会によって、１７２１年１月から事件の責任追及が始まりました。調査過程で、チャールズ・スネルが南海会社の関連会社の取引や会計記録を調査した結果を報告書にまとめます。その際、作成者として「会計士」の肩書を名乗りました。世界初の監査報告書といわれます。

(3) 泡沫会社の顔ぶれと見極めの難しさ

泡沫会社として登場した会社には、怪しいものが多数ありました。先にも挙げましたが、「飲酒による死亡保険会社」「永久運動をする車を完成するための会社」「水銀を固体に変える会社」などです。

他方、まともな目的を持つ会社もありました。「まともな」という意味は、「株主有限責任」が認められる2つの前提、①正当な目的、②適正な管理のうちのひとつ、「正当な目的」に従っているということです。「ウイリアム・リーの足踏み式靴下編機の改良」「ニューコメンの蒸気機関」「ロームの絹織物機械」などです。

けれども、経営や技術の専門家ではない普通の人々にとって、どの会社が怪しくて、どの会社がまともなのか、見極めるのはむずかしいことです。

(4) 南海泡沫事件で英国民が学んだ2つのこと

南海泡沫事件を通じて英国民が学んだこと（教訓）は2つあります。

第1は、株式の取引はときの政府の意向に左右されない「**独立性のある場**」で行うべきだということです。英国民は、結局のところ、膨れ上がった国債をなんとか処理したいという政府の意向に誘導され、政府の思惑どおり、国債と株式とを交換するように仕向けられたのです。

こうした事態を避けるためには、株式取引はときの政府の意向から独立した場で行うべきだということです。政府は膨大な情報収集力と、情報発信力を持っています。証券取引を政府の影響力が及ぶ場で行うと、私たちは、いつまた南海泡沫事件のような事態に巻き込まれるか、分かりません。

第2は、株式を売買するにあたっては、売買判断に必要な「**情報の開示**」が保障されているべきだということです。南海会社の株式を買った国民たちは、南海会社が「実績のない会社だ」という情報は知らなかったのです。ただひたすら、政府が特許独占権を与えた会社である、政府が策定した「南海計画」を遂行している会社であるという来歴だけを信じていたのです。また、「南アメリカの西海岸はよいところらしい」というイメージにも踊らされていました。株式取引の場では、売買判断に必要な情報の開示が保障されていることは不可欠です。

では、独立性を持ち、十分な情報が得られる場とは、いったいどのような場でしょうか。

6 「証券マーケット」それは「コーヒーハウス」から始まった

(1) コーヒーハウスの始まり

①コーヒーハウスとは

国からの独立性を持ち、しかも十分な情報が得られる場、それは「コーヒーハウス」でした。

コーヒーハウスとは、17世紀半ばから18世紀にかけて英国で大流行した喫茶店です。企業家、政治家、学者、作家、文学者、船長、金融業者など、様々な人々が、身分のへだてなく集まることができる「社交場」でした。

②コーヒーハウスの始まり

17世紀初めころの英国では「水」は不衛生でそのままでは飲めず、安全な飲み物といえばビールかワインでした。そこへ、アラブからまったく新しい飲み物として「コーヒー」が紹介されました。コーヒーは水から沸かした湯で成分を抽出するので安全です。それに、コーヒーはアルコール飲料のように人を酔わせるのではなく、逆に意識をはっきりさせるものなので、物事を考えたい人々、議論をしたい人々に喜んで受け入れられました。

最初のコーヒーハウスは1650年、ジェイコブというレバノン人がロンドンの北西にあるオックスフォードの街に開いた店です。この店はいまもあります。「The First Coffee House in England in the year 1650（イングランド最初のコーヒーハウス1650年）」と書かれた看板を掲げています。最初のコーヒーハウスがオックスフォード大学の近くにできたのは偶然ではありません。学術的な議論の場を求めていた人たちにとっては、意識をはっきりさせるコーヒーを飲みながら落ち着いて過ごせる場所はぴったりだったのです。

コーヒーハウスは増え続けます。1666年のロンドン大火で多くが焼失しますが、その後も増加し続け、ロンドンだけで数百軒に達したといいます。

(2) コーヒーハウスは情報が集まる場所

コーヒーハウスは、膨大な「**情報の集まる場**」でした。そこでは、学者は数学、物理学、天文学などの講義を行い、研究中のアイデアを披露し、科学者は多様な器具を駆使して実験をみせ、船員は海外から持ち帰った珍しい物をみせてくれました。政治家は自分の政治的見解をパンフレットにしてコーヒーハウスで配っていました。

コーヒーハウスは「**ペニー大学**」と呼ばれました。コーヒー代1ペニーを支払えば、多くのことを学べたからです（トム・スタンデージ『歴史を変えた6つの飲物』新井崇嗣訳、楽工社、176頁）。

コーヒーハウスは、英国民が南海泡沫事件で得た教訓のひとつ「**十分な情報が得られる場**」という条件を満たしていました。たとえば泡沫会社のなかに「永久運動をする車」を開発する会社がありましたが、コーヒーハウスに行って求めれば、本当かどうかを科学者たちが喜んで解説して実験までしてみせてくれたでしょう。また、お客のなかには船長や船員もいました。「いまの英国、フランス、スペインの国際情勢のなかで、南アメリカに貿易船が行くことは可能か」と聞くことも、十分にできたはずです。

(3) コーヒーハウスは独立性があった

①コーヒーハウスの気概

コーヒーハウスは、政府によって規制されることなく、コーヒーを飲み議論する、「**自主独立の場**」でした。情報収集も、情報交換も、情報発信も、ビジネスの成立も、すべて集まる人々の自主的な意志で行われていました。

コーヒーハウスは自由闊達な議論の場所だった

仮に、政府がコーヒーハウスを言論統制、情報統制のもとに置く方針をとれば、お客たちはたちまちいなくなったでしょう。

②コーヒーハウスが「シティ」にあった理由

コーヒーハウスの多くがロンドンの「シティ」に開かれていたのも理由があります。**シティ**は現在も「シティ・オブ・ロンドン自治体（City of London Corporation）」として2・5平方キロメートルの小さな区域について自治権を持っています。

シティはもともと西暦50年にローマ軍が城壁で囲んだ居住地「ロンデニウム」を築いたのが始まりです。ローマ軍が撤退した後も、シティの住民は城壁を補強しながら多くの外敵と戦い続け団結力を固めます。ノルマンディー公ウイリアムが英国を征服してウイリアム1世となり、１０７８年、この地に居城（後のロンドン塔）を構えた後ですらもシティは自治権を認められ、以来ずっと自治を続けています。

この状況はいまでも変わりません。シティの自主性を示す有名なルールとして、「国王といえどもシティの市長の許可がなければシティには入れない」という定めが、いまでもあります。

コーヒーハウスは、そうした歴史に鍛え抜かれた自主独立の気骨を持った人々が集《つど》うシティに店を構えていました。英国民が南海泡沫事件で得た教訓、ときの政府の意向に左右されない「独立性を持った場」という条件を満たしていたのです。

(4) ジョナサンズ、株式取引所となる

①「王立取引所」の時代

コーヒーハウスは**株式取引**を行う場にもなりました。コーヒーハウスは独立性を重んじる場であり、情報が集まる場であり、ビジネスチャンスと出合える場でもあったのですから、株式取引を行う場になったのは自然なことです。

ロンドンには「**商品取引所**」がすでにありました。1570年にエリザベス女王が来訪したことがあるので「王立取引所」(Royal Exchange) と呼ばれていました。王立取引所では「商品」ばかりではなく「株式の売買」も行われていました。株式取引は増え続け、1690年には150社の会社の株式取引が行われていました(『歴史を変えた6つの飲物』、181頁)。

英国政府は株式取引が盛んになるのをみて、株式取引に関して厳格な法的規制を課す方針を立てました。

②ジョナサンズへの引っ越し

政府による厳格な法規制の方針について、株式取引の「仲買人」たちは強く反発します。**仲買人**とは、株式の売主・買主から委託を受けて売買をする人のことで、今現在の証券会社です。シティの自主独立の空気を吸って育った仲買人たちは、国家によ

る法規制を嫌いました。

仲買人たちは1698年、王立取引所から出て、コーヒーハウス「**ジョナサンズ**（Jonathan's Coffee Houe）」に引っ越します。ジョナサンズでは活発に株式取引が行われ、ジョナサンズ自体が株式取引の場になっていきます。これが今日の**ロンドン証券取引所**（London Stock Exchange：LSE）の前身です。現在のロンドン証券取引所のホームページには「1698年、ジョン・キャスティンがジョナサン・コーヒーハウスで、株価・商品価格表を発行した」と記載されています。

(5) ジョナサンズにおける「自治」

約束違反への処分

ジョナサンズでは、株式取引のルール違反に対する処分は仲買人たちが自主的に行っていました。「**自治の精神**」です。

ジョナサンズで株式取引を行っていた仲買人のなかからは適正さに欠ける行為者も出てきました。不適切な行為の典型は、株式売買の約束（約定）が成立したのに、決済の段階で代金の支払いや株券の引き渡しを実行しない**約束違反**（**債務不履行**）行為です。国家の規制がない独立の場での取引事故ですから、法律で制裁を課すことはしたくありません。法律によって制裁を課すことは、国家が介入するということであり、ジョナサンズに集う仲買人たちの望むところではないのです。

そこで、ジョナサンズの仲買人たちは協議して、債務不履行を起こした仲買人を「**ジョナサンズへの出入り禁止**」という処分にすることを決めます。処分された仲買人の名前は「黒板」に書かれたといいます（『歴史を変えた6つの飲物』、182頁）。こうした伝統が、今日の証券業界の「自主規制」の心意気につながっています。

処分された仲買人は、ジョナサンズ以外のコーヒーハウス、たとえばジョナサンズと並んで有名な「ギャラウエイ」で株式取引をすることはできます。けれども最も規模の大きいジョナサンズへの「出入り禁止処分」というペナルティは、受けた仲買人にとっては大きなダメージとなりました。

早くも行われた不正行為

自治の精神を踏みにじって「不正な取引」を行う者もいました。1671年に東インド会社の大株主となり、1681年には総裁となったジョサイア・チャイルドは、部下に「東インド会社ベンガル商館が異民族に襲撃された」という「偽の情報」を流させ、株価が下がるのを待って買い集め、株価が復活するのを待って売却していたとされます（浅田、82頁）。現代では「相場操縦」に該当する違法行為です（金融商品取引法158条）。

こうした不正行為の舞台として、当時の証券取引所であるコーヒーハウスが使われました。コーヒーハウスの運営者としては、自治の精神を保ちながら、不適正行為、不正行為をどう防止するかが、難しい課題となっていきます。今日でも「**自主規制**」

は証券取引所最大の課題とされ、世界各国の証券取引所が懸命に取り組んでいます。

ジョナサンズ、ロンドン証券取引所となる

仲買人たちは1773年、スイーティングス・アレイの新しい建物に移ります。「**ニュー・ジョナサンズ**」と呼ばれましたが、みずからは株式取引所（ストック・エクスチェンジ）と改称します。**ロンドン証券取引所**の始まりです。

7　現代に引き継がれる「コーヒーハウス」の伝統

(1) 独立性

東京証券取引所などを運営する日本取引所グループは、自身が東証プライム市場に上場しています。上場した理由として、意思決定の迅速化、資金調達などが挙げられています。

しかし、上場して多くの株主たちの公的な批判と監視にさらされることで、国からの「独立性を保つこと」に本当の意味があると考えられます。「コーヒーハウス」以来の伝統がここにあります。

(2) 情報開示の保障

上場会社に対する情報開示の要請については、基本的な事柄を法律が定め、法律以上に厳しい情報開示を証券取引所が定める体制になっています。

基本的事項を定めているのは金融商品取引法です。同法によって上場会社は財務年度ごとに「**有価証券報告書**」を、半年ごとに「**半期報告書**」を、重大なことが起きたときには「**臨時報告書**」を開示することが求められています（24条、24条の5第1項、24条の5第4項）。

証券取引所は、これに加えて四半期（クォーター）ごとに「**決算短信**」を開示することを求めています。証券取引所はそのうえに「**適時開示基準**（タイムリー・ディスクロージャー）」を規定して、きめ細かな情報開示を上場会社に求めています。従わない会社に対しては、証券取引所が処分をすることになっています。コーヒーハウスの伝統、自主性の表れです。

【有価証券報告書】
事業年度ごとに、自社の情報や業績・財務などの経営状況について外部へ開示する資料。

【決算短信】
証券取引所の要請で上場会社が四半期ごとに会社の決算内容をまとめて開示するもの。有価証券報告書が決算期後3カ月を経て公表されるが、決算短信は決算期後「遅くとも45日以内」に開示しなければならない（45日ルール）。有価証券報告書は決算結果について監査役監査、会計監査人監査が行われた後、株主総会を経て開示されるので、どうしても決算期の3カ月後になる。決算短信は投資家たちの「少しでも早い情報開示」の期待に応えるため45日ルールになっている。3月決算の上場会社の場合、決算短信は5月中ごろの公表になり、有価証券報告書は6月中ということになる。

(3) 自主・独立性を守るための自主規制

①コーポレートガバナンス・コードによるガバナンス規制

2015年に東証と金融庁が作成した「**コーポレートガバナンス・コード**」（CGコード）」は、ガバナンス体制の充実を上場会社に呼びかけるものです。「コンプライorエクスプレイン原則（Comply or Explain：従うか、さもなければ説明せよ原則）」といって、上場会社にコードに従うことを求めますが、従わない会社には説明義務を負わせるものです。「説明」が十分でないときは上場規則違反となり、公表措置の対象になります。「コーヒーハウス」ジョナサンズの入り口の「黒板」が思い出されます。

この原則は「**ソフトロー**」と呼ばれます。その意味は、南海泡沫事件の教訓として得られたように、証券取引の世界は「自主性」「独立性」が重要であり、国家の法律（**ハードロー**）により政府が介入することを極力防止して、自分たちの規律（ソフトロー）と手続きで対応するという意味です。

②不正行為の規制と証券取引等監視委員会

それでも証券マーケットでは、残念ながら、ときに相場操縦、インサイダー取引などの不正行為が起きます。しかも、IT化が進む現代社会では証券犯罪はますます高度化、複雑化しています。そのため、ある程度、公的な機関の関与に委ねるべき場合も出てきています。他方、証券取引の自主性、独立性を守るべき要請は変わりません。

そこで、1992年、**証券取引等監視委員会**（Securities and Exchange Surveillance Commission：**ＳＥＳＣ**）が発足しました。公的機関として、証券犯罪などに関する検査、調査、監視などを行う権限を与えられています。ＳＥＳＣは識者などで構成される、合議制の「**8条委員会**」として位置付けられています。国家行政組織法8条に基づく委員会という意味で、一応、金融庁に属する機関ではあるものの、なお独立性を尊重されている委員会ということです。

こうしたＳＥＳＣの仕組みは、公的な取り締まりの必要性と、証券マーケットの自主性尊重とのバランスをとるために工夫を凝らした成果としてできたものです。ＳＥＳＣは、金融商品取引法違反については内閣総理大臣と金融庁長官に対して行政処分を求める**勧告**を行います。また、悪質な証券犯罪（犯則事件）の場合で、必要があるときは、検察官に**告発**も行います。

③自主規制のための組織、日本証券業協会

日本証券業協会は、証券会社や銀行などを「会員」とする自主規制のための組織です。自主規制のルール作り、外務員（証券営業担当者）の登録事務、金融商品取引法など法令違反を行った会員に対して過怠金を課すなどの、処分を行っています。

【8条委員会】
国家行政組織法8条に基づいて設置される委員会。独立性は尊重されるが、基本的に所属庁の諮問機関である。証券取引等監視委員会は金融庁の所属機関であり、法令違反を発見したときは金融庁に行政処分を行うべきだと勧告するが、行政処分を行うのは金融庁である。これに対して同法3条に基づく「3条委員会」は独立に権限を行使できる。中央労働委員会、公害等調整委員会、公安審査委員会がその例である。公正取引委員会も独立した委員会であるが、内閣府設置法に基づく組織である。

第6章

「所有と経営の分離」、だから「コーポレート・ガバナンス」

——そして、ガバナンスの核心は株主総会

1 所有と経営の分離

(1) 取締役の方々は、当社の株を持っておられるのですか？

①経営は「自分ごと」なのか、「他人ごと」なのか

「今日出席しておられる取締役の方々は、当社の株を持っておられるのですか？」

これは実際に株主総会で時々、株主から出される質問です。どういう趣旨で聞いているのか、皆さんも考えてみてください。株主は、取締役には自社の株を持っていてほしいと願っているのでしょうか。それとも、取締役は自社の株を持たないでほしいという質問でしょうか。

多くの場合、株主は「取締役は当社の株を持っていてほしい」という思いでこの質問をしています。取締役が当社株を持っていれば、経営者であると同時に株主でもある。そうすれば、会社の実績は自分の資産価値にも直結するので、会社経営を「**自分ごと**」としてがんばってくれるだろう、持っていないとすれば経営は「他人ごと」になり、あまり真剣な経営を期待できないのではないかという思いです。

上場会社がその経営実態を株主や世の中に開示する**有価証券報告書**には、「役員の状況」として所有持株数を記載することが求められています。また、公開会社（譲渡制限のない会社）では、取締役候補者に関してその当社株式の保有数を記載するよう

に規定されています（会社法施行規則74条2項1号）。こうした要請は、株主の「取締役は自社株を持っているか?」という関心に応えるものです。

②アダム・スミスも「他人ごと」は困るといっていた

英国の経済学者アダム・スミスも、250年前に同様に、経営者の「他人ごと意識は困る」と心配していました。アダム・スミスは、「合本会社（ジョイントストック・カンパニー。株式会社の原型。第1章）には合名会社（社員全員が連帯責任。第1章）よりも、はるかに**巨大な資本**が集まってくる。こういう会社の取締役は、自分の金というよりは、むしろ**他人の金**の管理人であるわけだから、合名会社の社員が、自分自身の金を見張るときにしばしば見せるのと同じ、鵜の目鷹の目で**ひとの金**を見張るとは、とても期待できない」（アダム・スミス『国富論』大河内一男監訳、中公文庫、83頁、太字筆者）と、懸念を書き表しています。

アダム・スミスが『国富論』を書いたのは1776年です。1720年に起きた「南海泡沫事件」の衝撃で、英国には「株式会社懐疑論」や「有限責任反対論」が芽生えていました。アダム・スミスはこうした世論や経済実態を分析したうえで、「有限責任に支えられている特許会社は取引を歪めるし、取締役も信用できない」と指摘して、株式会社制度を批判していました。

【アダム・スミス】
1723～1790年。英国の経済学者、思想家。1776年に『諸国民の富』（『国富論』）を発表。労働が富の源泉であり、自由な経済活動こそが国家の経済を発展させるという新たな経済理論を打ち出し、「古典派経済学」の父といわれている。
特に、市場で各個人が自分の利益を追求していけば、おのずから社会全体にとって最も有利な資本の使い方になる、それはまるで「神の手」によって導かれているようだ、とする「神の見えざる手」の理論は有名。現代では社会に役立つように投資することが、結果的には企業価値を増大させて、リターンも増えるという「企業の社会的責任投資」を支える理論的基盤になっている。

(2) 所有と経営の分離についての基本的な考え方

①所有と経営の分離とはどういうことか

所有と経営の分離とは、株式会社の所有者である「株主」が経営に直接関与できなくなり、経営の専門家である「経営者」(取締役)に経営を任せざるを得なくなったことをいいます。前述の「取締役には自社株を持っていてほしい」という株主の声は、株主と取締役との距離が離れてしまったことから起こる株主の素朴な不安の表明です。

1720年の「南海泡沫事件」は「罪」と「功」がありました。「罪」は自称「特許会社」を多数生み出したことです。国王の特許も得ていないのに有限責任だと主張する怪しい会社が、泡のように現れては消えていきました。これを防止するため同年に泡沫会社禁止法(Bubble Company Act)が制定されたほどです。

他方、「功」もありました。株式会社というシステムが持つ「パワー」と時勢に機敏に対応できる「ダイナミズム」とを、世間にみせつけたことです。この点に気づいた起業家たちは、1825年に泡沫会社禁止法が廃止されると、堰を切ったように「株式会社システム」を盛んに活用し始めます。著しい数の株式会社が設立され、株主数も増えていきます。現在では、日本の上場会社の株主数は平均「1社1万9000

人」に上っています。これでは全員そろって経営事項を決めるなんて、とてもできません。

株式会社制度が大発展した結果、株式会社の所有と経営は次第に離れていきました。後でみるように、会社法もこうした状況を認めるに至っています。

②所有と経営の分離にどう対応したらよいのか

こうして所有と経営の分離が進んだため、現代では、株主と経営者の距離は大きく離れてしまいました。そうした状況下で、株主は自分たちの、会社所有者としての意向をどうやって経営者に届けたらよいでしょうか。皆さんが上場会社の株式を買って株主になったとして、自分の意見をどのように経営陣に届けたらよいかと、考えてみてください。

また一方で、経営者は、所有者である株主の意向をどのようにくみ上げ、どのように対応していったらよいのでしょうか。

これが、「**これからの株式会社**」を考えるときの最大のテーマです。本章ではその問題を考えていきます。

③所有と経営の分離は残念なこと

私は、所有と経営が分離してしまったことは、残念なことだと考えています。国の政治でも、主権者である国民が直接に国政を決める**直接民主制**が理想です。スイスの

【直接民主制】
国民が代表者を置くことなく、みずからの意思で国政にかかわる事柄を決定する制度。現在でもスイスの限られた州で行われている。これに対して「間接民主制」とは国民が代表者を選び、あとは代表者を信頼して国政を任せる制度。
会社法がとる「取締役会制度」は株主が取締役を選び、あとは取締役を信頼して経営を任せる点で、間接民主制に似ている。その信頼を保つために、「委任」の考え方が重要になる。

一部の州（グラールス州など）では、現代でも年に1回、**住民集会**（ランツゲマインデ：Landsgemeinde）が開かれて直接投票が行われています。東インド会社でも、出資者総会で会社の運営事項は決められていました。

現代のように株主数が多くなると、時代に機敏に対応するためには株主も専門の経営者に経営を委ねざるを得なくなっています。「委ねざるを得ない」というのは、本来、株主は会社の所有権者として経営に携わるべきなのに、残念ながらできないという意味です。

所有と経営の分離は仕方のないことであり、実際問題として受け入れざるを得ないとすれば、株主自身が経営に携わっていた状態になるべく近い状態を確保したいところです。株主がその意見を会社運営に反映させ、自分自身が関与していたときと同様に、様々な情報を受け取れるということです。それが、**コーポレート・ガバナンス**の基本的な考え方です。

スイスの住民集会（ランツゲマインデ）

④「所有と経営の分離はよいこと」という意見について

これに対して、「所有と経営の分離はよいことだ」という意見もあります。「株主には会社経営に参加する**意思も能力もない**。だから、所有と経営はきちんと分離して、株主は会社経営を経営者に委ねるべきだ」「そうしたうえで、株主は経営者の監督に専念すればよい」というのです。

しかし、私は株主には「経営に参加する意思も能力もない」とは思いません。株主は現実に「意思」を持って行動しています。２００７年に東京の鉄鋼会社が、株式交換という手法を使って大阪の鉄鋼会社の子会社になる計画を立てました。要するに大阪の鉄鋼会社による東京の鉄鋼会社の買収、M＆Aです。しかし、東京の鉄鋼会社の株主は「委任状勧誘合戦」（総会に向けて味方票を集めるキャンペーン）という形で反対運動を行い、株主総会では会社の計画案は否決されたのです（２００７年鉄鋼会社M＆A事案）。その他にも、家具会社の基本方針をめぐって会長派と社長派がそれぞれに株主の賛同を求め、株主総会で決着を付けた事案（２０１５年家具会社事案）、料理配膳の基本方針について大株主派と経営者側とがそれぞれ株主の賛成を求めて争い、株主総会で結論が出た事案（２０２０年飲食店会社事案）などが起きています。

株主には経営に参加する「意思」があるのです。

また、経営に関する専門事項についても、株主は常に学びたいと望んでいると思います。学ぶ能力がないのではなく、学ぶだけの時間的・経済的な余裕がないだけです。

コーポレート・ガバナンスとは、会社の所有者である株主の意思・意向を取締役会に取り入れ、これを尊重して経営を進めることをいいます。株主には「意思も能力もない」と決めつけて切って捨ててしまうのでは、そもそもコーポレート・ガバナンスを議論する必要性がなくなります。

また、株主は経営者の監督に専念すべきというなら、「所有者としての株主の監督権」をどう行使したらよいのか、その具体的な方法論が大いに議論されるべきです。が、そうした議論はあまりなされていません。

株主が取締役を選任するのは、国民が政治家を選挙で選ぶのに似ています。どれほど自信のある政治家であっても、「国民は政治に参加する意思も能力もない」とはいわないでしょう。

⑤会社法が定める所有と経営の分離

会社法は、株主が会社の所有者であると宣言している

現在の会社法も、株式会社の「所有者」が株主であること自体は、はっきり宣言しています。その証拠は、会社法が、①会社が収益を上げたときの利益分配を受ける権利（**剰余金の配当受給権**）や、②会社を清算するときに残ったお金があれば受け取る権利（**残余財産分配受給権**）は、たとえ定款をもってしても、すべてを否定することはできないとしている点です（105条2項）。

会社法は「所有と経営の分離」を定めている

そのうえで会社法は、取締役会を置いている株式会社（**取締役会設置会社**といいます）については制度上、所有と経営の分離を定めています。

会社法は、取締役会設置会社では、**株主**は株主総会で取締役の選任はしますが（329条1項）、そのあとの経営事項については、原則として**取締役会**の決定に委ねる制度としています（362条2項、4項）。

取締役会によって決定された経営事項を実行（法的には**執行**といいます）に移すのは、取締役会で選ばれた（選定といいます）**代表取締役**です（同条2項）。

代表取締役のなかから**社長**、**CEO**（最高経営責任者）が選定されます。社長、CEOを本書では「**経営トップ**」と呼ぶことにします。取締役会は「合議体」として経営トップの仕事ぶりを監督します。また、取締役会を置いていない会社では、各取締役が執行を行います（348条）。

図表6-1　現在の会社法における所有と経営の分離

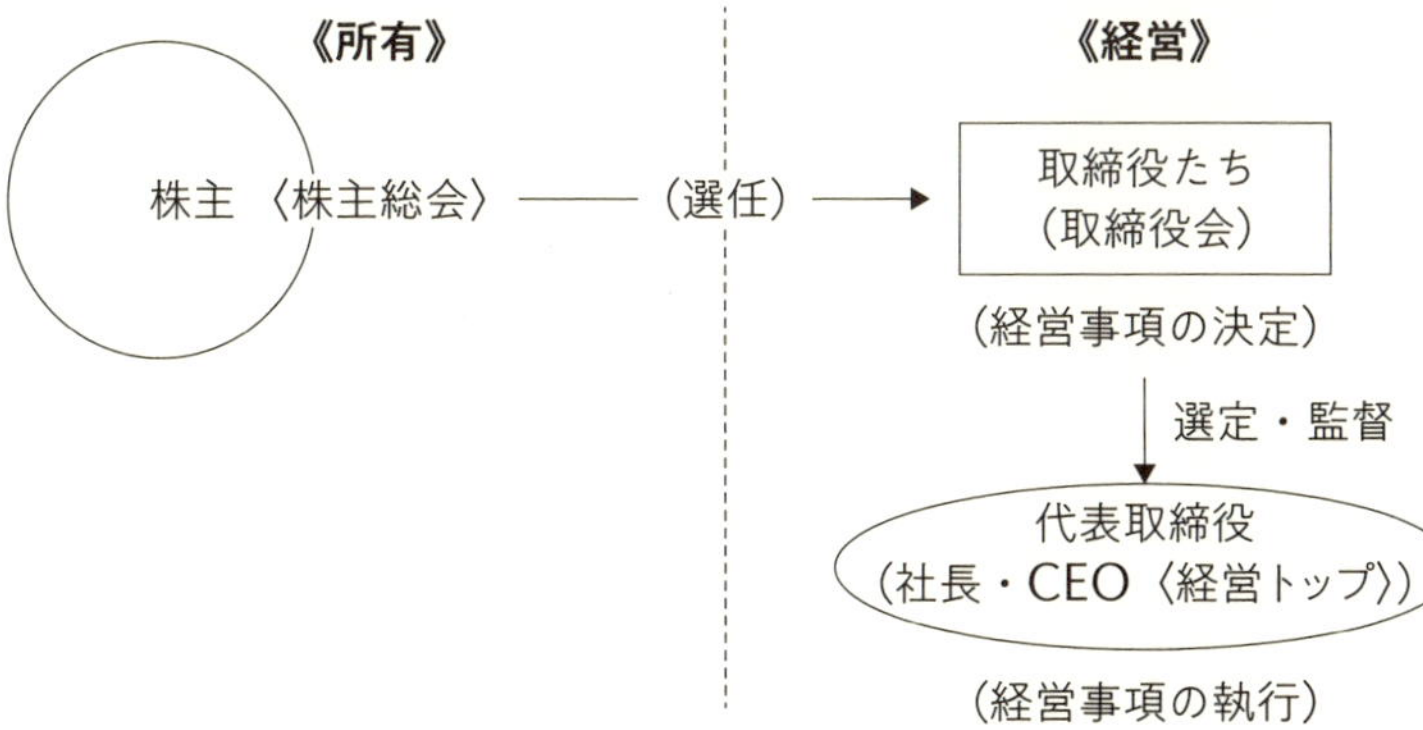

出所：筆者作成

2 所有と経営とが一致していた東インド会社、分離している現在の会社法

(1) 東インド会社の組織

これから所有と経営が分離している現代の株式会社の問題について考えていきますが、その前に、所有と経営が一致していた東インド会社の状況をみておきましょう。

東インド会社では、出資者総会で、200名強の出資者のなかから総裁（Governor）と24人の理事（Assistants）とが選任され、「執行部」を構成して、経営にあたりました。現代的にいえば総裁がCEOであり、理事は「Assistants」と呼ばれたことから分かるように、総裁の執行補佐役でした。

一見、現在の株式会社に似ていますが、根本的に違うのは総裁も理事も**出資者**であったことです。みな、伯爵から騎士、エスクワイアなど英国の「名士」たちであり、総裁も理事も仲間内から選ばれた人たちでした。「**仲間の信頼**」を背負って、まさに「**自分ごと**」として、懸命に職務を行ったのです。理事のうち一定数は選挙ごとに辞任

し、別の出資者が新たに理事として選ばれるルールになっていました。出資者たちはみな交代で理事になる機会があったのです。東インド会社は「仲間同士の信頼関係」をベースにした組織でした。

(2) 取締役を株主に限定してはいけないとする会社法

この点、会社法では後にみるように、まったく逆です。会社法は「取締役は株主でなければならないと定款で定めてはいけない」と規定しているのです（331条2項）。所有と経営の分離を象徴する規定です。所有と経営は分離されているのだから、取締役の候補者は株主以外の世の中一般から広く人材を求めよ、という趣旨です。

一方、所有と経営とが分離されていない「非公開会社（株式の譲渡を制限している会社）」の場合は、定款で取締役を株主に限定することが許されます。

図表6-2　東インド会社の組織

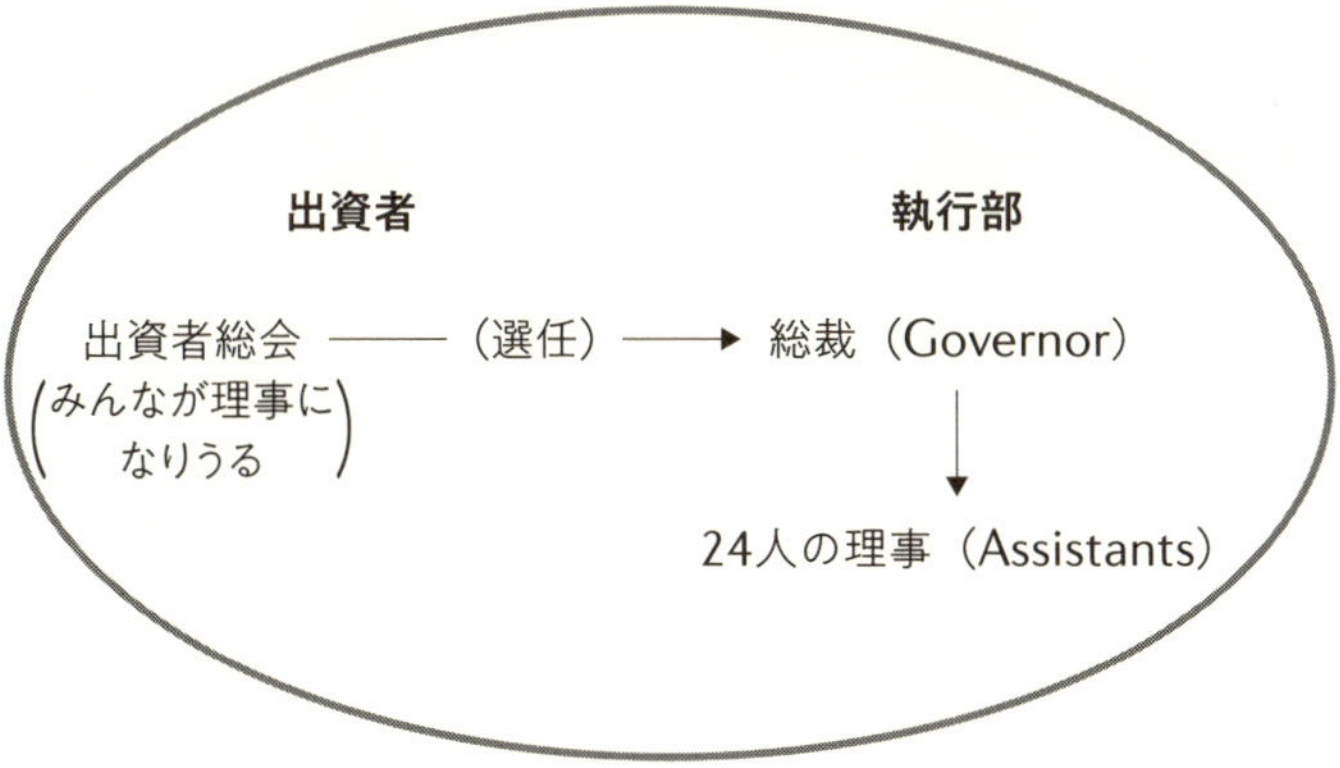

出所：筆者作成

3　所有と経営の分離、それは規模の拡大から始まった

（1）規模拡大の発端は「産業革命」

歴史をみると、東インド会社以後、多くの株式会社で「所有と経営の分離」が起きたのは、株式会社が取り扱う事業規模があまりにも拡大してしまい、必然的に所有者（株主）とは別に、専門の経営者（取締役）を必要とするようになったからだと分かってきます。

規模の拡大は**産業革命**に始まります。1770年前後、英国では産業革命という社会的な大変革が進行していました。伝統の毛織物産業から綿織物産業への変革です。それまで英国には毛織物しかなかったのです。そこへ東洋から綿織物（**キャラコ**）が東インド会社によって輸入されてきました。綿織物は肌触りも吸湿性もよいと好評で、毛織物を圧倒する売れ行きになります。英国の事業者は国内で綿織物を生産しようと試みますが、品質面でキャラコにかないませんでした。職人の技術力の差です。

そこで、英国の事業者たちは綿織物を機械生産することにしたのです。機械生産すれば品質もキャラコに対抗できます。こうした強いニーズがあり、織物に関連する技

術についての開発が立て続けに起きます。飛び杼（1733年）、ジェニー紡績機（1764年）、蒸気機関改良（1769年）、力織機など、すべてが綿織物の国内生産を実現するための技術でした。

こうした技術開発によって生産された綿織物は、キャラコに負けない品質を持っていました。これをきっかけに英国では、石炭火力を使用した自動機械による綿織物工業の基盤が整い、経済大発展への道を歩み始めます。

(2) 産業革命と東インド会社の終焉

この大変革は、東インド会社の存在意義を失わせます。東インド会社の主要事業は、インドからのキャラコの輸入でした。綿織物が英国内で自製できるようになると、その影響で東インド会社は不要になったのです。東インド会社は英国政府からインド、ベンガル地方の徴税権を与えられるなど、「商社」というより英国のインド植民地支配の「代理機関」のような存在になり、存続し続けました。が、それも長続きせず、1813年に成立した「インド貿易独占禁止法」によって貿易の「独占権」を失います。1858年に「インド統治法」が成立し、東インド会社は解散します。

このエピソードは、会社を維持・存続させるためには、経営者が「時代の大きな流れ」を読み取り、先手を打って対応していくことの大切さを物語っています。

産業革命は、遠い昔の「歴史物語」ではありません。2015年のCOP21で合意された「パリ協定」では、「世界の平均気温上昇を、**産業革命以前に比べて1・5℃に抑えるように努力する**」という目標が掲げられています。産業革命以来、私たちが営々と行ってきた株式会社システムの運営は正しいことであったのか、が問われているのです。こうした事柄については、第8章で改めて考えていきます。

(3) 「鉄道ブーム」がもたらした株式会社の大規模化

①リヴァプール・アンド・マンチェスター鉄道

綿織物工業が発展し始めた英国の課題は、大量生産された綿織物をどうやって海外に輸出するかでした。こうした時代の要請を受けて英国では、「鉄道事業」確立の気運が高まります。1830年にマンチェスターとリヴァプールとを結ぶ「定期旅客鉄道」の運航が始まりました。このリヴァプール・アンド・マンチェスター鉄道(リヴァプール・マンチェスター間鉄道)は、工場地帯マンチェスターでできた綿織物製品をリヴァプール港から海外に輸出するための鉄道でもありました。

鉄道事業は株式会社の事業規模を拡大させるきっかけとなりました。タイミングよく、泡沫会社事件を受けて制定された法律「泡沫会社禁止法」は1825年に廃止されました。「有限責任制度」と「株式の自由譲渡制」に支えられている株式会社は、鉄道敷設事業に必要な莫大な資金を、多数の一般市民から広く集めるための絶好の手段となりました。

②英国、米国、日本でも多くの鉄道が敷設された

これを契機に英国全土で鉄道建設事業が始まります。路線ごとに株式会社を設立し、特別の法律をもって会社設立の承認を受けることが必要でした。鉄道建設を認める法律は、1845年には120本、1846年には272本、1847年には170本も制定されています（ジョン、78頁）。投資家のために、鉄道専門誌も誕生します。「鉄道ブーム」の到来です。

同じころ、米国でも同様に大規模な鉄道建設が、株式会社によって行われます。1853年にはオールバニーとバッファロー間を走る鉄道を運営する株式会社ニューヨーク・セントラル鉄道が設立されています（A・A・バーリ／G・C・ミーンズ『現代株式会社と私有財産』森杲訳、北海道大学出版会、14頁）。1898年の全米の上場株式の60％が鉄道株であったといいます（ジョン、94頁）。

日本でも、1889年に国営の東海道線が開通、1891年には私鉄の日本鉄道会社（上野・青森間）が設立されます。1890年は「私鉄ブーム」といわれるほど多くの株式会社組織による鉄道会社が設立され、1899年には営業キロ数で私鉄が国営を上回ったといいます。株式会社について定めている明治23年商法が施行されたのが1898年、明治32年商法の施行が1899年です。鉄道事業を企図する人々が、「株式会社システム」が法的に整備されるのを待ち望んでいたことが分かります。

莫大な資本を集めることができる「株式会社」は、企業家たちによってフルに活用され、事業分野も広がっていきます。運河事業、道路事業、食品事業、保険事業など

の株式会社が次々と登場してきます。

(4) 会社規模の拡大は、「経営の専門家」を求めた

鉄道事業が拡大すると、株式会社を運営するために「経営の専門家」が必要となりました。鉄道事業では、列車同士が衝突しないように緻密にダイヤを組み、大量の人、貨物を各地に正確に輸送する緻密なマネジメント力が求められます。米国の鉄道会社は、こうした高度なマネジメントを行うために多数のプロの経営者を採用しました。

経営者に必要なのは「マネジメント能力」であるということになると、経営者が株式を持っていることは必ずしも必要条件ではなくなります。**「株式を持たないプロ経営者」**の始まりです。また、経営者には、会計についても高度な知識が必要になってきました。東インド会社では1回の航海ごとに資金を集め、帰港後に元本も利益も合わせて出資額に応じて分配、清算していたので、特に会計の知識は必要ありませんでした。が、次第に継続的な企業として損益を明らかにする必要性が出てきます。東インド会社の1664年の出資者総会では、会計が公表されています。同社初めての会計報告でした（大塚、506頁）。

(5) 証券取引所が支えた株式会社の発展

①英国の証券取引所

市民から莫大な資金を集めるためには、株式売買を専門に行う「取引所」が必要になります。株式だけではなく「債券（借金を証券にしたもの）」も扱うので、株式・債券を合わせて、**「証券取引所」**と呼ばれる、取引専門の場、施設です。

英国では、コーヒーハウス「ジョナサンズ」がごく素朴な草創期の株式取引の場となりました（第5章）。ジョナサンズで行われていた取引の「場」は、１７７２年には**「ロンドン証券取引所」**と名称が付けられ、株式取引が盛んに行われるようになりました。ロンドン証券取引所はその後も発展を続け、２０２４年5月現在、証券会社など金融機関８９３社が会員となって１７７５社が上場して取引をしています。

②日本の証券取引所

日本でも、渋沢栄一らの努力により１８７８年（明治11年）、**東京株式取引所**（後の東京証券取引所。以下、東証）が創立されます。渋沢栄一は株式会社システムを**「合本主義」**と呼んでいました。渋沢は合本主義について、「私は、フランス留学中に、彼の国の実際を見聞きして、合本法を学んだ。商工業の発達を期するには、個人経営では時勢に適合しない。どうしても小資本を合して合本組織すなわち会社法によらなければならぬと考えておった。これは私の年来の主張であった」と振り返っています（『渋沢栄一自伝』角川ソフィア文庫、２４０頁）。

東証は２００１年に株式会社組織となります。第5章でみたように、証券取引所の

【債券】
国や企業が広く人々からお金を借り入れたときに、借金をした証拠として発行する借入証書。国が発行するものを「国債」、企業が発行するものを「社債」という。借金だから貸した人（投資家）は利子（利息）をもらえる。また、投資家は弁済期（償還日）には元金を返してもらえる。債券は償還日前でも売買することができる。以前は、債券は現実に「紙」で発行されていたが、現在ではペーパーレス化されており、債券の取引は電子データで行われ、権利は電子的に証明される。保管振替制度という。

自主性を守るのが真の目的だと思います。株式会社とは、株主からのガバナンスを受ける組織ですから、ときの政府による干渉を避けることができます。

東証には2023年現在、3984社が株式を上場しています。その株主合計数は7609万人です（「2023年度株式分布状況調査の調査結果について」）。計算すると、上場会社1社あたりの平均株主数は約**1万9000人**になります。

これだけの大人数になると、株主になっても、「株主総会に行って少しでも会社の運営に影響を与えようか」という気持ちが萎えてしまうかもしれません。けれども、先ほど述べたように、株主が経営者を選ぶのは、国民が政治家を選ぶのに似ているのです。もし、国民が「国民（有権者）は数多くいるのだから自分の1票はたいしたことはない」と気持ちが沈んで、みんなが投票をしなくなれば、政治家は緊張感を失います。そんなことでは、国家をブラッシュアップさせていくことはできません。

同じことが株式会社の経営者を選ぶ場合にもいえます。株主の方々には、「自分は株主の1人だ」という意識を持って株主総会に出席し、議決権を行使してほしいと思います。

「これからの株式会社」を考えるとき、株主が、自分たち1人ひとりの意識で経営に影響を与えていくという気概が大切です。それは「**株主の社会的な責任**」だといえます（第8章）。第4章でみたように、株主有限責任制は**あり得ないような「特典」**です。その特典は、経営者、株主ともに「株式会社は、国家管理に劣らないように、①正当な目的のために使うこと、②運営を適正に管理すること」の2つの前提を守る約

【渋沢栄一】
1840〜1931。明治・大正期の指導的大実業家。1867年パリ万国博覧会に出席する徳川昭武に随行し、欧州の産業、制度を見聞。第一国立銀行、王子製紙、大阪紡績、東京瓦斯など多くの近代的企業の創立と発展に尽力した。

束で与えられたものです。株主にも会社運営を適切な方向に仕向ける「社会的責任」があるのです。株主がその社会的責任を果たさないでいると、「株主は経営に関与する意思も能力もない」という、あの憎まれ口を受け入れることになってしまいます。

4　会社法の変革
――「所有と経営の分離」を公認する代わりに、「委任」が登場

(1) 明治32年商法（1899年法）では、所有と経営が一致していた

①「株主であること」が取締役の条件であった

それでは「所有」と「経営」の関係について、日本の会社法はどのような対応をしてきたのか、その変遷をみてみましょう。会社法の変遷の背景には、所有者として経営に参加したい株主と、株主に縛られず自由に腕を振るいたい経営者との相克があり

ます。いつの時代でも、オーナーはマネージャーにとって煙たい存在です。

株式会社に関する最初の法律である**明治23年商法**は、延期、延期を繰り返し、1898年にやっと1年間だけ施行されたものでした。そこでは、取締役は株主の中から選ぶとして、所有と経営が一致することが求められていました（185条）。そのすぐ後、1899年3月9日公布、同年6月16日に施行された**明治32年商法**も、所有と経営の分離を認めていません。「**取締役は、**株主総会において**株主の中から選任す**」とされていたのです（164条）。その理由については、「最も会社の立場を理解しそれに応じた経営方法をとれるのは株主にほかならない」「**取締役が株主であったならば……責任をもった経営ができる**」と説明されています（1911年〈明治44年〉3月17日第17回衆議院特別調査委員会）。この考え方は、東インド会社で出資者の中から理事を選ぶとされていたのと似ています。

②取締役は「株式を持っていること」を証明させられていた

印象的なのは、明治32年商法では、①取締役が保有する株式数を定款で定めることになっていたこと、②取締役は在任中、持っている株式を**監査役に供託**することが義務付けられていたことです（168条）。

取締役候補者が選任されるときだけは「私は株主です！」と表明しておきながら、在任中にこっそりと株式を売ってしまうのを防ぐためです。アダム・スミスが指摘した、取締役は会社経営を「自分ごと」として考えないという懸念に対応するための法制度です。

③経営者の受託責任に関する規定がない

明治32年商法には、現代では取締役の義務の核心である「取締役は会社に対して受託責任を負う」という規定はありません。

後述するように、**委任**とは、委任者が専門家（プロフェッショナル）に専門事項を任せる契約です。所有と経営が分離しているなら、所有者（株主）と専門家（経営者）とを結ぶ絆《きずな》として「委任」の規定が必要なところです。しかし、明治32年商法には委任の条項はありません。取締役はそもそも株主の仲間なのだから、「他人ごと」を前提とする委任の規定は不要なのです。

(2) 明治44年商法（１９１１年法）では「所有と経営の分離」が公認され、「委任」が登場

①取締役の資格要件の削除

こうした「所有と経営の一致」の基本方針は、**明治44年商法**（１９１１年5月３日公布、同年10月１日施行・１９１１年法）でガラリと変わります。

明治44年商法では「取締役は株主の中から選任する」という条項が同法１６４条から**削除**されたのです。会社法の基本方針が、**所有と経営の一致**を理想とする方向か

ら、**所有と経営の分離**を受け入れて公認する方向へと、大転換した瞬間です。「**歴史的な削除**」といえます。

②「所有と経営の分離」公認に転換した、表向きの理由

削除の理由について当時の起草担当者は、「他より株を借りて重役になる者が甚だ多い。斯様な弊風を途絶する趣意である」と解説しています（淺木愼一『日本会社法成立史』信山社、188頁）。「取締役は株主でなければならない」というなら、「誰かから株式を借りて、形式的に整えればよい！」という人が増えてきたので削除するというのです。

③「所有と経営の分離」容認に大転換した本当の理由

しかし、本当に「株を借りて辻褄を合わせる人が増え、それが困ったもんだ」というだけなら、会社設立の際に、「真に株の所有者であるか？」を厳しく審査する方向で法改正をすればよかったはずです。

改正の本当の理由は、経済の発展です。日露戦争後、一時的な恐慌はあったものの、日本経済は、造船、鉄鋼などの産業が著しい発展を始めていました。造船、石炭、鉄鋼、生糸などの「生産力指数」を1897年から1912年にかけて概観すると2～4倍に成長しています（『詳説日本史研究』山川出版社、2021年第4刷、392頁。以下、山川）。

こうした事業規模の拡大を背景として、日本でも、「所有と経営の分離」を容認し、莫大な事業資金を市民から広く集め、経営は専門の経営者に任せる時代に入ったのです。そのことが立法府でも認識されたので、大転換の象徴として歴史的な削除が行われたのです。

④「委任」の登場──取締役の「受任者責任」が明記された

明治44年商法では、「取締役は株主でなければならぬ」という条件が外された代わりに、**「取締役と会社の関係は委任に関する規定に従う」**という新しい条項が加えられました（164条）。日本の会社法上、初めて「**委任**」が登場し、「取締役・経営者の受任者責任」が明らかにされました。

(3) 現代の会社法にも引き継がれている「経営者の受託責任」

①引き継がれていく「経営者の受任者責任」

明治44年商法が明示した「取締役・経営者の受任者責任」は、**昭和25年商法**（1950年法）でも、そして現在の会社法でも、そのまま引き継がれています（330条）。所有と経営が分離してしまったことを前提に、経営者の受任者責任を明らかにする姿勢は不変です。

【受任者・受託者】
もともと民法は「委任」という言葉を「契約の締結など法的な行為を依頼する」という狭い意味で使っている（643条）。そのため「法的行為以外の事柄」を依頼することを「準委任」と表現している（656条）。しかし、株主が経営者に依頼するのは法的行為を含め、経営全般にわたる事柄である。その点、「受託」という言葉は「ある事柄を、そっくりそのまま任せる」というニュアンスが強い。そこで本書では「受託」「受託者」という表現を用いている。

②定款でも取締役資格を株主に限ってはいけない

さらに、昭和25年商法（1950年法）では、冒頭にみたように、「定款をもってしても取締役資格を株主に限るとしてはいけない」という規定が入ります（254条2項）。太平洋戦争で敗れた日本は、当時、GHQの指導下にありました。財閥の復活を恐れていたGHQは、大株主である財閥の関係者が取締役として入ってくることを予測し、どうしてもそれを防止したかったのだと思われます。

5 株主と取締役とをつなぐ絆は「真の委任関係」

(1)「委任契約」はプロフェッショナルの契約

①株主・経営者・社会は「委任契約」の意義を知っておくことが必要

所有と経営が分離された結果、「取締役と会社」との間では「委任契約」のルールが適用されることになりました（330条）。

分離してしまった所有者と経営者とをつなぐ絆として採用された「委任契約」とは、いったいどのような契約でしょうか。株主や取締役、そして市民など、株式会社を取り巻くすべての人々が、その趣旨を十分に理解しておく必要があります。委任契約の意義をしっかりと理解することが、①株主の経営者に対する姿勢、②経営者の株主に対する姿勢、③社会の人々が株式会社をみるときの基本線――になります。

②委任契約とは、どんな契約か

委任契約は「プロフェッショナル」の契約

委任契約とは、委任者が「**その道の専門家**」に専門的な事柄の対応を委託する契約です。その道の専門家のことを**プロフェッショナル**（professional）といいます。プロフェッショナルは、英語の「プロフェッション」（profession：誓約する）から生まれた言葉で、「**誓約して就く職業**」という意味です。もともとは、中世の「大学」で神学、医学、法学を学んだ人だけが就く職業である**聖職者**、**医師**、**弁護士**に限られて使われていた言葉です。

「**取締役と会社は委任契約である**」という会社法の定めは、取締役は「経営者」として、聖職者、医師、弁護士と同様に、「経営のプロフェッショナル」の立場にある、ということです。

「ヒポクラテスの誓い」——委任契約は厳粛な契約

誓約して就く職業ですから、委任契約は厳粛な契約です。委任者から、能力だけではなく、人格まで信頼されて受任するという厳粛さがあります。プロフェッショナルとは「**誓約して就く職業**」だという重さはそこにあります。

実際に宣誓は行われています。たとえば医学の世界における「**ヒポクラテスの誓い**」(Hippocratic Oath) があります。ヒポクラテス（前5～前4世紀）は、それまでの迷信や呪術とは異なり、緻密な臨床分析を行い、史上初めて科学的な医学の基礎を築いた医師です。ヒポクラテスは弟子たちに、医師になるときに「誓い」を立てるように求めました。内容は「医療を行うにあたっては**自分の能力と判断の及ぶかぎり患者の利益になることを考える**」という条項を中心に、「医師の倫理」を定めたものです。この誓いは日本でも江戸時代の蘭方医によって受け継がれたといいます（以上は日本医師会、江本秀斗「医の倫理の基礎知識2018年版」による）。ヒポクラテスの誓いは、現代の米国の医学校でも卒業式で行われています。

弁護士の誓い

弁護士も、米国では各州の弁護士会に「**弁護士の誓い**」(Attorney's Oath) を提出することになっています。テキサス州では「私は合衆国憲法とこの州の憲法を守ります」という言葉の後に、「私は、**能力の及ぶかぎりクライアントの利益のために**活動する義務を果たすことを誓います（I will discharge my duties to my clients to the best of my ability)」という内容の文書で誓約することが求められています。日本でも弁護士会によっては、「法と善管注意義務に従うこと、法令・社会倫理に従うこと」について誓約を求めています（大阪弁護士会など）。

ヒポクラテスの誓いや弁護士の誓いから、プロフェッショナルを志す者の緊張感と矜持とを感じとることができます。

取締役も同じです。「能力の及ぶかぎり、会社（株主）の利益のために業務を遂行する」という誓約を行っているのです。実際、多くの会社で取締役就任の際、「就任誓約書」を提出しています。そのなかには「私は善良なる管理者の注意義務と忠実義務に従って職務を遂行することを誓います」と書かれているはずです。

委任解除の自由――委任契約はいつ解約してもよい

委任契約は他のビジネス契約にはみられない、大きな特徴があります。それは、委任契約は委任者、受任者のどちらからでも、いつでも解約できることです。委任の「**相互解除の自由**」といいます（民法651条）。

委任契約は「プロの能力と人格に対する信頼感」から成り立ちます。ですから、信頼がなくなってしまえば終わりです。いつでも解約できるのです。患者、依頼者の立場にある人は、「この医師は不勉強だなあ……」とか、「この弁護士は人格的に信頼できない」と感じたら、即時に解約してよいのです。これを「解任」といいます。

株主が持つ「取締役解任権」の意味

この**解除の自由**は、株主にとって大きな意味を持ちます。取締役候補者を信頼して選任したとしても、「経営者失格だ」と思ったら、解任してよいのです。ただし、株主の場合は、株式会社という権利の「入れ物」を通じて委任契約を結んでいます。ですから手続き的には、株主総会を通じなければ解任はできません。

取締役の任期は2年ですが、現在の上場会社の過半数は、後述するように任期を「1年」としています。そして、いまや定時の株主総会は「取締役総選挙」になっています。ですから、解任といわないまでも、定時株主総会の「取締役再任の議案」に「賛成しない」と1票を投じれば、それだけで解任の意思を表明したことになります。

2023年、精密機器メーカーの経営トップの取締役再任議案に関して賛成票が50・59%になったことがあります。あとわずかで「退任か?」という出来事でした。取締役会に女性取締役がいなかったことが原因だと推測されています。

株主が取締役に対して「選任権」と「解任権」を持っていることは、コーポレート・ガバナンスにおける最大のポイントです。

③株主と経営者の契約は「間接的な契約」——医師、弁護士との違い

法形式的には会社との契約

取締役に対する委任の場合、医師、弁護士の場合と違う点があります。それは委任契約が直接か、間接的かというところです。図にすると図表6－3のようになります。

つまり、医師、弁護士の場合は、患者、依頼者と「直接的」に委任契約を結ぶのですが、取締役の場合は、株主と直接にではなく、株式会社を通じて「間接的」に委任契約を結ぶ点です。

上場会社の株主数は平均して1万９０００人です。取締役がその1人ひとりと委任契約書にサインすることは無理です。そこで、株式会社が多くの委任契約の**「入れ物」**として使われます。法人格は権利の入れ物として登場したことが思い出されます。法形式的には、株式会社が株主共通の「入れ物」として、取締役と委任契約を結びます。けれども実質的には、株主は会社を通じて取締役と委任契約を結んでいると考えてよいと思います。私はこの関係を、株主と取締役との間の**「真の委任関係」**と表現したいと思います。

真の委任関係がもたらす緊張感

株主と取締役との間には**真の委任関係**が成り立っています。

真の委任関係と理解することで、株主は、「取締役選任を通じて取締役に会社の経営を委託した。だからプロとしてきちんと経営してくれると期待するが、本当にそうかを見守らなければならない」という意識を持ちます。他方、取締役は、「取締役選任を通じて、株主から会社の経営を受託した。だから医師、弁護士と同じレベルの緊張感を持って経営を行わなければならない」という意識を持つことができます。

図表6-3　医師、弁護士、経営者の委任契約

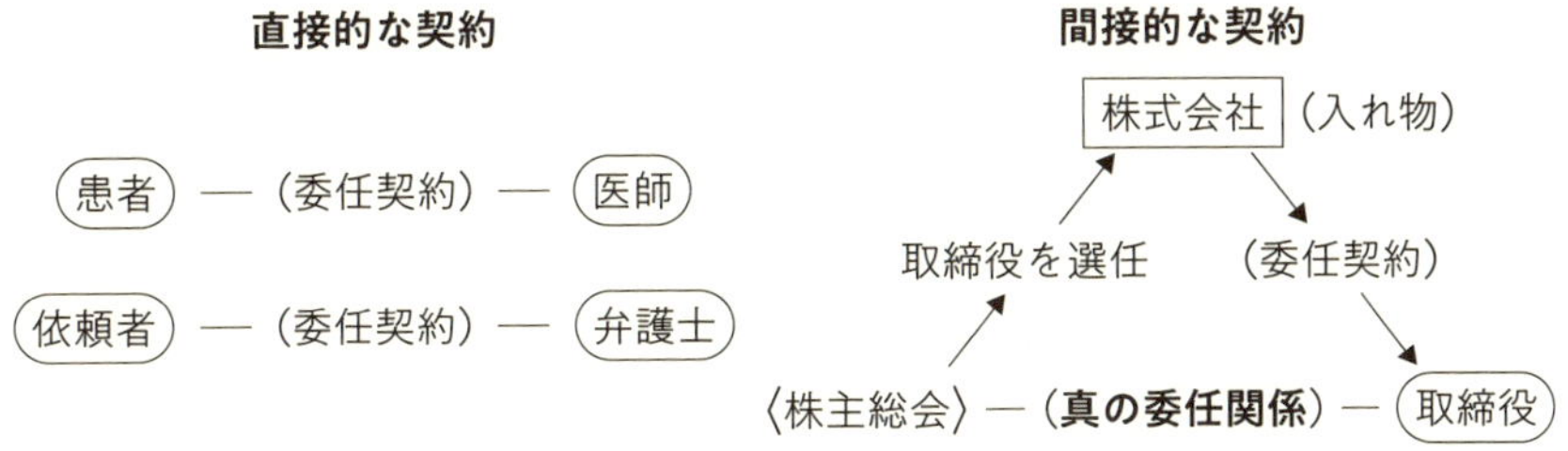

出所：筆者作成

この「期待と緊張」の相乗効果で、株式会社の「質」が向上していきます。所有と経営が分離されてしまっている現在では、この「真の委任関係」が株主と経営者を結ぶ大切な絆です。双方のこうした緊張感は、第4章でみた株主有限責任制という特典が与えられた「2つの条件」「2つの約束」、すなわち、①正当な目的のために株式会社を使う、②経営者、株主とも株式会社を適正に管理する、に即したものです。正しい緊張感です。

6 受任者が負っている4つの法的義務

(1) 受任者の基本的義務は「善管注意義務」

以下では、委任契約一般で、受任者が負っている義務を整理します。皆さんも、医師に依頼している「患者」、弁護士に依頼している「依頼者」になったつもりで、「受任者の義務」をみてください。これらの義務は、当然、経営の受託者である取締役にも当てはまります。

受任者の第1の義務は、「プロの名に恥じない注意深さをもって業務を遂行すること」です。これが受任者の義務の中核です。法的には「善良な管理者の注意義務をもって委任事務を処理する義務を負う」と表現されています（民法644条）。「善良な管理者の注意義務」は略して「**善管《ぜんかん》注意義務**」と呼ばれます。

医師に医療を依頼した患者も、弁護士に法的事項を依頼した依頼者も、依頼を受けた医師、弁護士が「プロの名に恥じない注意深さ」をもって仕事をしてくれることを期待しています。皆さんも病院に行ったとき、担当医師が（つい、うっかりして）「この症状については勉強してなかったなあ……ま、なんとかやってみるか」とつぶやいたら、解任したくなるでしょう。

プロは委任者の期待を裏切ってはいけないのです。上記の「ヒポクラテスの誓い」や「弁護士の誓い」にあった「自分の能力の及ぶかぎり依頼者の利益に」という伝統に従って、誠実に業務を行うべきです。

経営者の受託責任もまったく同じです。「**自分の能力の及ぶかぎり株主と会社の利益のために！**」が取締役のモットーでなければいけません。

(2) 受任者の報告義務

①受任者の報告義務

第2に、受託者は委任者に対して**報告義務**を負っています。法律では「受任

図表6-4　プロの4つの義務
（善管注意義務の代表例）

プロの名に恥じない

- ☐業務遂行義務
- ☐報告義務
- ☐説明義務
- ☐賠償義務

出所：筆者作成

者は委任者の請求があるときは、いつでも委任事務の処理の状況を報告し、委任が終了した後は、遅滞なくその経過及び結果を報告しなければならない」と定められています（民法645条）。

医師や弁護士に依頼した人は、「事態はどうなっているのだろうか？」と常に不安です。患者、依頼者から「事態の進行状況はどうなのでしょうか？」と尋ねられて、「忙しいから、あとにしてください」という医師、弁護士がいたら、それだけでプロ失格です。即刻、解任すべきです。

②取締役の報告義務

経営者も、委託者である株主に対して報告義務を負っている点はまったく同じです。ただし、経営者の場合は、委託者が株主であり、その数もきわめて多い点が医師、弁護士とは違います。なにしろ上場会社の場合は、先に紹介したとおり平均1万9000人の株主がいるのです。

そこで、ある程度、画一的、事務的な形で報告することになっています。株主と取締役、経営陣が顔を合わせる定時の**株主総会**では、その会社やグループ会社の決算状況を整理した「**計算書類**」「**連結計算書類**」、事業の経過を整理した「**事業報告**」が事前に株主に送られることになっています。2019年の会社法改正で、こうした報告文書は、定款に規程を置くことを前提に、会社のホームページなどに掲載すれば紙の文書は送らなくてもよくなりました（325条の2）。「**電子提供制度**」といいます。

上場会社では電子提供が義務付けられています。

③上場会社の取締役は投資家や社会に対して情報の開示義務を負っている

上場会社の取締役は、委託者である株主以外の人々、投資家、社会一般に対しても報告義務を負っています。医師・弁護士とは違う点です。上場会社の取締役は、消費者、従業員、これから株主になってくれるかもしれない一般投資家の人々、社会の人々と向き合っています。上場会社は「公共性」を持った存在なのです。

上場会社の取締役は幅広い情報開示を求められています。これを「**開示**（**ディスクロージャー**）」義務といいます。義務付けられているのは、投資家のために会社の概況をまとめた「**有価証券報告書**」を年に2回提出すること（金融商品取引法）、証券取引所に対して「**決算短信**」を年に4回提出すること（証券取引所の規則）です。また、証券取引所に対してCGコードの履行状況を記載した「**コーポレート・ガバナンスに関する報告書**」を提出することも求められています。

さらに最近では、法令で求められる事項に加えて社会的責任の履行状況など、社会に知ってほしい事項を自主的に「**統合報告書**」として開示する会社が増えています。

【統合報告書】
貸借対照表、損益計算書など数字で表せる「財務情報」と、経営戦略、社会・環境問題への取り組みなど数字では表せない「非財務情報」とを統合した報告書。作成、開示は法的義務ではないが、多くの会社が自主的に実践（公表）している。コーポレートガバナンス・コード（CGコード）でも要請されている（基本原則3）。

(3) 説明義務

第3に、受任者は、委任された事項について委任者に対して「分かりやすく説明する義務」があります。医師も弁護士も、患者、依頼者から受任業務の内容、進行状況などの説明を求められたときに分かりやすい言葉で説明することが求められています。医師は治療方法について患者にていねいに説明し、理解してもらったうえで承諾を得る必要があります。「**インフォームドコンセント**」(情報を与えられたうえでの同意)といいます。弁護士も、取るべき方法について依頼者に分かりやすく説明する必要があります。普通の人々には分からない専門用語を並べて説明するのはNGです。

取締役も同様です。株主総会での審議のなかで、株主に分かりやすい言葉でていねいに説明し、そのうえで賛成票を得ることが必要です。ときどき株主総会で取締役が経営用語を駆使して説明していることがあります。「CS経営」「フィジビリティ」「R&D」「レジリエンス」などの言葉は、「お客さま第一の経営」「実行可能性」「研究開発」「復原力」と言い換えれば株主はよく理解できます。また、知らず知らずのうちに業界用語、社内用語を使ってしまうこともあります。どうしても難しい言葉を使うときは、委託者である株主に対して一言、説明をつけるべきです。

(4) 賠償義務

①賠償義務が生じるのは「約束違反」だから

第4に、シリアスな話ですが、受任者は善管注意義務に違反して委任者に損害を生じさせたときは、委任者に対して賠償する義務が生じます(民法415条1項)。

その趣旨は、受任者は「私はプロとして善管注意義務に従って業務を遂行します」と約束したはずなのに、約束どおり注意義務を果たさなかったということで、**約束違反**だからです。法的には「債務不履行責任」といいます。

②医師や弁護士の賠償義務

医師の場合、肩の激痛を訴える患者について「五十肩」だと診断してそのまま帰宅させたところ、実は激痛は心筋梗塞の前触れであり、患者はそのまま死去した件があります。裁判所は「医師としては十分な検査をしたうえで、確実な診断をすべきであった」として、善管注意義務違反による「医療過誤」と判断し、医師が代表を務める医療法人に対して賠償を命じました（「五十肩事件」東京地裁判決2001・9・20）。

弁護士については、民事訴訟の委任を受けた弁護士が、一審で敗訴してしまい、控訴は「2週間以内に」というルールがあるのに、肉親が亡くなりその対応などで時間が過ぎてしまい、依頼者から「弁護過誤だ」と提訴され、損害賠償を命じられた事例があります（「控訴期間徒過事件」東京地裁判決1971・6・29）。

この2つのケースで、「**プロの道は厳しいものですね……**」と感じていただけると思います。それが、そのまま「取締役の道」でもあります。

③取締役の賠償義務

取締役の場合は、法形式的な委任者である「会社」に対して賠償責任を負うことが会社法で定められています（423条）。「取締役がその任務を怠ったときは、株式会社に対し、これによって生じた損害を賠償する責任を負う」という規定です。民法の債務不履行責任の「取締役バージョン」です。医師、弁護士の事例を知ったうえでこの法律を読まれると、取締役の厳しさが実感できると思います。

取締役責任の有名な事例として、「銀行NY支店事件」があります。事案は銀行のニューヨーク支店（NY支店）の担当者が顧客のお金に手をつけて無断で運用し、1100億円の損害を銀行に与えたというものです。

取締役らが銀行に賠償するように命じられた理由は2つあります。1つは取締役らがずさんな内部監査体制を放置していたことです。内部監査部は、NY支店に行っても、裏付けも取らないような監査をしていたのです。そうした体制を放置していたことが取締役の善管注意義務違反だと訴えられました。もう1つは米国政府に対する報告の遅れです。米国の法律では、銀行は「事実を知ってから30日以内に連邦検察局に届け出ること」を義務づけられています。それが2カ月もかかってしまったのです。銀行は「届け出義務違反」で罰金340億円を科されました。

この2点について、「銀行に損害を生じさせた」として株主が訴えたのですが、裁判所はNY支店業務に関係していた取締役らに「善管注意義務違反があった」として、銀行に対して計829億円を賠償するように命じました（**「銀行NY支店事件」**大阪地裁判決2000・9・20）。「医療過誤」「弁護過誤」にならっていえば、**「経営過誤」**です。

④取締役の賠償責任と「株主代表訴訟」

株主代表訴訟という制度

会社法には、**株主代表訴訟**という制度があります。取締役が「経営過誤」を犯してしまい、会社に現に損害が生じているのに、他の役員たちが「仲間意識」のせいで問題の取締役を提訴しない場合に備えた制度です。

医師、弁護士が医療過誤、弁護過誤を行ったときは、患者、依頼者が医師、弁護士の責任を追及します。医療過誤の裁判で、患者、ときにはその遺族が法廷でみせる「静かな怒り」は痛々しいものがあります。その心情が訴えを起こさせるのです。

ところが、取締役に対する「法形式上」の委任者である株式会社は、それ自体は「法人」という「入れ物」であり、「経済システム」にすぎません。システムに「感情」はありません。では、「自然人」であり株式会社を実際に動かしている他の取締役たちはどうでしょうか。他の取締役たちと日ごろ同じテーブルについて会議をしている「仲間」ですから、すぐさま提訴に踏み切る決断を期待できないおそれがあります。損害が発生する事態が起きてから固唾をのんで見守っている株主としては歯がゆいばかりです。

そこで、会社法は「株主代表訴訟」の制度を設けています。「2段階追及法」です。第1段階は、取締役が会社に対して賠償責任を負う場合に、株主が会社（**監査役**）に対して「**その取締役を提訴せよ**」と要求するステップです（提訴要求）。会社（監査役）が**60日以内**に提訴しないときは、第2段階として、提訴要求をした株主自身がその取締役に対して、「会社に賠償せよ」という裁判を起こすことができるのです（847条）。株主代表訴訟は、2021年時点で年間35件が提訴されています。先ほどの「銀行NY支店事件」も株主代表訴訟です。

「金品受領事件」と会社と株主

もちろん、会社自身が提訴することもあります。最近は、「身内に甘い会社だ」というレピュテーション・リスクを避けるためにも、会社は提訴する努力をするようになっています。

2019年9月に電力会社の取締役たちが、地域の有力者から3億2600万円の金品を受領していたことを公表しました（**金品受領事件**）。この事案では、電力会社は2020年6月16日、受領した取締役らに対して「19億8000万円」の賠償請求訴訟を提起しています。ところがその直後である6月23日に、株主が「92億円」を会社に賠償せよと要求して代表訴訟を提訴しています。株主の厳しい姿勢がうかがわれます。

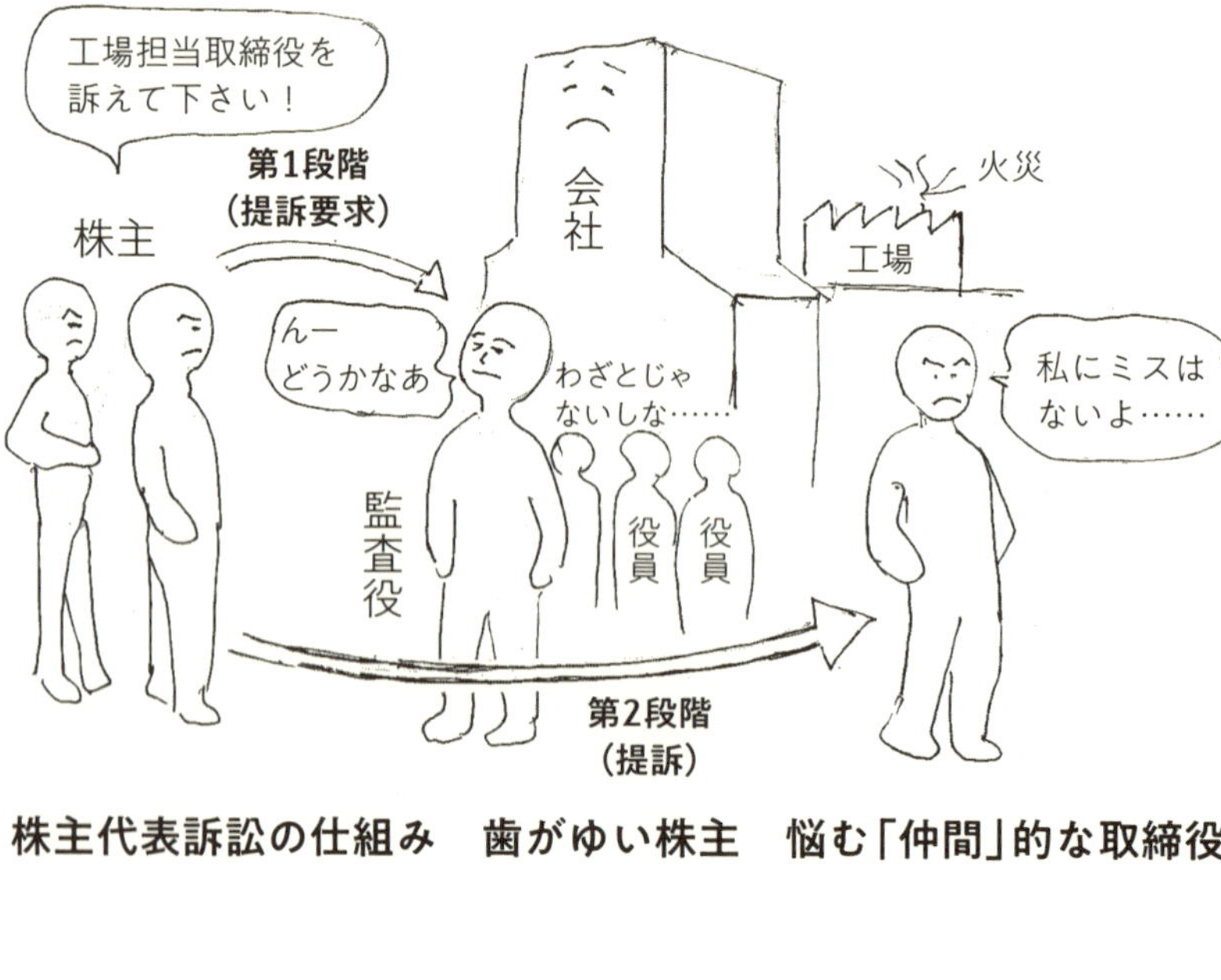
工場担当取締役を訴えて下さい！
第1段階（提訴要求）
株主
会社
火災
工場
んーどうかなあ
わざとじゃないしな……
私にミスはないよ……
監査役
役員
役員
第2段階（提訴）

株主代表訴訟の仕組み　歯がゆい株主　悩む「仲間」的な取締役

7 コーポレート・ガバナンスはなぜ必要なのか

(1) 医師・弁護士と取締役とが決定的に異なる点

①株主と取締役・経営者とは「対面」することが難しい

株式会社の所有と経営が分離している現代では、株主が経営者に働きかける「仕組み」が必要不可欠になっています。株主が経営者に働きかけるのが、**コーポレート・ガバナンス**です。

先に患者と医師、依頼者と弁護士、株主と取締役の委任関係をみてきましたが、「株主と取締役」の関係が「患者と医師」「依頼者と弁護士」の関係と決定的に異なる点があります。何だと思われますか。

それは、患者と医師、依頼者と弁護士は**対面**で信頼関係を築くことが基本となっているのに対し、株主と取締役とは、なかなか「対面できない」という点です。

医師の世界では、「医師と患者の深い信頼関係が不可欠の条件であり」、対面診療が基本原則であるとされています（日本医師会医事法関係検討委員会『「医師・患者関係の法的再検討」について』２００８年2月)。弁護士の場合も、依頼者から事案の対応を受任するときは、まず個別面談をするのが原則です。たとえば債務整理の依頼を受ける場合については、債務者と「面談」して事情を聴取することが、日本弁護士連合会の規則で定められています（「債務整理事件処理の規律を定める規程」２０１１・２・９会規93号）。

②株主が取締役・経営者の「顔」をみられるのはいつ？

ところが、株主と取締役の場合、株主が取締役の「顔」をみられるのは年に1度、定時の**株主総会**のときだけです。同じ委任関係でも医師、弁護士の場合とずいぶん違います。

証券取引所は上場会社に対して「**株主総会の場以外**においても株主との間で建設的な**対話**を行うべき」と要請しています（ＣＧコード。基本原則５）。けれども実際は、皆さんが株式を取得して個人株主となって会社を訪問し、「対話をしに参りました！」といっても、なかなか面談の実現は難しいと思います。ＳＲ（Share Holder Relations：株主広報）やＩＲ（Investor Relations：投資家広報）の担当の人たちが応対してくれる可能性はありますが。

株主が取締役となかなか面談できない理由は、取締役が株

対面は信頼関係のもと①――「患者と医師」「依頼者と弁護士」

式会社という「**入れ物**」の中に組み込まれてしまい、株主との距離が物理的に遠くなってしまうからです。入れ物として役に立つ制度であった会社が、いまは物理的な障害になってしまっています。所有と経営の分離の残念な場面です。

そんな状況では、会社の所有者であり、かつ取締役に対する真の委託者である株主といえども、受託者である取締役を監督することが困難になります。入れ物に入っている取締役をなんとか監督することはできないでしょうか。こうした問題意識から生まれたのがコーポレート・ガバナンスの考え方です。

③なぜ、コーポレート・ガバナンスが必要なのか

コーポレート・ガバナンスとは、きちんと定義すると、①株主が、②企業価値を向上させるため、③株主権を背景に、④取締役、特に経営トップを監督すること——です。主役は株主です。目的は会社の価値を向上させることです。手段は株主権です。手段では、特に取締役に対する「選任権」「解任権」が威力を発揮します。

と、一応、定義はできるのですが、「所有と経営が分離し

対面は信頼関係のもと②——株主は経営陣といつ会える？

ている現代」にあって、コーポレート・ガバナンスを本当に実現できるでしょうか。実現するためにはどうしたらよいでしょうか。

(2) コーポレート・ガバナンス、それは東インド会社から始まった

①東インド会社における所有と経営の分離

コーポレート・ガバナンスの必要性を切実に感じ取るためには、東インド会社の状況を知ることが役に立ちます。なにしろ、所有者である出資者（後の株主）たちはロンドンにいるのに、執行者たちはインドのボンベイ（現ムンバイ）、マドラス（同チェンナイ）、カルカッタ（同コルカタ）にいるのです。所有者たちのオフィスと執行の現場とが、地理的にこれほど離れていた組織はめったになかったでしょう。

当時は、インドから英国までは、船で行くのに1年以上はかかっています。現地で何が起きているのか、本当に利益を上げているのか、現地の執行者は私利私欲に走っていないか。ロンドンにいる出資者たちは、さぞや心配であったと思われます。

その「**心配**」こそが、コーポレート・ガバナンスの仕組みを考え出す源《みなもと》です。

②文書通信委員会の設置

東インド会社の執行部は「総裁＋24人理事」でしたが、分裂し、再度統合するいきさつがあり、１６９８年に、国王ウイリアム3世から新たな特許状を経て、**新東イン**

ド会社となり、体制が変わります。

以前の理事はアシスタンツ（assistants）と呼ばれていたことから分かるように、あくまで総裁の「補佐」という立場でした。出資者総会での選挙も「挙手」で行われていたのです。そのため、実力者である総裁に遠慮して投票も自由にはできず、総裁のワンマン経営がまかり通っていました。

これに対して1688年の名誉革命を経て民主主義の重要性が理解されると、新東インド会社では、理事の代わりに、出資者たちを代表する「**取締役**」（director）が選ばれるようになります。選挙方法も「無記名投票」で行われるようになりました。出資者も、1662年にチャールズ2世の命令で有限責任が確立され、現代的な意味で「**株主**」と呼ぶにふさわしい存在になっていました。

新しい体制は「**取締役会長＋24人の取締役**」の体制です。現代の株式会社にぐっと近づいてきました（大塚、514頁）。取締役になるには2000ポンド以上の「**出資者であること**」が条件でしたから、出資者と取締役とは仲間であり、その点での「所有と経営は一致」していました。

問題は事業の現場にいる執行者たちとの地理的な「距離」

「現地はどうなっている？」――東インド会社の文書管理委員会

です。現地で何が起きているのか、懸念を払拭する体制を整える必要がありました。現地での執行者は「**ファクター**」（factor：差配人）と呼ばれていました。現代の執行役員です。

取締役会は、現地でファクターたちが本当に誠実に働いてくれているのかを確認するために、**文書通信委員会**を設置します。現代の取締役会、監査役（監査役会・監査等委員会・監査委員会）体制の原型です。東インド会社には、他に「会計委員会」「購入委員会」「私貿易委員会」「船舶委員会」「財政委員会」「倉庫委員会」の、合計7つの委員会が設置されていました。

現地のファクター（執行役員）からは「報告書」が、船便で1年以上の時間をかけて送られてきます。ロンドン本社は報告書の書式を定め、送られてきた報告書を、一字一句観察し、嘘がないかを確認しました。**複式簿記**が採用されたのもこのころです。

その他、取締役たちは、ファクターを監督するために、ファクターには必ず大株主の子息を指名することにしました。会社とファクターの利害を一致させるためです。また、ファクターには教会に通うことを奨励しました。いまでいう「**執行役員倫理研修**」です。ギャンブルや浪費があると、厳重に処分しました。さらに、ファクターの親戚や友人に、ファクターの「秘密評価書」の作成を依頼しています。現代的にいえば「役員評価の外部委託」です。これらの様々な工夫を重ねて、なんとか不正を防止しようとしたのです。

【複式簿記】
たとえば「100万円の照明器具を買った」という1つの出来事を、お金を使ったので現金が減る面と、照明器具という資産が増える面との両面があることを、余さず記録する方法である。「お金の出どころを右側に、使い道を左側に」というルールのもとに、「右側：現金100万円」「左側：照明器具100万円」とダブルで記載する。こうすれば、外部の人間（株主など）が「右」をみればお金の出どころが分かり、「左」をみれば、お金の使われ方が分かる。「簿記」とは英語「ブックキーピング（bookkeeping）」の発音に合わせて漢字をあてた訳語である。

(3) 改めて現代のガバナンスをみてみよう

こうした東インド会社の現地執行者に対する監督の苦労ぶりをみると、株主が取締役・経営者となかなか対面できないという点では、現代もあまり変わらないことに気づきます。

株主が取締役と対面することはなかなか難しく、対面が実現するのは年に1度の**株主総会**だけです。そのとき、株主は初めて取締役ら経営陣の「顔」をみることができます。「ああ、こういう人たちが経営してくれていたのだ……」と知ります。株主は、その場で質問をしたり、意見を述べたりできます。参考資料は総会の前に配られるか、ホームページ（ウェブサイト）で開示されている、事業報告や計算書類、連結計算書類です。その他には、一般投資家向けに開示されている年に2回の有価証券報告書、年に4回の決算短信が主要なものです。

東インド会社で1年以上の時間をかけて報告書が送られてきた時代よりは、情報の伝達がはるかに速く、その量も多くなっているのは事実です。けれども、株主が、普段は取締役に対面できず、紙や電子の情報だけに頼って自分の意見を決めている状況は、実は、東インド会社の時代と本質的には変わっていません。

会社によっては、株主総会とは別に「株主懇談会」を地域別に開催したり、「工場見学会」「商品説明会」など懇親の場を設けたりして、株主とのコミュニケーションを充実させようとしている例もあります。しかし、その数は上場会社アンケートに回答した会社のうち9・7%にすぎません（「株主総会白書2024年版」商事法務研究会、以下「総会白書2024」63頁）。2015年に証券取引所が定めたCGコードの、「株主総会の場以外においても、株主との間で建設的な対話を行うべきである」（基本原則5）という要請は、なかなか実現しそうにありません。

(4) 結局は、株主総会が決め手

①制度は十分に整っているが……

もちろん、会社法の充実で株主の意向を経営に反映させ、取締役に対する監督を充実させる制度は整っています。

会社法では、経営トップを監査・監督する制度が3種類もあります。①監査役型（監査役・監査役会によって監査するタイプ）、②監査等委員会型（監査等委員会によって監査・監督するタイプ）、③3委員会型（指名委員会・報酬委員会・監査委員会の3つの委員会で監査・監督するタイプ）です。社外取締役、社外監査役の制度もあります。証券取引所が、大株主のやりたい放題を防ぎ、一般株主を守るために求めている「独立役員」という制度もあります。

また、CGコードによって経営トップの役員人事権を牽制するために、任意で「指名・報酬委員会」を設置することも要望されており、実際、多くの会社が設置しています。

会計面では、資本金5億円以上の会社に対しては、会計の専門家である**会計監査人**が、株主や一般投資家のために計算書類、事業報告などについて会計監査をすることになっています。

②制度は効果を発揮していない

このように制度が充実している割には、企業不祥事を防ぐ効果は、いまのところあまり上がっていません。現に、入札談合事件、カルテル事件、検査不正事件、架空請求事件、人権侵害事件などは後を絶たないのが現状です。

その根本的な理由は、株主からの受託責任を重く受け止めて、株主・世論の意向や願いを聞くべきだと本音で思っている経営トップが、まだまだ少ないからです。いかに優れた社外の役員を採用しても、経営トップの側に「外部意見」を取り入れる姿勢がないようでは、改善は困難です。また、社外の役員も、社内の深層情報を得ることは難しく、適正な対応をアドバイスすることは困難です。

結局のところ、株式会社の所有者であり、法的に取締役の選任権・解任権を持っている株主が、取締役に直接に意見を述べ、期待に反するなら選任に反対票を投じることで経営トップに影響を与えていくのが最も効果的な方法だということになります。それが、経営の質を高め、企業価値を高める、最後の、そして最強の手段です。

③取締役再任に「不賛成」の威力

いま、上場会社の65・2％は取締役の任期を1年としています（「コーポレート・ガバナンス白書２０２３」東証）。法律上は取締役の任期は2年とされていますが、定款または総会の決議で短くしてもよいことになっています（３３２条1項）。この定めを受けて半数以上の上場会社が「任期1年」としているのです。株主の意向を、2年ごとではなく、1年ごとに聞こうという経営陣の覚悟の表れです。今後も任期1年の会社は増え続けることでしょう。

ということは、過半数の会社で、毎年、取締役の「選挙」（選任、再任）が行われているわけです。あなたが株主として現経営陣、経営トップの姿勢を支持できないなら、会社が提案する「取締役再任の件」の議案に「賛成しない」と1票を投じればよいのです。先ほど紹介した、２０２３年に精密機器メーカーの経営トップの取締役再任議案に関して賛成票が50・５９％になったエピソードは、社会に大きな衝撃を与えました。こうした「インパクト」を生み出せるのは株主だけです。

その権利行使の場は**株主総会**です。やはり株主総会が決め手なのです。

その株主総会は歴史のなかで、大きく変遷してきました。その流れを知ることで、株主が持っている議決権（投票権）と質問権の意義と大切さが実感できます。それが株主ガバナンスの第一歩です。次章では、株主総会の変遷をみていきましょう。

第7章

変化し続ける「株主総会」

——「万能主義」から「限定主義」へ、
そして新たなステージへ

1 株主総会の概要

(1) 株主総会は大切な「対話」の場

第6章でみたように、株式会社の所有と経営の分離が進んでいる現代では、株主が経営トップをはじめとする経営陣に対面できるのは、唯一、株主総会の場だけです。株主総会は株主と経営陣とがお互いの「**真の委任関係**」を実際に感じ取り、確認することができる貴重な場になっています。

しかし、経営の委託者と受託者の真の委任関係があるにしては、対面の場が株主総会だけというのは寂しいかぎりです。それだけに、株主も取締役ら経営陣もいっそう株主総会を大切にすることが求められます。コーポレートガバナンス・コード（CGコード）は、上場会社に対して、「会社は株主総会が株主との**建設的な対話の場**であることを認識し……株主の視点に立って……適切な環境整備を行うべき」としています（原則1－2）。株主総会は会社の所有者である株主たちが集まって行う「オーナー会議」です。株主総会を大切にすべきは、上場会社に限らす、すべての株式会社についで当てはまることです。

にもかかわらず、最近では「**ヴァーチャル総会**」といって、株主総会はオンラインで済ませてしまおうという議論も出てきています。上場会社の株主は平均で1社1万

【コーポレートガバナンス・コード（CGコード）】
実効的なコーポレート・ガバナンスのあり方の原則として金融庁に設置された有識者会議で原案が作成され、東京証券取引所がとりまとめ、2015年6月から施行されている。対象は上場会社であるが、非上場会社も実践することが望まれる。本書では「CGコード」と略記している。内容は、①株主の権利・平等性の確保、②株主以外のステークホルダーとの適切な協働、③適切な情報開示と透明性の確保、④取締役会の責務、⑤株主との対話から構成されている。

9000人いるのです。その10%でもオンライン総会に参加して「質問」「意見」「動議」「賛成・反対」の意思表示をできるのか、技術的に疑問です。なによりも、オンライン会議では、医師と患者、弁護士と依頼者の「対面義務」が理想とする、委任者と受任者の間の細かな感情のやりとりができません。

1600年に、東インド会社がエリザベス1世から特許状（チャーター）によって東インド貿易の独占権を与えられることで株式会社の原型が登場したとき、出資者全員が出席する会議が「**総会**」（public assembly）と銘打って行われました。以来、株主総会は世界中の株式会社で、400年以上にわたって行われてきています。

(2) 株主総会とは何か

①株主総会には取締役・監査役全員が出席する

ここで改めて現行法上の株主総会について説明しておきます。

株主総会とは、議決権を持っている株主が集まって会社に関する事柄を決定する、会社が動くべき方向を決める、法律上、株式会社の**最高の決定機関**です。取締役も取締役会も、株主総会の決定には従わなければなりません。

株主総会には、定期的に開かれる**定時株主総会**と、必要に応じて行われる**臨時株主総会**との2種類があります（296条1項、2項）。

臨時株主総会が開催されるのは、たとえば役員に欠員が出たときなど、臨時に総会を開催しなければならないような、なにか重大なことが起きたときです。2019年、日本のある自動車メーカーは、経営トップが自分の役員報酬を不当に低く有価証券報告書に記載をした罪で逮捕された件に関して、臨時株主総会を開いて、その経営トップを解任する決議を行いました。

②定時株主総会

定時株主総会は1年間の事業年度が終わるごとに開かれるものです。終了した年度の運営経過（事業報告）と決算結果（計算書類）を株主に報告します。取締役の選任など決議事項もあります。

たとえば定時総会の決議事柄として「**剰余金の配当の件**」があります。株式会社とは、人々が資金を持ち寄って、これをもとにビジネスを展開し、収益を上げ、利益を配分するためのシステムです。「剰余金の配当の件」は利益の配分ですから、株主にとって最も大切な議題です。株主は決算結果の報告を受けてから判断することになります。

さらに、上場会社の半数以上では、「**取締役選任の件**」が毎回、議題になります。上場会社の65・2％が取締役の任期を「1年」としているためです。取締役の任期が1年とされている会社では、定時株主総会は事実上、「**取締役総選挙集会**」だといえます。誰に経営を委託するかを決めるわけで、株主にとっては剰余金の配当の件に劣らず重要な議題です。

株主総会に出席するのは、経営側からは、原則として取締役、監査役、執行役など、全役員が出席することになっています。これらの人々は株主総会の議題や報告事項について株主から質問が出たときは答えるべきという、「**説明義務**」を負っています（３１４条）。その説明義務を果たすための出席です。

③株主総会の議長

株主総会の**議長**を誰が務めるかは、株主にとっても、経営側にとっても、大変重要なことです。総会の流れがどちらに向かうのか、議長の采配ひとつで決まってしまうこともあるからです。

ところが、法律では誰が議長を務めるのか、定まっていません。多くの会社では定款で「代表取締役社長が議長となる」として、経営トップが総会議長を務めることを規定しています。１年間の経営経過について、経営陣を代表して株主に報告するのですから、やはり経営トップがみずから行うべきだと経営側も考えているのです。

というわけで、株主は、株主総会に出席さえすれば、経営トップにも、他の取締役や監査役にも会えることになります。報告事項や議題に関することなら、株主は役員に「質問」することも「意見」を述べることもできるのです。

経営トップが議長を務めているのですから、議事の進行ぶり、質問への回答ぶりなどから、その経営手腕、誠実さなどが、はっきりと分かります。ビジネス界では、「取引先の社長が交代したときは、その人の総会での議長ぶりをみるべきだ。リーダーシップの実態が分かる」という格言があります。

しかも、定時株主総会は「取締役総選挙集会」である場合が多いのです。委託者である株主としては、ぜひとも出席したい会議です。

④株主は書面でも投票できる

株主総会に出席できない株主のためには「**書面投票制度**」があります。議決権を持つ株主が1000人以上いる会社や上場会社は、書面投票制度を採用することが義務付けられています。書面投票制度は、国政選挙などの期日前投票や不在者投票の制度と似ています。これらの制度は、何らかの理由で投票日に投票所に行けない人に、事前に書面投票ができるようにして、憲法が保障する国民の「普通選挙権」を守るための制度です。株主総会の書面投票制度も総会に出席できない株主の「議決権」を守るための制度です。現代では電子投票（**電子投票制度**）もできるようになっています。

「**株主総会不要論**」といって、「書面投票制度があり、総会を開く前にすでに結論は出ているのだから、わざわざ総会を開く必要はない」という議論があります。

しかし、この考え方は「**デュープロセスの原則**」に反します。デュープロセス（Due Process）とは、たとえ結果がわかっていても、きちんとルールどおりの手続きを踏むこと、それ自体に価値があるという考え方です。「適正手続きの原則」ともいいます。これを株主総会に当てはめれば、たとえ書面投票で結果がわかっていても、ルールどおりに総会を開催し、株主との質疑応答という厳粛な手続を経て採決をすること、それ自体に価値があるということになります。実質的にも「株主との質疑応答」というプロセスはたいへんに重要なことです。

会社法は、たとえ議決権上は「可決した」という結果が出ていても、決議の「方法」が法令定款に違反し、または著しく不公正なときは、「株主は決議の取消しを求めることができる」としています（831条1項1号）。きちんと説明しなければ、それだけで違法・無効になってしまうのです。会社法は「書面投票制度があるから総会を開催しないでもよい」とはいっていません。

退任する取締役に対して退職慰労金を贈呈するという議題に関して株主が「金額を明示できませんか」と説明を求めたのに、「個人に関わる問題でございます」として会社側が説明しなかったことについて、裁判所が「商法（会社法）の規定に照らし、あるべきことではない」として決議取消になるとされた事例があります（東京地方裁判所1988・1・28）。

2 株主総会の本質
――「信頼感」と「緊張感」

(1) 株主総会の基本的な図式

株主総会は、基本的には、経営の受託者である取締役ら経営陣が、経営の委託者である株主に対して、会社の実情を説明し、理解を得たうえで決議事項について株主の了承を得る会議です。株主総会の基本は、委託者と受託者とが「向き合う場」です。

(2) 株主総会は「対立の場」ではない

①東インド会社の株主総会の「着席位置」

1600年代、200人強の出資者で始まった東インド会社の株主数は500人近くになっていました。東インド会社では定時株主総会が年に4回、四半期ごとに開催され、その他必要に応じて臨時株主総会も開かれていました。毎回、200~300人の株主が出席していました。

興味深いのは、出席者の**着席位置**です。人々が集まる場での着席位置は、その人たちがどのような関係にあるのかを示す象徴的な事柄です。皆さんも日常生活で会合に出席したとき、「こちらにお座り下さい」と求められることがあると思います。着席位置には実は深い意味があるのです。

東インド会社では、委託者・株主側と受託者・経営側とが、向かい合って座っていました。浅田教授の著書によれば、「取締役たちはそこに含まれていた議長、副議長とともに、議場の一方の端の『柵の後』に席をとって、株主たちと向き合った。株主たちは階段状につくられたさじきのベンチにすわった」ということです（浅田、92頁）。

②現代の株主総会の着席位置

東インド会社の株主総会の着席位置は、今日の株主総会でも引き継がれています。やはり、委託者・株主側と、受託者・経営側とが向かい合って座っています。第8章（410頁）に掲げるイラストが典型的な株主総会の着席位置です。ただし、現代の総会では株主席と経営陣席との間に「柵」はありません。

たぶんこんなふうだった東インド会社の株主総会

③着席位置が象徴する、「信頼と緊張」の関係

株主の信頼と不安

株主と経営陣の着席位置は、委託者・株主の信頼と不安、受託者・経営陣の緊張感という、「真の委任関係」を象徴するものです。

総会に出席する株主たちは、自分が信頼して選んだ取締役、監査役が、期待どおり仕事をしてくれているのかを見定め、自分の「**信頼**」が間違いではなかったと確認する場です。株主は株主総会での役員たちの一挙手一投足から、「信頼を裏切らない人たちであるか」を懸命に読み取ろうとしています。実際の総会で、株主から「役員たちの顔がよくみえないので、来年から、モニターに大きく映してほしい。今日は役員の顔をみに来たのですから!」と提案されたことがあります。委託者として当然の心理でしょう。要請を受けた会社は、翌年から早速、実施しました。

株主の心の底には、自分が持った信頼感は本当に正しかったのだろうかという不安が常にあります。株主総会での経営陣の応対に違和感を覚えたとき、「不安」は「不信」に変わります。逆に誠実な応対を受ければ、「不安」は「信頼」に変わります。

経営陣の緊張

一方、株主総会に出席する経営トップをはじめとする経営陣は、皆さんが想像できないほどの緊張感を持って臨んでいます。株主から経営の委託を受け、1年間、懸命に会社を運営し、その結果を数字で株主に示し、数字に表せない事柄を言葉で報告す

るのです。この間、努力してくれた多くの社員たちを代表して、その成果を株主に正しく理解してもらう必要があるのです。緊張するな、というほうが無理です。

私は経営陣のこの緊張感は正しいものだと考えています。緊張感は、経営陣が真の委任関係に基づく**「受託者責任」**を正面から受け止めていることの証しだからです。総会前の数日間、資料を持って自室に閉じこもったまま出てこない社長もいます。「総会前の役員たちはピリピリしているので、話しかけにくい」と、周囲のスタッフは語っています。

そうした緊張感を持って経営陣が総会に臨むというのは、素晴らしいことです。「プロフェッショナル」という立場が持つ重みです。その重さに耐えていくことが、プロフェッショナルの誇りでもあります。

④「向かい合うこと」は「対立」ではない

ただし、こうした「向かい合う」着席位置が誤解を招くことがあります。委託者側と受託者側とが「対立関係」にあるような錯覚です。向かい合って座って質疑応答を繰り返していると、経営陣は、なんだか刑事裁判で検察側に責め立てられている被告人・弁護側のような気がしてくるのです。

しかし、株主と経営陣とは対立関係ではありません。株主も経営陣も、ともに目指すのは**「企業価値の維持・向上」**です。たとえば、株主が「女性社員の活用状況を具体的な数字で教えてください」と質問したとします。その趣旨は「女性が活躍できる会社にして、企業力をアップしてほしい」といっているのです。「達成数値が悪いから、世間に告発する」といっているわけではありません。株主質問の目的は、大切な自分の財産である株式価値を守ることです。ですから、これを受けた経営陣は、企業価値の維持・向上のために「女性活用に向けて取り組んでいる」ことを、具体的に、そして誠実に説明すればよいのです。

株主総会とは、こうした「信頼感」と「緊張感」とが交錯する場です。だからこそ企業価値の維持・向上への刺激材になっていくのです。こうした関係を保つためには、株主総会で株主側と経営陣側とが向かい合う形で着席するのは自然なことなのです。

3 株主総会の「不幸な歴史」

(1) 明治時代、「特殊株主」が登場した

ところが、日本では、株主総会は株主と経営陣とが「向かい合う場」ではなく、「**対立するだけの場**」だと受け止める「不幸な歴史」がありました。本章では株主総会の変遷と未来について考えたいのですが、その前にどうしても皆さんに知っておいてほ

しい株主総会の過去です。

かつて日本には「**特殊株主**」（会社荒らし。総会屋）と呼ばれる人たちがいました。株主総会に関して、株主の権利を利用して会社から不当な利益を得ようとする人たちです。

特殊株主が登場したのは明治時代（1900年ころ）だとされます。ある会社が株主総会の円滑な運営への協力を求めて陰の実力者に金一封を包んだのが始まりだといわれます。経営者が先に述べたような緊張感に歯を食いしばって耐えていくためには、大変な**精神力とエネルギーが必要**です。それよりは、陰の実力者に依頼して、総会運営が円滑に進むように仕切ってもらうほうがずっと楽です。金一封を包んだ経営者は、そんな「悪魔のささやき」に思わず耳を傾けてしまったのだと思います。

他方、「不法勢力」の側でも、「総会前の経営陣は緊張しているようだ。会社のスキャンダルなどを突きつければ、総会を無事に終わらせたい一心でお金を出すだろう」と考える者が出てきました。こうした要求は、刑法の脅迫罪や恐喝罪になるように思われますが、そこは巧みに法の適用をすり抜けられる工夫を凝らしていたのです。

こうした「陰の実力者」グループや「不法勢力」グループが「特殊株主」と呼ばれるようになりました。そうした特殊株主たちは、あるときは経営側の利益のために総会を仕切り、あるときは経営側に敵対する形で総会を妨害するようになります。そうした時代が1900年以来100年近くも続きました。

(2) 立法による対策と、企業側の対策

①決して許されない「利益供与」

株主総会は、会社の所有者である株主たちが集まって、会社の将来、自分の株式価値にとって何がよいことなのかを真剣に考えて審議し、投票する場です。会社は、株主は自由に質問し、意見を述べ、投票できるように保障しなければなりません。これを総会に関する「**公正運営の原則**」といいます。会社法はこの原則について、前述したように「総会の招集手続きや決議方法が……著しく不公正なときは、その決議は取消すことができる」と規定しています（831条1項1号）。不公正な方法で決議された事項は、後々裁判で「取消し」になってしまうのです。

もし経営側が、自分たちに有利に総会が運営されるように特殊株主などにお金を出して頼むなら、それは「利益供与」であり、「公正運営の原則」に反するものです。他の株主全員に対する裏切り行為であり、決して許されないことです。

ところが日本では、先に述べた特殊株主らが活動する時代は1990年代まで続いていたのです。しかしそうした状況は1980年代から批判の的となり、国際的にも話題となりました。そこで、立法、刑事司法による対応と企業側の自助努力とで、多大な時間と労力をかけて対応し、次第に是正が進んできました。その結果、やっと今日の正常な株主総会の状況になったのです。

②立法の対応

立法の対応としては、１９８２年施行の改正商法で、総会に関して経済的利益を提供することが罰則をもって禁止されたのが最初です（「**利益供与罪**」。６月以下の懲役刑）。利益供与が犯罪であることが明確に示されました。同時に「**単位株制度**」が導入されました。単位株、たとえば「１０００株」以上を持った株主でなければ株主総会への出席も議決権行使もできないという制度です。この制度は特殊株主対策として大きな効果を発揮しました。

利益供与罪は、その後、１９９７年に罰則が強化されました（3年以下の拘禁刑）。同時に利益供与を要求する罪「**利益供与要求罪**」が新たに制定されました（3年以下の拘禁刑）。脅しながら要求すれば5年以下の拘禁刑です。このときから、特殊株主らが「利益を提供しろ」と求めるだけで犯罪になるとされたのです。

③刑事司法の対応

刑事司法の対応で最もインパクトがあったのは、１９９７年に明るみに出た「**銀行・４大証券事件**」です。日本を代表する銀行や４つの証券会社が「特殊株主」に対して多額の利益供与をしていたことが報じられたのです。

この件では銀行と４つの証券会社で合計36人の役員が逮捕され、69人の役員が辞任しています。このことにより金融界ばかりではなく、日本の経済界全体が深刻な衝撃を受けました。利益を受け取っていた側の人物は刑事裁判で懲役9月の実刑判決を受けました。裁判所で認定された利益供与額は「**117億8200万円**」です（東京地裁判決1999・4・21）。

④企業側の対応

この衝撃的な事件を受けて、企業側は1996年に「**日本経団連企業行動憲章**」を改訂し、不法勢力との対決を宣言しました。不法勢力に対する毅然とした姿勢を示さないと、株式会社というシステム自体が「**社会の信頼**」を失ってしまう。そうした危機感が経済界全体に広がっていました。様々な業界で独自に「企業行動憲章」を定め、また各会社ごとに「企業行動基準」「行動規範」などを定める、そうした動きが続々と始まったのがこのころです。

⑤そして「司法社会」へ

日本社会の「**法令順守の重視**」や「**コンプライアンス確立**」への動きは、こうした多くの動きが集まり、1つの大きな流れとなって始まったのです。

それまでの日本では、何らかのもめごとがあると、あちこちに顔がきく「陰の実力者」が出てきて、闇の世界で解決されることが多かったといわれます。しかし、1997年の「銀行・4大証券事件」を機に、何ごとも、表の世界で、「法の精神」に即して正当性をもって解決すべきだという世の中に変わったのです。日本全体が「**司法社会**」に向けて第1歩を踏み出しました。

【コンプライアンス】
「法令遵守」ともいうが、ただ法令を守るだけでなく、倫理観、公序良俗などの社会的な規範・要請に従い、公正・公平に業務を行うことを意味して使われる。
コンプライアンスは「合わせる」という意味の「コンプライ（Comply）」から生じた言葉。「何ものかに合わせる」のが本来的な意味である。会社にとって合わせるべきは、株主、消費者、従業員、社会、それぞれの「期待」である。株主が何を望んでいるのか、消費者はどうか、従業員はどうかと、きめ細かく考えて行動するのが誠実な会社の姿といえる。

各方面の努力の結果、２０００年前後には日本の株主総会は本来の姿を取り戻しました。

(3) 現代の株主総会

①活発化しない質疑応答

現代の株主総会は「公正運営の原則」に従って、株主と経営陣とが向き合い、貴重な「対話」の場として平穏に運営されています。

しかし、まだまだもの足りない感じがします。私は本来の姿を取り戻した株主総会に大きな期待を寄せていました。株主の信頼と不安、経営陣の緊張感とが交錯し、株主の関心ごと、経営陣の本音などが飛び出し、興味の尽きないやりとりが活発に行われると予想していました。

けれども、いまのところ株主総会はそうした期待に応えるものにはなっていません。たしかにどの株主総会でも、株主からの質問や意見が多少は出るようになりましたが、まだまだ信頼と緊張が飛び交う活発な質疑の場にはなっていません。

上場会社の最近の株主総会では、75％近い会社が所要時間「60分以下」で終了しています（「総会白書２０２４」１１１頁）。総会の進行では、計算書類や事業報告の説明、議題の説明などだけで30～40分はかかってしまいます。２、３人の株主から質問が出ると、たちまち60分を超えます。「所要時間60分以下」ということは、ほとんど質問がないか、あっても1人か2人ということです。これでは、精一杯の準備をしてヒリヒリした緊張感を持って臨んだ経営陣も拍子抜けになってしまいます。日本の株主総会は、なかなか活発化していません。

②活発な意見が飛び交う米国の株主総会

米国の著名な投資家ウォーレン・バフェットが率いる投資会社バークシャー・ハサウェイの株主総会では、3万人から4万人の株主が出席し、抽選で質問券をもらい、数時間をかけて質疑が行われるといいます。「朝早くから、午後の半ばまで、株主たちは思い思いの質問をし、バフェットがそれに1つひとつ答える。質問者の数は50人以上」という報告もあります（ジェフ・マシューズ『バフェットの株主総会』黒輪篤嗣訳、エクスナレッジ、7頁）。

バフェットの事例は特別だとしても、米国の株主総会では一般に活発な質疑応答がなされています。ある金融グループの株主総会では、「取引先の倒産に対する予防策はできているか」「社外取締役の○○氏は、自身が経営する会社の実績に疑問があるのではないか」「昨年行った企業買収については取締役会の事前協議は十分に行われたのか」「会計監査人は、実際にいい仕事をしているのか」「マクロ経済予測を行っている子会社を売却する計画があるが、その進展はどうか」「銀行と証券の垣根に関する規制緩和について」といった質問がなされ、2時間18分が経過したといいます（大阪証券代行㈱代行部『アメリカの株主総会』商事法務研究会、１３５頁）。

③日本の株主総会が活発化しない理由

経営陣側の後遺症

私は日本の株主総会が活発化しない背景には、先に述べた株主総会の「不幸な歴史」の後遺症があると考えています。

特殊株主の時代には、経営陣は、とにかく揚げ足をとられて、最悪、「決議取消し」になってはいけないと思い、徹底してガードを固める姿勢に終始しました。もちろん経営陣も、現代の株主総会で質問する株主が「揚げ足をとろう」などとは思っていないことは、理屈ではよく分かっています。けれども、不幸な時代に身についた傾向は、正常化以来、20年以上経ってもなかなか消えません。

株主側の後遺症

後遺症は株主の側にも残っていると思います。かつて「株主総会に行ってみようか」と出席した株主たちは驚いたことでしょう。なにしろ、総会では肩を怒らせた人たちが、「了解」「異議なし」「異議あるよ」「議事進行」「質問を聞けよ」「議長は交代しろ」「休憩にしろ」などと言い合い、ヤジと怒号とが飛び交っていたからです。到底、普通の株主たちが質問したり意見を述べたりできる場ではないとみえたはずです。

その時代に出席したことのある株主の心のなかには、「株主総会では質問などできないものだ」という意識が刷り込まれてしまったのではないでしょうか。

コロナショック

そこに、2020年からの「新型コロナウイルス感染症」ショックが襲いかかりました。総会にうっかり出かけたりしたら感染するかもしれないという恐怖です。会社側も「株主総会への出席は慎重に」と株主たちに呼びかけました。「どうせなら、株主総会はヴァーチャルでやればよいのではないか」という意見すら出てきました。

これらのことが相まって、現代の株主総会は期待したほどには活発化しないまま、淡々と行われてきました。

4 「株主提案」が増えている！ それはなぜか

(1) 増加を続ける、株主提案

その「淡々とした」株主総会に、いま「異変」が起きています。

株主提案が年々、増加しているのです。図表7－1をみてください（「株主総会白書

２０２４」により整理。数字はそれぞれ前年7月〜当年6月まで）。

提案されている内容で最も多いのは、「社外取締役を過半数にすることを定款に定める」「取締役会議長は社外取締役とすることを定款で定める」など、コーポレート・ガバナンスに関するものです。次いで多いのが「温暖化ガス排出削減に配慮した経営を行うことを定款に定める」など、気候変動対策に関するものです。なかでも、２０２０年にある金融グループに対して環境団体から提出された、「パリ協定に従った投資を行うことを定款に定める」という株主提案が「34％」の賛成票を集めたことは大きな話題となりました。

株主提案が増えていること、そして、その内容はコーポレート・ガバナンスや気候変動対策に関するものが多いこと。いま現在のこうした動きを知るだけで、「株式会社」という経済システムが、歴史のなかで大きな変革期を迎えていることが実感できます。

(2) 株主提案制度とは何か

そこで株主提案の話です。皆さんも「増加し続ける株主提案！」というニュースをどこかでご覧になったことがあると思います。「気候変動対策について提案を行いました！」とコメントする環境団体関係者の姿な

図表7-1　年々増える株主提案

2015年	44社（うち、定款変更23）	2020年	64社（うち、定款変更34）
2016年	50社（うち、定款変更37）	2021年	65社（うち、定款変更38）
2017年	52社（うち、定款変更35）	2022年	96社（うち、定款変更49）
2018年	56社（うち、定款変更34）	2023年	113社（うち、定款変更69）
2019年	65社（うち、定款変更37）	2024年	116社（うち、定款変更74）

注：ちなみに前年の「総会白書2023」を分析すると、コーポレート・ガバナンスに関する提案が30社、気候変動対策に関する提案が12社、男女平等に関する提案が4社であった。
出所：各年の「株主総会白書」（商事法務研究会）より。

ども度々、報じられています。

では、株主提案とはいったい何でしょうか。なぜ、増えているのでしょうか。

株主提案とは、取締役会設置会社の株主は、議決権総数の1%または300個の議決権を6カ月間継続して保有しているときは、総会の決議事項について議題を提案できるという制度です（303条2項）。提案できる権利を「**株主提案権**」といいます。制度の目的は「株主がみずからの意思を株主総会に提出できるようにして、経営者と株主とのコミュニケーションをよくするため」にあるとされています。1981年の商法（現会社法）改正時に導入されました。

提案する株主は、総会の8週間前までに議題と議案を提出しなければなりません（305条1項）。**議題**とは「取締役選任の件」というように決議する事柄の「タイトル」のことで、**議案**とは「〇〇氏を取締役に選任する」というように決議する事項の「具体的内容」のことです。

株主はもともと会社の所有者なのだから、「オーナー会議」である株主総会で議題を提案できるのは当然のように思われます。しかし、取締役会設置会社の場合は、「所有と経営の分離」がなされています。「所有」は株主・株主総会、「経営」は取締役会という割り切りです。総会運営は議題を含めて経営事項であり、経営側が取り扱うべきことだ、だから株主が議題を提案できるのは、ごく例外的な場合とすべきだというわけです。そうした考えにもとづいて厳重な条件が付けられているのです。

(3) 厳しすぎる株主提案の条件――株主提案「第1の関門」

けれども、「議決権総数の1%または300個」という条件は厳しすぎます。上場会社の発行済み株式は何億株という数ですから、その1%というのはここでは検討の外に置きます。

問題は、**300個**という条件です。会社法は「株主はその有する株式1株につき1個の議決権を有する」と定めています（「**1株1議決権の原則**」308条1項）。会社の株価が1株3000円なら300個は90万円です。これなら、なんとか株主提案ができるように思えます。

ところが、実はこの「**1個**」というのは「**100株**」のことなのです。会社法は「**単元株制度**」といって、100株など一定数に達した株式にだけ議決権を認め、その一定数未満には議決権を認めないという制度を定款で定めることを許容しています（188条）。

ほとんどの上場会社は「**100株を1単元とする**」と定款で規定しています。単元株制度は2001年6月の商法（現会社法）改正で導入されました。株主総会の「不幸な歴史」のところで紹介した「単位株制度」が廃止されたときに、それに代わるものとして取り入れられました。となると、株価3000円の会社の単元株300個は、「3000（円）×100（1単元）×300（個）＝9000万円」になります。

9000万円を集めるのは大変です。

こうして、単元株制度は株主提案の壁になっています。株主提案、「第1の関門」です。

実際、株主提案を行う人々やグループは苦労をしているようです。金融グループに対して「パリ協定に従った投資を行うことを定款に定める」と提案した環境団体の年間総収入は、ほぼ300個分の資金に匹敵します。また、2023年にある電力会社に対してなされた株主提案は、211名の株主の共同提案によるものでした。

(4) 株主総会の限定主義――株主提案「第2の関門」

①株主総会の「限定主義」

提案する株主が「1%または300個を6カ月」という第1の関門をクリアしたとしても、第2の関門が待ち構えています。それは「**提案事項は総会の権限に含まれているか**」という関門です。この関門をクリアするのが大変です。

というのは、取締役会設置会社の株主総会は、その権限を限定されているからです。取締役会がある会社の株主総会は、①会社法で定めている事項（**法定事項**）と、②定款で定めている事項（**定款事項**）との2種類しか決議する権限がありません（295条2項）。このように株主総会の権限を限定する考え方を「**限定主義**」と呼ぶことにします。総会の権限がない事項について提案しても、そもそも議題に取り上げられないのです。総会の権限にないことを提案しても、会社の受付部門で「不適法提案」として、事務的に「門前払い」をされてしまいます。

なぜ、株式会社の所有者集会である株主総会の権限について限定主義がとられているのかは、この章の第6節でみていきます。

②「ガバナンス強化」や「気候変動対策」は第2の関門をクリアできるか

いま株主提案でなされている「ガバナンス強化」や「気候変動対策」といった事項は、限定主義のもと、株主総会の権限に含まれているかという第2の関門をクリアできるでしょうか。

まず**定款事項**ですが、「当社のガバナンスに関する事項は株主総会で決する」とか、「当社の環境保全対策、その他社会貢献については株主総会で決する」などという条項を定款に定めている会社はありません。そもそも定款にそうした条項がない以上、この面からのクリアは無理です。

次に**法定事項**ですが、会社法が定める法定事項は「役員の選任・解任」「剰余金の配当」「株式の併合」「定款変更」などごく少数の事柄に限られます。法定事項の概略を図表7－2に整理しておきましたが、そのどこを探しても、「ガバナンスの強化」「気候変動対策を重視した経営」といった「経営方針」に関する事項は見当たりません。本当に、取締役設置会社では「所有と経営」はきっちりと分離されているのです。

③「定款変更」という工夫

そうなると、「気候変動対策を重視する経営を行う」といった経営方針を総会の議題とするためには、第2の関門「法定事項」をクリアしなければなりません。そのために、無理やりにでも法定事項の形にする必要性が出てきます。

法定事項のなかで経営方針を盛り込めそうなのは、ただひとつ、**定款**です。現代の定款は第2章でみたように「株主との約束」を文書化したものです。そこには柔軟に様々な事項を「株主との約束ごと」として加えることができます。定款に「ガバナンスに関する事項」や「社会的責任活動」について規定することは、むしろ社会的には望まれることですらあります。

図表7-2　取締設置会社の株主総会が決議できる「法定事項」の例

株主の役員らに対する監督権限に関する事項（普通決議事項）

◎役員の選任・解任（329条1項、339条1項）
＊この「役員」とは「取締役・会計参与・監査役」
＊監査役・監査等委員取締役を解任する場合は特別決議（309条2項7号）
＊「会計監査人」とは計算書類の適正さを監査する機関
公認会計士または監査法人でなければならない
◎役員の報酬の決定（361条、379条、387条）

決算、剰余金の配当に関する事項（普通決議事項）

◎「決算」に関する事項（438条2項）
＊ただし一定の要件のもと、取締役会で決議し、総会には報告のみで足りる（439条）
◎「剰余金の配当」に関する事項（454条1項）

株主の利害に関連する事柄（特別決議事項）

◎株式の併合（180条）
◎特定株主からの自己株式の取得（156条）

会社の根本的なあり方を変更する事項（特別決議事項）

◎定款変更（309条2項11号）
◎事業の譲渡（同）
◎解散（同）
◎組織変更、合併、会社分割など（309条2項12項）

出所：筆者作成

そこで、「社外取締役を過半数とする」「気候変動対策を重視した経営を行う」などと定款に定めるとして、「定款変更」の形で株主提案する工夫がなされたのです。

こうすれば「定款変更」は「法定事項」のひとつですから、立派に総会の権限に入り、総会の議題にできます。これで第2の関門をクリアできます。これが、株主提案が「定款変更」の形をとっている理由です。

(5) 提案事項が特別決議事項となる――株主提案「第3の関門」

ところが、定款変更という道を選んだために、株主提案に「第3の関門」ができてしまいました。「**特別決議**」という関門です。

株主総会の決議方法は大きく2種類あります。「普通決議」と「特別決議」です。**普通決議**は議決権総数の過半数の株主が出席し（**定足数**。必要最小限の出席者数）、出席した株主の過半数の賛成があれば可決されます（309条1項）。これに対して、**特別決議**は議決権総数の過半数の株主が出席し（定足数）、出席した株主の議決権の**3分の2以上の賛成**が必要です（309条2項11号）。

定款変更は、「会社の根本的なあり方」に関する重大な事柄ですから、特別決議事項とされているのです（309条2項11号）。可決されるためには3分の2以上の賛成が必要なのです。

「ガバナンス強化」「気候変動対策」といった株主提案が株主総会で可決されるまでに

は、実に厳しい関門が3つもあることが理解いただけたと思います。

(6) 限定主義のすごさ

総会権限に関する限定主義のすごさを示した判例があります。「所有と経営の分離」とは、ここまで徹底するものなのかと驚くようなケースです。

1951年、Kゴム株式会社は、会社が保有する「唯一の工場」を閉鎖することに決めました。会社は、ただひとつしかない工場を閉鎖するのだから「株主にとってきわめて重要な事柄だ」と考えました。そこで、法定事項ではないのですが「株主の承認を得るべきだ」と考え、工場閉鎖を実行する前に株主総会を開催して「工場閉鎖についての報告を承認する件」という議題を上程して承認決議を得たのです。

皆さんはどう思われますか。「株主主権」「株主重視経営」の考え方からすると、「株主の意向を確認しよう」とした会社の姿勢は好ましいものではない

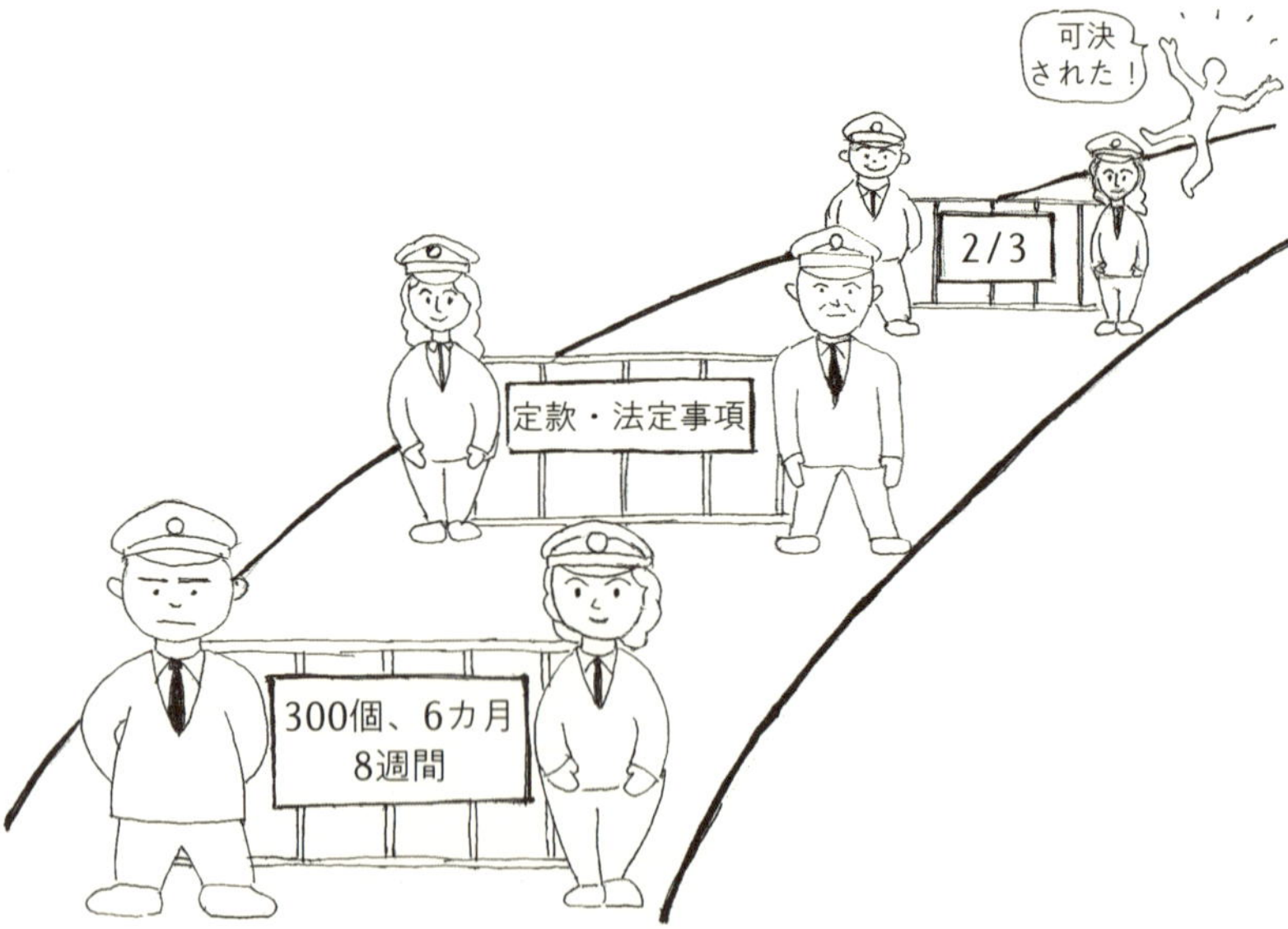

経営事項の株主提案「3つの関門」！

でしょうか。

ところが、裁判所はこの決議は「無効」だとしたのです。「右決議は商法230条の2に反し、**その許された決議事項を逸脱して**これをなしたものという他ないから、それは**内容が法令に違反**するものとして**無効である**」という理由づけです（「**Kゴム会社事件**」東京地方裁判所判決1952・3・28）。ここにいう「230条の2」とは現在の会社法「295条2項」（制限主義の根拠規定）に該当するものです。

判決の「（株主総会に）**許された決議事項を逸脱**してこれをなしたもの」「内容が法令に違反する」という表現に「決議事項法定主義」の「すごさ」が感じられます。工場閉鎖は経営事項であり、取締役会に任せるべきで、株主総会が口をはさめるような場面ではない、ということです。総会権限を「限定すること」それ自体に意義があるという考え方です。まさに「限定主義」の基本姿勢です。

(7) 株主提案の意義と効果

①株主提案は着実に企業を動かしている

ここまでみたように、株主提案には3つもの関門があります。特に第3の関門である「3分の2」の賛成を得ることはきわめて困難でしょう。その点をとらえてか、株主提案が行われている現状について、「どうせ否決されるのは分かっているのに」と消極的な見方をする向きもあります。

しかし、株主提案は、着実に実際上の効果を上げています。２０２１年、商社Ｓ社は6月総会に向けて「パリ協定に沿った事業計画の策定と開示に向けた定款変更」という株主提案を受けました。提案を受けた同社は、5月に早くも「２０３５年までに石炭火力発電の温室効果ガス排出量を２０１９年対比で60％削減し、２０４０年後半に石炭火力発電から撤退する」と発表しています（「日本経済新聞」２０２１年5月15日付朝刊）。

また、ある金融グループは、２０２１年に環境団体から6月総会に向けて、「パリ協定の目標に沿った投融資を行うことを定款に盛り込む」という株主提案を受けました。同グループは同年5月、「カーボンニュートラル宣言」を公表しています。

②株主提案が可決される事例も出てきている

株主提案が可決される事例も少しずつ出てきています。２０２２年2月に開催されたエレベーター会社の臨時株主総会では、ファンド株主が「5人の社外取締役の解任議案」を提案していたのですが、うち3人が解任され、ファンドが提案していた新たな6人の社外取締役のうち4人が可決されました。役員の選任・解任に関する事柄ですから、法定事項であり、しかも過半数の賛成で可決される普通決議事項です。

ファンドが求めていたのは「コーポレート・ガバナンスの強化」でした。**ファンド**とは、多くの人々から資金を集め、これを一括して運用し、株主総会にも総代表として議決権を行使する組織です。「モノ言う株主」として、いま注目を集めています。投資信託もファンドのひとつです。

③議題になるだけでも提案側には意義がある

提案する株主にとっては、提案事項が株主総会の議題になり、総会という正式の場で堂々と議論できること、それ自体に意義があります。

なにしろ、ガバナンス強化、気候変動対策、女性活躍、人権保護などは、すべて経営事項であり、本来は株主総会の議題にはならない事柄です。所有と経営の分離の結果です。そうした環境下で、経営事項を「定款変更」の形にして、「法定事項」の第2関門を突破して、総会の場で議論し、経営陣の声を引き出すこと自体に、提案株主たちの目的があると思われます。そもそも、株主提案制度の立法趣旨は「株主と経営者とのコミュニケーションをよくすること」でした。

提案している株主としては、所有と経営の分離のなかで、ガバナンス、気候変動といった経営事項について、経営陣と審議できることを望んでいるのです。一般には「提案はほとんど可決されたことがない」と可決されるかどうかの一点に関心が持たれています。しかし、そもそも株主が何を求めて提案しているのかを考えることが大切です。

5 「気候変動対策」が提案されている理由は何か――世界の潮流

(1)「パリ協定に沿った経営を」という株主提案がなされる背景

①世界の動きを知っておこう

株主提案は「パリ協定に沿った経営を」という言葉に代表されるように、企業に、気候変動対策へ舵を切るように求めています。3つの関門を覚悟してまで、こうした提案がなされている現実を受け止めておく必要があります。世界の潮流のなかで「株式会社」というシステムも大きく動いています。世界の潮流を知ることは「これからの株式会社」を考える土台になります。

②国際連合枠組み条約から始まった「COP」

1992年5月、国連で大気中の**温室効果ガス**（二酸化炭素、メタンなど）の濃度を安定化させることを目的とする「**気候変動に関する国際連合枠組み条約**」が採択されました（United Nations Framework Convention on Climate Change：**UNFCC**）。UNFCCでは条約を推進するための最高機関として**締約国会議**（Conference of the Parties：COP）の設置が決定されます。これが**COP**です。以後、COPは定期的に開かれています。

③「京都議定書」から「パリ協定」へ

COPの第3回会議は京都で開催されます。「**COP3**」です。その成果として1997年12月11日、「**京都議定書**」が合意されます。先進国の削減目標が国ごとに具体的な数値で示されました。対象期間は「2020年まで」とされていました。「では、2020年以降の枠組みをどうするか」が課題となりました。その点が2015年11月30日からパリで開催された第21回会議「**COP21**」で話し合われました。その成果が「**パリ協定**」です。

パリ協定はCOP21の成果として、「世界的な平均気温の上昇を、**産業革命以前に比べて2℃**より十分低く保つとともに、**1・5℃に抑える努力**を追求すること」という努力目標を提示しました。

日本はパリ協定より少し前の2015年7月、地球温暖化対策推進本部を内閣に設置して、「**日本の約束**」として「2030年度に2013年度比でCO_2排出量を26%削減する」という具体的な目標を決めてパリ協定を確定しています。さらに日本は2021年、「**2050年カーボンニュートラル**」を宣言します。「2050年までに温室効果ガスの排出を、排出分、吸収分合わせて差し引きゼロにする」という意味です。京都議定書の開催国であったことの自負心があるのだと思います。

④パリ協定の重さ

しかしながら、パリ協定の「**1・5℃に抑える**」という目標は達成にたいへんな努力を要する、重いものです。2023年11月21日に**WMO**（国連世界気象機関）は「過去8年間の世界の気温は観測史上、最高を記録した。二酸化炭素など温室効果ガスの濃度も過去最高に達した」と発表しています。日本の気象庁も2024年1月4日、「2023年の日本の平均気温が、過去30年間の平均気温を**1・29℃**上回り、1898年の統計開始以来、最高であった」と発表しています。

近年の気温が一時的なものではなく、地球規模で構造的な変動が起きていることが実感されます。

(2) パリ協定が突きつけた「株式会社」の存在意義

パリ協定が「**産業革命以前に比べて1・5℃に抑える**」と述べている点は、株式会社を研究している私たちにとっては衝撃です。パリ協定の最大のポイントです。

第6章でみたように、産業革命は1770年前後の英国で始まりました。英国の人々にとっては、インドから輸入するインド木綿（キャラコ）の肌触りのよさ、軽さ、吸湿性のよさが憧れの的でした。そのキャラコに負けない国産品を機械で作り、英国の需要者の期待に応えたい、その一心で産業革命は始まったのです。

以来、今日に至るまで、私たち人類は一貫して技術革新に挑み、品質を向上させ、生産量を増やし、わき目もふらず「**成長**」を目指してきました。こうした活動を終始、支えてきたのは「株式会社」です。

21世紀の今日になって、世界の代表者が集まって、世界の気温を「産業革命以前」を基準とする目標が定められたことは、とりもなおさず、株式会社の活動意義、さらには、その存在そのものが正しいことであったのかという重い問題を私たちに突きつけています。

株式会社それ自体は、無機的な経済システムです。それを動かすのは私たち「人間」です。人々を幸せにするために株式会社を運営してきたはずなのに、私たちはどこかで間違えてしまったのでしょうか。いまからでも取り組んでいく道はあるのでしょうか。この点は第8章で、「株主と経営者は『株式会社』を変えていけるだろうか」として改めて考えたいと思います。

図表7-3　パリ協定への道のり

出所：筆者作成

6　なぜ、株主総会は「万能主義」から「限定主義」に転換したのか

(1) 株主総会の権限と歴史――1950年まで株主総会は「万能」だった

先にみてきたように、現代の「ガバナンス強化」や「気候変動対策」の株主提案は、みな「定款変更」の形をとっています。総会権限が「定款事項」と「法定事項」に限定されているからです。

けれども、1950年までは限定主義ではなく、日本の株主総会は「**最高・万能の機関**」でした。図表7－4に整理したとおりです。

「**最高**」とは既に述べたように、取締役会など社内の他のすべての機関の決定よりも株主総会の決議が効力として優先するということです。この点は現代でも同じです。「**万能**」とは、株主総会は、およその会社の運営に関することなら、何でも決議できるということです。株主総会は「オーナー会議」である以上、本来、これは当然のことです。オーナーたちが集まっているのに、自分たちの会社について決議できない事柄があるほうがおかしいのです。実際、日本の会社法制度では、1890年法（明治23年商法）以来、ずっと「万能主義」でした。

ところが日本の会社法制は、**1950年法**（昭和25年商法）で突然に「限定主義」に変わってしまうのです。なぜ「万能主義」から「限定主義」に変わったのでしょうか。現代では、株主の「ガバナンス強化の経営を」「気候変動対策重視の経営を」といった要望を経営陣に届けたいとの願いが強まる一方です。そうした「願い」に対して最大の障壁になっているのが限定主義です。ガバナンス、気候変動、人権といった事柄はすべて経営事項です。これらの事項は、限定主義のもとでは、もともと株主総会の審議対象になりません。そのため、株主が無理やり審議対象事項にするため「定款変更」の形をとる作戦をとっているのは先にみたとおりです。

では、株式会社の運営の基本に対してこれほど大きな影響を与えている「限定主義」は、どのようにして生まれてきたのでしょうか。その点を研究することが、「これからの株式会社」を考えるうえで役立ちます。

図表7-4　株主総会の権限をめぐる会社法（商法）の移り変わり

法律	施行	株主総会の権限
1890年（明治23年）商法	1898.7.1～1899.6.15	株主総会の権限、**万能主義**
1899年（明治32年）商法	1899.6.16	株主総会の権限、**万能主義**
1911年（明治44年）商法	1911.10.1	株主総会の権限、**万能主義**
1938年（昭和13年）商法	1940.1.1	株主総会の権限、**万能主義** むしろ、株主総会の権限、**強化**（営業譲渡などを特別決議事項に）
1950年（昭和25年）商法	1951.7.1	**株主総会の権限、限定主義へ**（法定事項と定款事項のみ。230条の2）
2005年（平成17年）会社法	2006.5.1	株主総会の権限、**限定を継続**（法定事項と定款事項のみ。295条2項）

注：日本では株式会社をめぐる法律は明治時代以来、「商法」のなかで規定されていました。株式会社をめぐる法律が商法から独立して「会社法」となったのは2005年のことです。
出所：筆者作成

(2) 財閥の時代──総会の「万能主義」をフル活用した大株主

①財閥とは

株主総会の権限が「万能主義」であった時代、大株主として、株主総会が「最高・万能」の決定機関であることをフルに活用したのが財閥です。

財閥とは、経営者一族が所有する**財閥本社**が大株主となり、傘下に、貿易、金融、運輸、鉱山、製造など多方面にわたる多くの株式会社を子会社として持ち、全体として統一的に運営される企業集団です。子会社は基本的に株式会社であり、財閥本社は合名会社、または合資会社の形をとり、子会社の大株主として、子会社の株主総会を軸に、グループ全体を管理、運営していました。

明治時代にはこうした組織を備えた財閥が次々と台頭してきます。三井、三菱、住友、安田、古河、浅野などの財閥です。なかでも共通の特色を持つのは三井、三菱、住友です。この3つの財閥についてグループ運営の基本をみていきます。

②財閥運営第1の特徴──財閥本社が大株主として総会万能主義をフル活用

三井、三菱、住友の3財閥に共通するシステムを「財閥の仕組み」として図表7－5に整理しました。共通する仕組みの第1のポイントは、合名会社・合資会社である**財閥本社**が、「大株主」として各社の株主総会で決定権限を発揮したことです。3財閥とも財閥本社がグループ各社の株式の6〜7割を保有していました。

三井財閥の場合

三井財閥の歴史は、三井高利が1673年に三井越後屋呉服店を開業したところから始まります。1710年にはグループの「かなめ」として資産管理機関「**大元方**《おおもとかた》」が設立されていました。この機関が、1909年にグループ全体の財閥本社として、**三井合名会社**となります。

合名会社とは、第1章でみたように、会社の借金など債務について構成員（メンバー）全員が「無限に責任を負います」と宣言している会社です。合名会社としたところに、「グループの運営については本社の全員が団結して責任を取る」という財閥本社の人々の覚悟が読み取れます。

財閥本社のもとで、三井銀行、三井物産、三井鉱山、三井倉庫、三井信託、三井生命などがグループを形作っていきます。

三菱財閥の場合

三菱財閥の歴史は、土佐藩の有力者たちが起こしていた海運会社「**九十九商会**」の経営を1871年に岩崎彌太郎が引き継いだところから始まります。

1893年には財閥本社として、**三菱合資会社**が設立されます。

合資会社とは、第1章で述べたように、無限に責任を負う**無限責任社員**

図表7-5　財閥の仕組み

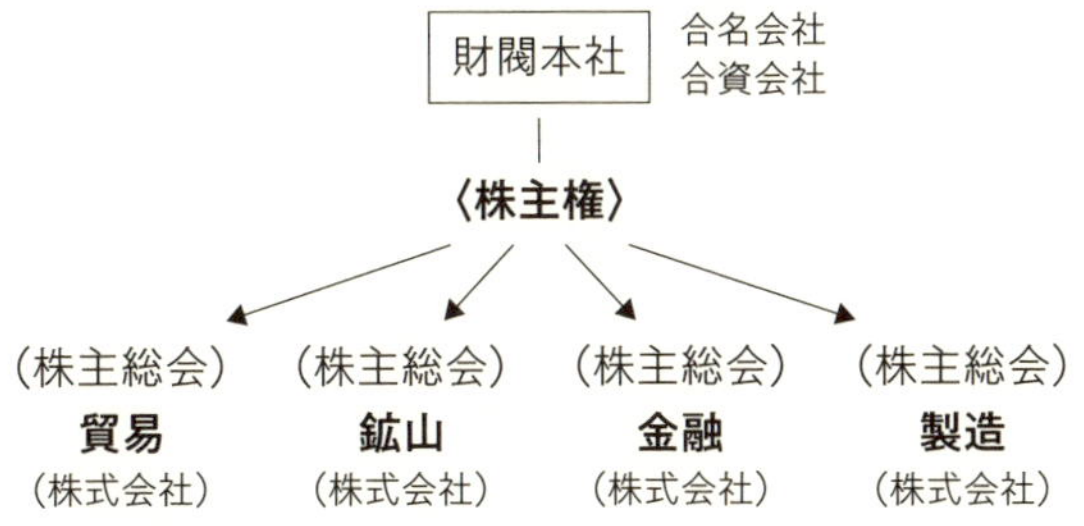

出所：筆者作成

と、株式会社の株主のように限定された範囲で責任を負う**有限責任社員**とで構成される会社です。合資会社としたのは、創業者の一族が無限責任社員となるのですが、そのほか外部の人材にも有限責任社員として入ってもらうためです。こうしたシステムをとった点に合理主義が感じられます。

財閥本社のもとで、三菱商事、三菱製紙、三菱造船、三菱鉱業、三菱銀行などがグループを構成していきます。

住友財閥の場合

住友財閥の歴史は17世紀に住友政友が薬の店を開いたところから始まります。やがて銅の精錬技術を獲得し、銅山の経営を開始します。グループの中心は**住友総本店**でしたが、1921年には**住友合資会社**と改組され、財閥本社となります。

財閥本社のもとで、住友銀行、住友化学、住友別子鉱山、住友金属工業、住友土地工務（後の住友商事）などがグループを形作っていきます。

総会万能主義の活用

「**万能主義の活用**」とは、たとえば傘下の鉄鋼会社に対して「鉄鋼の生産量を増やすように」と指示したときに、仮に鉄鋼会社が従わないとすれば株主総会を開き「当社は鉄鋼の生産量を次年度から10％増量する」と決議すればよいということです。総会は万能なのですから、経営方針や経営事項について決議する当然の権限があり、決議すれば最高機関の決定である以上、傘下企業には従うべき法的な義務が生じます。

ただし、これは理屈上の問題です。実際上は、グループ全体には共通の理念、理解があるのでわざわざ総会手続きなどは経ることなく、財閥本社の指示はそのまま円滑に実行されることになります。これが財閥のシステムです。

財閥運営では、傘下企業が財閥本社に対して、予算、組織変更、重要人事、事業拡大などについては事前に申請して承認を得ていました。また財閥本社は統一ルールを策定していて、これに基づいて監査を行っていました。こうしたメカニズムで統一的なグループ運営が行われていました。

③現代のホールディングスと財閥本社の違い

現代では、**〇〇ホールディングス（ＨＤ）**と称される持株会社が多く設立されています。傘下に多くの企業グループを抱えています。ホールディングスは、一見、右にみてきた財閥本社に似ています。しかし、財閥本社と現代のホールディングスとは、2つの点において決定的に違います。

第1は、現代のホールディングスは会社法295条2項の「**限定主義**」の適用下にあることです。株主総会は限定主義ですから、ホールディングスは、財閥本社とは違ってグループ会社に経営事項について指示をすることは法的にはできません。要請に従わないグループ会社があるとしたら、たとえ100％株主であっても、それに対してできることは、株主として臨時株主総会の開催を求め、グループ会社の役員を解任して、新たな役員を送り込むことくらいです。

第2に、ホールディングスはそれ自身がほとんどの場合、「株式会社」です。ホールディングスの運営について無限責任を負う「社員」（構成員・メンバー）はいません。この点が、財閥本社が合名会社、合資会社であったのとはまったく異なります。

④財閥運営第2の特徴——グループは「経営理念」を持っていた

それぞれの経営理念

3財閥に共通する特徴の第2は、それぞれが**経営理念**を持っていたことです。三井財閥には三井高利の長男によって定められた「**身底一致**《しんだいいっち》」（売上は個人のものではなく、一体として運用すべきものである）という経営理念が、三菱財閥には1934年に岩﨑小彌太が行った訓示をもとに定められた「**所期奉公、処事光明、立業貿易**」（社会貢献、公正な対応、世界視野の事業）という経営理念が、住友財閥には住友政友によって定められ別子銅山支配人の広瀬宰平らによって実践された「**確実を旨とし浮利にはしらず**」という経営理念が、それぞれにありました。

経営理念が果たした役割

3財閥の経営理念は、各財閥の創始者たちが、「経営者一族が守るべきルール」として定めたものです。「**家訓**」＝「**事業理念**」であり、外部への忖度や遠慮のない、率直な気持ちから出た言葉であり、それだけ明確な規範になっています。そこには「一族が末永く健やかでいられるように」という創業者たちの「本音の願い」が込められていました。

その本音の願いが、結果的に、「社会的責任」と合致していました。一族が大過なく過ごせるということは、グループが存続するということです。グループ会社が維持存続するということは、その活動が社会から認められているということです。

3財閥が今日に至るまで繁栄を続けている大きな要因のひとつは、真剣に作られた「経営理念」にあります。財閥は明確な経営理念のもと、財閥本社によるキメ細かな運営管理によって大発展を遂げます。財閥は株主総会の万能主義をフルに活用したのです。1900年代前半は「財閥の時代」といってよいと思います。

(3) 戦時体制下の1938年法は、なぜ限定主義にならなかったのか

①「1938年」の時代背景

世界恐慌の勃発

1938年に商法の改正が行われます。時代は「世界恐慌対策」の最中でした。

1929年10月24日、ニューヨークのウォール街で「株価大暴落」が勃発します（暗黒の木曜日）。米国で4500もの銀行が破産し、1930年には失業者が300万人に達します。その影響はヨーロッパにもアジアにも及び、「**世界恐慌**」と呼ばれる状態になります。当然、日本の輸出も激減しました。

世界各国はそれぞれに世界恐慌に立ち向かいます。米国はフランクリン・ローズヴェルト大統領の強力な指導力のもとに経済復興をはかる「ニューディール政策」をとります。英国は「英国連邦」だけで経済ブロックを作り、外国製品が進出するのを阻止する「ブロック経済政策」をとります。

これに対してドイツでは、1932年にアドルフ・ヒトラーが率いる「国家社会主義ドイツ労働者党」（ナチス）が第1党となります。1933年には、ヒトラーに自由に法律を作る権限を与える「全権委任法」が成立し、1934年、ヒトラーは首相と大統領を兼ねる「総統」（Führer：**フューラー**）に就任します。フューラーとは「指導者」のことです。

ドイツの「指導者原理」

ナチスは「株式会社」については、「匿名の多数者による支配が可能な組織である」として批判的でした。1937年にドイツで成立した「株式法」（会社法）は「**指導者原理**」（Führerprinzip）を導入します。「取締役は自己の責任において、事業およびその従者の福利ならびに国民および国家の共同の利益の要求するところに従い、会社を指揮することを要す」という条文です（同法70条。高橋、69頁）。

「民主主義」とは、人々が平等な立場で自由に意見を述べ合い、そのなかで得られた結論に従って国や組織の進む方向性を決めるものです。当然、時間も労力もかかります。これに対して「指導者原理」とは、1人の優れた指導者に国や組織の運命を委ねる考え方です。当然、指導者原理は、民主主義より迅速・果断な決定ができます。1937年ドイツ株式法は「取締役はその責任において会社を指揮する」という形で、株式会社の運営に指導者原理を取り入れたのです。

1937年、日本はイタリアとともにそのドイツと「日独伊防共協定」を結びます。

②「世界恐慌下」の日本の社会情勢

世界恐慌の直撃を受けて、日本の社会情勢には暗雲がただよっていました。

1932年2月には、日銀総裁・大蔵大臣を務めた井上準之助が、同年3月には三井合名会社理事の団琢磨が、テロで**暗殺**されます。同年5月15日には、海軍の青年将校たちが犬養毅首相を殺害する「**5・15事件**」が起き、政党の勢力は弱まります。さらに1936年2月26日には、陸軍の青年将校たちが大蔵大臣・高橋是清、内大臣・斎藤実、教育総監・渡辺錠太郎を殺害する「**2・26事件**」が起きます。

事態はさらに深刻になります。1937年7月に盧溝橋事件が起き、**日中戦争**が始まったのです。戦争の長期化に備えるため、国力を総動員できる体制整備の必要性が高まります。かねて国家政策のあり方を調査するために設置されていた内閣調査局が企画庁となっていたのですが、日中戦争が始まった直後の1937年10月には**企画院**となります。国家総動員体制整備の方向性を検討する専門官庁です。

商法を改正する「**1938年法の法案**」が国会に提出されたのは、1937年です。まさに国家総動員法の制定に向けた活動が行われている最中でした。

③国家総動員法の制定とその活用

制定への動き

1937年ころ、企画院を中心に日本の国力を総動員できる制度の基本法である「**国家総動員法**」の立案が進められていました。現役の軍人、官僚、学者たちが企画院の調査官や専門委員となり、ソ連やナチスドイツの経済体制を研究して策定が行われたのです。

国家総動員法の法案は1938年の国会に提出され、3月末には成立し、同年5月5日から施行されています。

会社運営からみた国家総動員法の核心

「1938年法」（昭和13年商法）がどのような時代に成立したのかを知っていただくため、同時代に成立した国家総動員法の目的と、会社運営に関する核心の部分を掲げておきます（図表7－6）。

国家総動員法の適用

1939年、「会社利益配当及び資金融通令」が制定されます。内容は「資本金20万円以上の会社は1938（昭和13）年11月30日以前の最終配当率を**超えて配当してはならない**」というものです。右に挙げた国家総動員法11条の適用です。これで国家総動員法の威

図表7-6　会社運営からみた国家総動員法の核心

第1条	本法において国家総動員とは戦時（戦争に準ずべき事変を含む）に際し、国防目的達成のため国の全力を最も有効に発揮せしむるよう、人的及び物的資源を統制運用するをいう
第11条	政府は戦時に際し国家総動員上必要あるときは勅令の定むるところにより会社の設立、資本の増加、合併、目的変更、社債の募集もしくは第二回以後の株金の払い込みにつき制限もしくは禁止をなし、会社の利益金の処分、償却その他経理に関し必要なる命令をなし、または銀行、信託会社、保険会社その他勅令をもって指定する者に対し資金の運用、債務の引受もしくは債務の保証に関し必要なる命令をなすことを得

出所：筆者作成

力が分かります。

④1938年法制定時の「限定主義」をめぐる議論

１９３８年法（昭和13年商法改正）の審議では、株主総会の権限について「限定主義をとるべきか」否かが、きわめて大きな論点になりました。戦争の準備のため、国家総動員に向かう状況下では、株主総会も民主主義的な方法ではなく、「**指導者原理**」を取り入れ、総会の権限を縮小し、取締役に強い権限を持たせるべきだという機運が高まっていました。

限定主義についてなされた論争についてみてみましょう。議論の状況については淺木愼一教授の著作によっています（淺木、３２８頁、３４８頁）。

「限定主義」賛成論

◇論文「会社も国民経済的見地から制約を受ける。対内関係でも、大株主の専横の抑止、その他資本家相互における個人主義的放恣に対する制限を受けるのである」

◇研究活動　１９３５年ころ、株主総会の権限を強く制限すべきとするナチス的原理に基づくドイツ株式会社法の研究が始まっていた（「ナチス的指導原理と株式会社組織法改正論」）

「限定主義」反対論

◇論文「2・26事件があり、庶政一新の声、ナチス的思想が無きにしも非ずに思われるが、わが国の事情はナチスドイツほど窮迫した事情にはない」

◇論文『**会社荒らし**』に対処しながらも、株主に、議題と関連する事項について取締役に対する報告請求権を与えたらどうか」

⑤だが、限定主義は採用されなかった

右記の限定反対論で「会社荒らし」に触れられている点に、先に述べた株主総会の「不幸な歴史」の影響がみられます。限定しないと「会社荒らし」に妨害されるという心配です。

結局、限定主義は採用されませんでした。むしろ、右に紹介したように「株主に取締役に対する報告請求権を与えたらどうか」と、株主権を強化する意見さえあったのです。株主総会は依然として株式会社における「最高・万能」の決定機関であり続けました。国家総動員法を制定してあらゆる国力を結集して戦争遂行に向けなければならない、そうした緊迫した状況のなかでも、株主総会の万能主義は維持されたのです。

１９３８年会社法が限定主義に舵を切らなかった理由は、そのような時代環境にあっても日本の民主主義、そして企業家たちの株主主権の精神は力強く息づいていたからです。

(4)「所有と経営の分離」をめぐって昭和の企業家魂が発揮されたエピソード

①企画院の「所有と経営の分離」論

自由主義経済に対する企業家の熱い思いが伝わるエピソードがあります。

1940年9月、企画院は「**経済新体制確立要綱**」の原案（**要綱原案**）を作成します。企画院は国家総動員法を立案した官庁で、「革新官僚」と呼ばれる新進気鋭の人たちが集まっていました。企画院の「要綱原案」は、高度な国防国家体制を建設する必要があるが、そのためには自由主義的な資本主義を修正し、「公共的経済原理」を導入すべきであると主張していました。個々の企業がそれぞれ自由に動くのではなく、国家の公共目的のために統一的に動くべきだという考え方です。

そのために、「**資本と経営の分離**」を行い、「所有」は株主のままだが、「経営」は政府が設置する「統制機構」が行うものとし、機構の役員は政府が任命するという計画でした。

②企業家の反対論

この要綱原案に対して、商工大臣に任ぜられていた**小林一三**が猛然と反対します。小林一三は阪急東宝グループの創業者で、鉄道を中心に都市開発を進める新しいビジネスモデルを創案し、かつ遂進した実力者です。自由主義経済を信奉する企業家として、当然の反対でした。小林一三の怒りはすさまじく、商工次官が経済新体制について説明しようとしたところ、「その問題については自ら考えるところがあるから、説明は聞かぬ」と拒絶したといわれます（阪田寛夫『わが小林一三』河出書房新社、397頁）。

また、日本経済連盟会（現日本経団連）会長の**郷誠之助**も、「所有と経営の分離」「公益優先」の趣旨は、生産の拡充を阻害し**民間の創意と工夫を無視するものだ**と激しい反対論を述べました（林茂『日本の歴史25巻　太平洋戦争』中公文庫、186頁）。郷も日本鋼管、王子製紙などの社長を務めた実力派の企業家でした。

「蔵相・理事暗殺事件」「5・15事件」「2・26事件」など国中が恐怖に包まれるなかで、堂々と反対論を述べるには決死の覚悟が必要だったと思います。こうした企業家たちの対応に、明治の時代以来培われてきた日本の企業家たちの魂をみることができます。

③間接的な統制に

「要綱」は1940年12月に成立しますが、反対論が受け入れられました。「所有と経営の分離」は削除され、新たに経済団体を創設し、その団体の運営には、企業が推薦し政府が認めた理事者が当たることとなったのです。間接的な統制に修正されたのです。

(5) なぜ、１９５０年法は限定主義に転換したのか

①限定主義に転換の謎

こうした１９３８年の会社法（商法改正）は、緊迫した環境のなかでも、なんとか株主総会の「万能主義」を守り切りました。

ところが、日本が太平洋戦争に敗戦した後、これから「自由主義社会」に向かうと期待されたなかで、株主総会の権限については、なぜか限定主義に大きく転換するのです。その謎に迫っておくことは、とても重要です。「これからの株式会社」を考える土台になるからです。

②基本的司令

日本は１９４５年8月15日、ポツダム宣言を受諾、同年9月２日に「降伏文書」に調印し、太平洋戦争での敗北が確定されます。この後、日本は連合国軍司令官（Supreme Commander for the Allied Powers：ＳＣＡＰ）であるマッカーサー元帥の統治下に置かれます。マッカーサーは東京丸の内に**総司令部**（General Headquarters：**ＧＨＱ**）を構えます。以後、ここが占領政策の中心となります。

１９４５年9月6日（マスコミ公開は9月22日）、米国政府から最高司令官マッカーサーに対して占領政策に関する「**基本的司令**」が示されます。基本的司令は、第１

部「政治的分野」、第2部「経済的分野」、第3部「財政的分野」の3部から構成されていました。

その第2部が「1950年会社法」(商法改正)の成立に深く関係しています。

③財閥の解体

「財閥解体」の指令

第2部の内容は「日本の大規模な産業と金融の結合体や、他の私企業による大規模な支配集中の解体計画の提出を要求する」というものでした(エレノア・M・ハドレー+パトリシア・ヘーガン・クワヤマ『財閥解体:GHQエコノミストの回想』東洋経済新報社。以下、エレノア。103頁)。「**大規模な産業結合体による支配集中**」とは右に述べてきた財閥による管理のことです。要するに「財閥解体」の指令でした。

財閥解体の目的

GHQは、太平洋戦争を行うように日本を仕向けたのは「軍部」と「財閥」であると考えていました。GHQは軍部が陸軍大臣、海軍大臣を通じて日本の国政を動かしていて、その活動を支えていたのが財閥だったという理解です。

しかし、先にみたように、日本の企業家たちは「所有と経営の分離」に反対していたのです。この点についてエレノアは「彼ら(三井・三菱・住友・安田の4財閥)の視点を通すと」と断ったうえで、「彼ら(財閥)は戦争に反対し、軍部が自分たちの仕事の邪魔をし、自分たちにとって対抗勢力でもあった」と、財閥関係者の認識を紹介しています（エレノア、140頁）。

「2つの9条」による占領政策

GHQは「軍部」と「財閥」を崩壊させるための方策をとっていきます。

1つは軍部を復活させないための**日本国憲法**（1947年5月3日施行）の**第9条「戦争の放棄」**という条項です。

もう1つは財閥を復活させないための「**独占禁止法**」（1947年4月14日）**第9条「持株会社は、これを設立してはならない」**という条項です。これで財閥本社は存在自体が法律違反になります。今日ではホールディングスが普通に存在して活躍しているので驚く方も多いでしょう。持株会社が解禁されたのは1997年のことです。

なお、占領政策の柱である憲法9条と独占禁止法9条とをあわせて、「**2つの9条**」と呼ばれています。

④安田プランの提出

GHQの「大規模な支配集中の解体計画の提出要求」を受けた三井・三菱・住友・安田の各本社は、相互に調整して、1945年11月4日、自発的な解体計画をGHQに提出します。この計画をGHQは「**安田プラン**」と呼び、11月6日にこれを承認しました（エレノア、123頁）。安田プランの内容は次のとおりです。

安田プランの骨子

1　財閥の各本社を解体すること
2　各本社の保有する証券とその他の資産を政府の指定する機関に引き渡すこと
3　三井・三菱・住友・安田の各家の家族は関係会社から退職すること
4　各本社を代表して他支配会社・子会社に派遣された重役をそれぞれの会社から退職させること

（蠟山政道『よみがえる日本』中公バックス　日本の歴史26巻、109頁）

⑤1950年法（昭和25年商法）の位置づけ

こうした時代背景のもとで1950年法案が国会で審議され、1950年法（昭和25年商法）が成立します。

1950年法では、「株主総会は**本法**または**定款に定る事項に限り決議**を為すことを得」として、**限定主義**が制定されます（**商法230条の2**、太字は筆者による）。

財閥を崩壊させるのがGHQの基本方針でした。**財閥という「大株主」**が株主総会で発言できるのは、①商法（会社法）に規定される事項と、②定款に定められている事項とに限られることになります。「これで、財閥が復活しようとして、株主総会を牛耳ろうとしても、発言範囲が限定されているから、復活は無理だろう」とＧＨＱは安心したことでしょう。

この点を英国ジャーナリストのディック・ウィルソンは「マッカーサーは旧財閥の解体を狙って企業の所有権と経営権とを明確に分離させた」（『真昼のニッポン』三笠書房、１７８頁）と評しています。私もこの見方が正しいと思います。

⑥１９５０年法（昭和25年商法）の制定過程でなされた議論

このように、１９５０年法（昭和25年商法）で、日本の会社法制は「万能主義」から「限定主義」へと大きく転換します。しかし、その議論の過程では「財閥の復活を防止するため」といった観点からの議論についての記録は見当たりません。

「改正賛成論」と「改正反対論」とを整理すると次のとおりです。第６章「所有と経営の分離」の研究でみた**「株主には経営に参加する意思も能力もない」**論を基調にした議論がなされています（以下、太字は筆者による）。

改正賛成論

◇株主には無理

「株主総会の実体から考えまして、経営上、大きな権限を株主総会に持たせることが適当かどうか。あまりに強い株主総会における発言権というものは相当に検討を加える必要がある」

「経営は高度に技術化されたところから考えますと（株主総会は）**結局無理**なわけである」

（「第7回参議院法務委員会」1950年3月2日、3月7日）

◇株主は無関心

「日本の株主はだいたい事業のなかに、あまり関心を持っていないのじゃないか。事業の内容について説明を聞いて事業が有望であるかというようなことまで、考えなければならんと思いますが、日本の株主の状態はそこまでいっていない」

（「第7回参議院法務委員会」1950年3月7日）

◇会社荒らし防止

「与えられた権利を行使する株主は、いわゆる**会社荒らし**ではなかろうか」

（「第7回参議院法務委員会」1950年3月7日）

改正反対論

◇寡頭経営の防止

「少数の取締役で会社全体の運命を決するような経営方法は、**寡頭政治である**わけでありまして、現在の民主主義の原理とどう調和するのか。私ははなはだ疑問に思っております。

ナチスドイツにおきましては、いわゆる**指導者原理**に基づいて取締役が指導者的な役割をやって、株主総会の権限を縮小して、取締役が自由に経営を決定できるという方法をとったわけであります」

（「第7回参議院法務委員会」1950年4月14日）

(6) 限定主義に至る議論への疑問

皆さんはこれらの議論をご覧になってどう思われますか。

私は、株主総会の権限を限定しなければならない積極的な理由は示されていないと思います。限定主義をとるべき根拠とされているのは、

- 株主には能力的に無理だから
- 株主は経営に関心がないから
- 権利を行使するのは「会社荒らし」だけだ

といった消極的な理由だけです。

逆に、改正反対論の「ナチスドイツの指導者原理をとるのか?」という主張のほうが、説得力があると感じます。

それでも、ここで述べたように、結論的には、株主総会の権限を限定する「230条の2」は国会で成立しました。議事経過からは分かりにくいのですが、私は、GHQによる「財閥解体」のために総会権限を限定する意向と、「不幸な歴史」の負の産物である企業側の「特殊株主」に対する恐怖心とが、偶然、符合して、限定主義が成立したのではないかと推測しています。「与えられた権利を行使するのは、いわゆる『会

社荒らし』ではなかろうか」という発言は、その一端を物語っています。

(7) 限定主義のもとでの会社運営は

ともかく、株主総会の権限は限定主義となりました。株主は実質的にだけではなく、法的にも、会社の経営からは遠ざけられてしまいました。経営事項に関する株主提案は「法定事項」でなければできないので、なんとか「定款変更」の形を使っているのが現状です。

しかし、現代社会では、「産業革命以来の企業の活動は、果たして正しかったのか」「株式会社の存在は本当に人類にとって、よいことなのか」「1人ひとりが充実して生きていける社会に転換すべきではないか」などの声が株式会社に対して突きつけられている時代です。

こうした問いかけに対して、株式会社は限定主義のもとでも、本当に変革していけるでしょうか。次の第8章、最終章では、株主と経営者は会社を変えられるのか、について考えます。

第8章

株主と経営者は「株式会社」を変えていけるだろうか

1　株式会社の目的は「人々の役に立つこと」

(1) 東インド会社の歴史にみる株式会社の目的

株式会社の目的は「人々の役に立つこと」

ここまで、１６００年の東インド会社の誕生以来の株式会社の移り変わりと主要な論点を研究しながら、「株式会社の本質」を見極める旅を続けてきました。

「本質を見極める」とは、突き詰めれば「**株式会社制度とは何のためにあるのか**」を知るということです。ここまでお読みいただいた方は答えがみえてきていると思います。

株式会社というシステムの目的は「**人々の役に立つこと**」です。

(2) 東インド会社の活動にみる「株式会社」の目的

香辛料の輸入

東インド会社の活動ぶりを改めて整理すると、株式会社というシステムは、人々の役に立つために創り出され、運営されてきたことがはっきりと分かります。

東インド会社の歴史は1600年12月31日、エリザベス1世から「東インド貿易の独占特許権」を与えられたときから始まりました。東インド会社を立ち上げた企業家たちは、東インド諸島から胡椒、シナモン、クローブなどの「香辛料」を輸入する独占権を喉から手が出るほどに欲しかったのです。特に胡椒は、英国の人々が保存食糧を食べるときに欠かせないものであり、かつ大変な貴重品でした。

東インド貿易の独占権を得られることは、企業家にとってまたとないビジネスチャンスでした。同時にそれは、英国民の食生活を支えることでもありました。ここに、

「会社のビジネスチャンス」＝「会社が人々の役に立つこと」

という構図が生み出されたのです。

キャラコの輸入

1600年代後半になると、英国の人々はインドから輸入されていた「綿織物（キャラコ）」を大量に求めるようになります。それまで毛織物しか知らなかった英国民にとって、安くて肌触りが良く吸湿性に優れているキャラコは、素晴らしい驚きに溢れた商品でした。キャラコは英国内で大人気を獲得します。英国内の毛織物事業者から「キャラコ輸入反対！」の運動が起きたほどです。

そうした騒ぎを乗り越えて、東インド会社は、英国民のためにキャラコの輸入量を拡大させて人々のニーズに応じます。「人々の役に立つこと＝ビジネスチャンス」だ

ったのです。

コーヒー・紅茶の輸入

1700年代前半になると、コーヒーハウス（第5章）がロンドンを中心に大流行します。東インド会社はその需要に応えて、「コーヒー（豆）」の輸入量を増やします。さらに、チャールズ2世の妃であるキャサリンが母国ポルトガルから英王室に紅茶を持ち込み、1700年代後半からおしゃれな飲み物として一般に流行し始めると、東インド会社はこれに応えて今度は「紅茶」、それに伴う「砂糖」の輸入を増やします。

ここでも「人々の役に立つこと＝ビジネスチャンス」でした。

産業革命で失われた東インド会社の存在意義

こうして東インド会社は移り変わる「人々の求め」に応えながら、存続し続けたのです。しかし、1770年前後から英国で始まった産業革命の影響で、東インド会社は存在意義を失ってしまいます。

産業革命とは、一言でいえば、インド産の綿織物であるキャラコに負けない「綿織物」を英国内で大量に機械で生産するための一大ムーブメントでした。水力や蒸気機関で動く織物機など、多くのイノベーションが行われ、国産化に成功します。

そのため、キャラコの「輸入」は不要となってしまいます。必然的に東インド会社自体も必要とされなくなりました。消費者・社会から必要とされなくなった会社は寂しいものです。その後、東インド会社は英国政府の出先機関のような業務を続けますが、１８５８年、ついに終焉のときを迎えたのでした。

　こうした東インド会社の栄枯盛衰をみると、株式会社は人々の役に立つために創られ、運営されるべきものであることを、ひしひしと感じ取ることができます。それでも東インド会社が２５０年以上もの間存在し続けたことは、現代の日本で１００年以上続いている会社が１％にも満たないことを考えると、立派なことです。１６００年に東インド会社を立ち上げた企業家たちの「経営者魂」が、後継者たちに脈々と息づいていたのです。

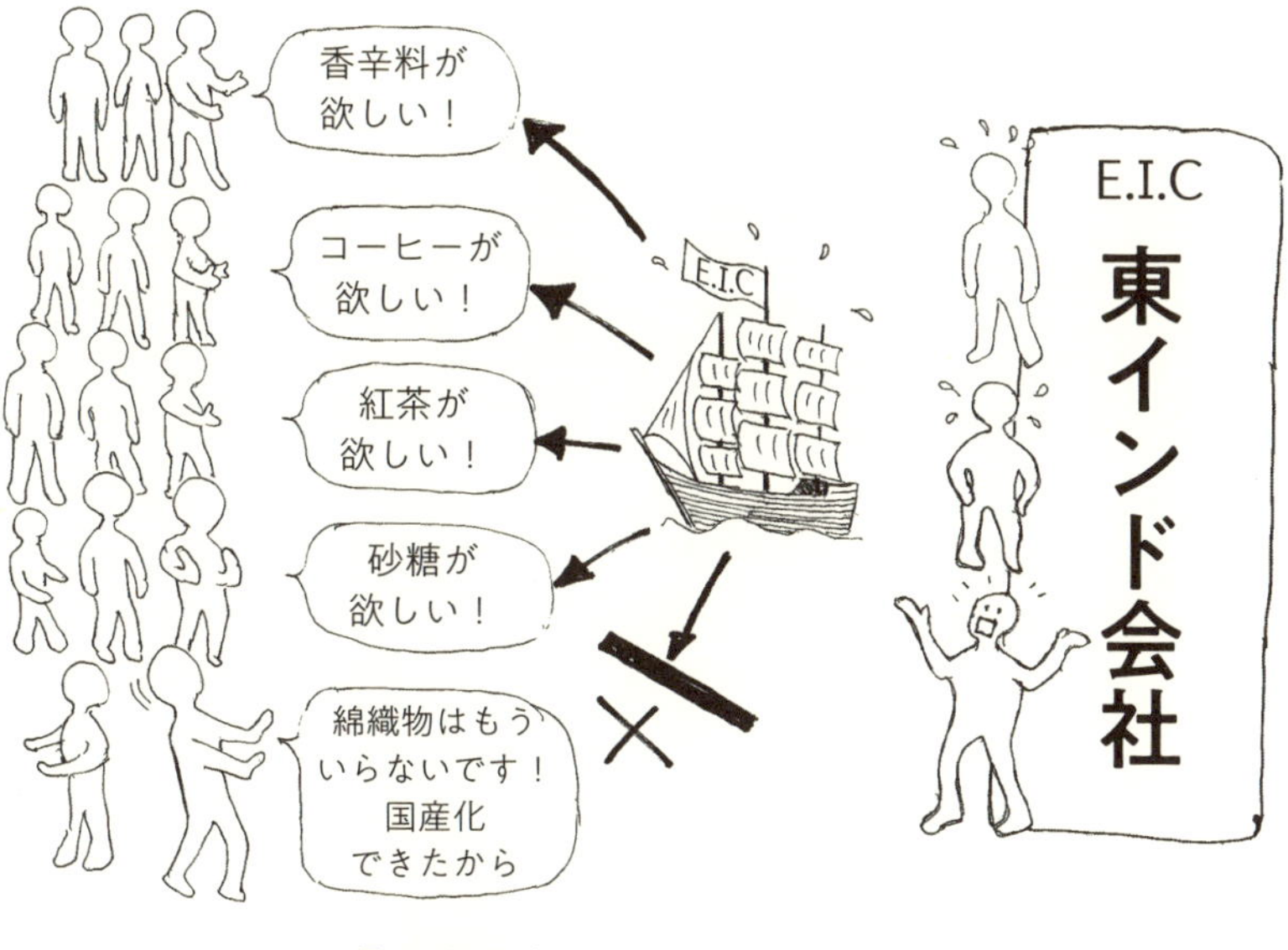

「綿織物」はもういらない！

2 株主も経営者も、「社会的責任」を背負っている

(1) 株主有限責任制が公共性の根拠

①株式会社は公共性を背負っている

株式会社が「人々の役に立つこと」を目的として設立され、かつ運営されるべきものであることは、右にみたように歴史的事実に裏付けられています。そればかりではなく、株式会社が**「世のため、人のために役立つこと」**は「株主有限責任制」が認められるための「条件」であり、「株主」「経営者」たちの「約束」でもありました。それは今日でも変わりません。株式会社は、設立された瞬間から「人々の役に立つこと」を義務付けられている、**「公共性」**を背負っているのです。

②株主有限責任制は公共性を守ることを条件に承認された

英国で1856年株式会社法によって「株主有限責任制」が確立されたいきさつを思い出してください（第4章）。1830年にリヴァプール・アンド・マンチェスター鉄道が開通してからというもの、英国政府は「人々の役に立つ」鉄道事業を拡大し、

全国的に進める必要性に迫られていました。しかし「名士」たちで構成されている政府も議会も、株主有限責任制を前提とする株式会社はどうしても認めたくなかったのです。「有限責任などと宣言したらどんな人間が株主として会社経営に加わってくるか分かったものではない。やはり大事業は政府管理下で行うべきだ」という信念です。

にもかかわらず、政府管理では多数の巨大事業をどうにもこなし切れなくなったため、やむなく、最後には一般市民に「有限責任」という「特典」を与えて株式会社方式をとることを認めます。鉄道事業が必要とする巨額資金を、多くの人々の出資で集めるためです。「**政府管理以外には株式会社しか選択肢はない**」という、ジョン・ステュアート・ミルの苦渋に満ちた言葉が思い出されます。

③２つの条件

こうして政府が悩みに悩んだあげく、市民に株主有限責任制という「特典」を認めたのです。が、その代わりに、「政府管理に劣らないような、きちんとした方法で株式会社を運営すべきだ」という「**条件**」を、当然の前提としてつけていました。株式会社の運営者は、①鉄道事業のように、事業目的の正当性を保つこと、②政府管理のように、管理運営の適正性を保つこと――という**２つの条件**です。有限責任の特典で成り立つ「株式会社システム」を利用する株主も経営者も、この２つの条件を守ることを当然の前提として約束していました。「２つの約束」です。

事業目的については、そもそも定款でガッチリと規制していますし、目的の範囲を絶対に超えさせないと目を光らせている怪物「**ウルトラ・ヴィーレス**」（第2章）がまだ健在だったので、政府も議会もまあ、安心でした。

怖いのは、②の管理運営でした。そこで政府は、株式会社に適正運営を守らせるために「情報開示」を徹底させる方向をとります。鉄道会社に対しては、設立申請の際に詳細な地図、計画、財務計算を提出させたのです（ロン・ハリス、180頁）。徹底した**情報開示**（ディスクロージャー）で会社の公正さを保つ政策は、その後の英国政府の一貫した方法になっていきます。

株主有限責任制という特典の見返りに「2つの条件」がつけられたことで、株式会社は、設立された瞬間から**公共性**を背負って運営することが、社会的に義務付けられたといえます。

現代では、株主有限責任制という特典が与えられた経緯が忘れ去られてしまい、多くの人々が「2つの条件」「2つの約束」をほとんど意識することなく、ただただ有限責任制のありがたさを享受するだけという風潮になっています。しかし、いかなる時代、いかなる地域においても、有限責任制という特典は「2つの条件」を守る「2つの約束」が前提であることを、株主も経営者も忘れてはなりません。

(2) 株主の「約束」と「社会的責任」

①株主は「約束」を果たす社会的責任を負っている

以上のいきさつがあるので、人は株式会社に出資して**株主**となるときは、２つの条件、すなわち①事業目的の正当性、②管理の適正性――を受け入れ、この２つを守ることを約束したうえで、有限責任という特典にあずかることにしたのです。それが**株主からみた「2つの約束」**です。したがって、株式会社の株主は、自分が投資した会社の経営者が「人々の役に立つ」という正しい目的に向けて、日々、誠実に管理・運営しているかを見守る責任があります。「**株主の社会的責任**」といってよいでしょう。

株を買って株主となった皆さんのなかには、「配当と株価だけが関心事項なので、見守るなんて面倒だ」という方も多いと思います。けれども、株主は「会社の所有者」です。その株式会社は「公共性」を持ったシステムです。そうである以上は、株主は会社が公共性を失わないように見守るのは社会的な責務です。

まして、いまの株式会社は、これからみるように、「人を大切にする社会」に向けて変革できるかどうかの瀬戸際にあります。株主１人ひとりが経営者と会社を見守ることの大切さは、かつてないほど高まっています。１人ひとりの株主の力は小さくても、集まれば大きな力となります。その力は経営者を、そして会社全体を動かしていく力になります。「社会的な価値ある責任」です。プライドを持って、この価値ある責任を果たしていただきたいと思います。

②株主の使命は崇高なもの

株主の使命については、松下幸之助（松下電器、現パナソニックの創業者）は次の

【松下幸之助】
１８９４～１９８９年。松下電器産業（現パナソニック）を一代で築いた日本を代表する経営者。「経営の神様」と呼ばれ、その経営哲学は、その後の多くの経営者たちに影響を与えてきた。また、社会貢献活動にも熱心に取り組んだ。

ように情熱的に語っています（松下幸之助「株式の大衆化で新たな繁栄を」『PHP』1967年11月号。『Voice』2016年8月号再録）。

「株主というものは、株式会社に出資することによって、国家の産業に参画するという一つの大きな使命があると思う。出資した会社から配当を受ける一方で、会社の経営を見守り、時に応じては叱咤激励し、その業容の進展を楽しみにするのが株主のあり方である」

株主の使命は、社会に奉仕するための崇高なものなのです。

(3) 経営者の約束と社会的責任

①経営者の約束

同じことが**経営者**についてもいえます。株式会社は、①公共事業のように正当な目的を持つ事業を行うこと、②政府管理に劣らない、適正な管理をもって運営すること——という**2つの条件**のもとで、やっと株主有限責任制という特典を与えられた制度です。その特典があるからこそ、多くの出資者から資金を集めることができるのです。

経営者がこうした公共性を背負っている株式会社の運営を引き受けたときは、この2つの条件を受け入れ、守ることを約束しているのです。それが**経営者からみた「2つの約束」**です。

②会社は「社会の公器」である

この点について松下幸之助は、以下のように語っています（松下幸之助『企業の社会的責任とは何か?』ＰＨＰ研究所、14頁）。

「基本として、企業は社会の公器であるということです。いかなる企業であっても、その活動が人々の役に立ち、それが社会生活を維持し潤いを持たせ、文化を発展させるものであって、はじめて企業は存在できるのです」

株式会社が本来的に持つ公共性と社会的責任について、核心を突いた素晴らしい言葉です。経営者としての豊富な経験に基づく言葉であるだけに、心に沁みます。

③経営者の社会的責任

経営者は経営を進めていくときは、自分が確信する「正当な事業目的」を**経営理念**として、株主、社会に高々と示し、実際にその理念に忠実に従って管理運営していくことが求められます。ただし、社会の要請や

株主と経営者の約束

顧客が望むことは時代とともに変化します。そうした変化を敏感に感じ取り、必要があれば直ちに経営理念に取り入れ、時代に合わせてさらに事業を進めていく責任があります。それが「**経営者の社会的責任**」です。

東インド会社の時代は、目的は国王の権威と宗教的な権威でガチガチに固められている定款により「お仕着せ」で拘束されていました。怪物「ウルトラ・ヴィーレス」の呪縛です（第2章）。

しかし、いまは違います。定款の事業目的は起業者たちがみずから創り出すものであり、社会、人々の求めるものに変化があれば、みずから定款を世の中の動きに合わせて修正し、株主の合意を得て先に進まなければなりません。

3　株式会社が直面する現代の課題
――「人を大切にする時代」への変革

(1)「ビジネスと人権に関する指導原則」が告げる「人を大切にする時代」への変革

①産業革命の延長から「人を大切にする社会」へ

株式会社が役に立とうとする「人々」、その人々が作る「社会」が、いま大きく変わろうとしています。「**ひたすら成長だけを目指す社会**」から、「**人を大切にする社会**」への変革です。

２０１５年の「パリ協定」は「産業革命以前に比べて世界の平均気温上昇を１・５℃に抑える」と宣言しました。私は、この「**産業革命以前に比べて**」という言葉は、単に「**気温**」のことだけを指摘したのではなく、「**人々の生き方**」そのものを見直すべきことを指摘したのだと受け止めています。

産業革命は、英国民にインド産綿織物に負けない国産綿織物を水力や蒸気機関で動く機械で生産して人々に提供するための努力でした。人々の「心地よい衣服を身につけたい」という要望に応えるためです。まさに「人々の役に立つため」に多くの人々の力が結集したのでした。ところが、その産業革命が過酷な労働を招くのです。産業革命が引き起こした労働状態については、次のように伝えられています（井上幸治『世界の歴史　12　ブルジョワの世紀』中公文庫、１５７頁）。

「木綿労働者の統計をみて驚くのは、13歳以下の少年少女が13％を占めていたことである。……炭鉱に行くと少年はせまい坑道で、よつんばいになって車を引くのである。労働時間も13、14時間を超え、賃金も安かった」

「人々の役に立つこと」を目的として始められた産業革命が、人々に苦難を与えたのであり、悲しい現実です。

②国連「ビジネスと人権に関する指導原則」

２０１１年3月21日に国連が発表した「**ビジネスと人権に関する指導原則**」（国連人権理事会・第17期。以下、「指導原則」）は、「わき目もふらず成長を目指す社会」から「人を大切にする社会」へと変革すべきだという宣言です。新しい時代が始まることを告げています。指導原則は第２次世界大戦後まもなく１９４８年12月10日に採択された「**世界人権宣言**」（国連第3回総会）に基づき、その後、国連人権理事会で検討され、その成果がまとめられたものです。

指導原則は、①人権を保護する**国家の義務**、②人権を尊重する**企業の責任**、③人権侵害を救済する**メカニズムの設置**と、3部から構成されています。

日本政府も２０２０年、指導原則を踏まえ、『「ビジネスと人権」に関する行動計画（２０２０－２０２５）』を定めています。

③人権デューデリジェンスの重要性

会社の活動にとっては②の企業の責任の部分が直結します。なかでも「**人権デューデリジェンス**」が重要です。会社は自社での人権尊重を実現すべきは当然ですが、**取引先**（サプライチェーンといいます）で人権リスクが起きていないか、そのリスクに自社の活動が影響していないかについて調査、確認すべきだと要請しているのです。

人権は自社内で尊重するだけでは足りない時代なのです。たとえば自社の製造委託先が過重労働によって無理して納品していることが分かっている場合、黙認したまま製品供給を淡々と受け続ければ、自社も「加担している」とみられることになります。

２０２１年、米国、スペイン、日本のメーカーが、人権侵害の疑問が提起されているる新疆ウイグル自治区から綿を仕入れていることについて、フランス司法当局がフランス刑法の「人道に対する罪」の疑いで、これらメーカーに対する調査を開始したことが報じられています（「ウイグル綿輸入事案」）。

２０２３年には、日本の芸能事務所で少年に対する性的虐待が起きていたことが明るみに出ました（「芸能事務所事案」）。多くの会社が、その芸能事務所に広告に使用するタレントの起用を委託していたのです。もし、会社が、芸能事務所で人権侵害が起きていることを知ったうえでタレント起用の委託を続けていたのなら、「加担していた」ことになってしまいます。

④指導原則が日本の「不法行為」に適用される可能性も

指導原則は、人権を守る「理想」を掲げただけのものではありません。オランダのハーグ地裁は、指導原則がオランダの国内法に適用されると判断したのです（「**石油会社事件ハーグ地裁判決**」ハーグ地裁判決２０２１・５・26）。環境保護団体が、石油会社がCO_2削減を徹底しないため、オランダ居住者とワッデン地域住民に対する不法行為になると提訴したのです。これに対して、裁判所は「**指導原則はオランダの民法に適用され**、石油会社の行為は住民らに対する不法行為になる」と判断しました。

日本民法の「不法行為」（同法７０９条）も、裁判所は判断に際しては「社会的な相当性」という言葉で、広い視野で価値判断をします。ということは、今後、日本の裁判でも、指導原則を取り入れた判断がなされる例が出てくるということです。

(2) 人権尊重の意識の高まりを示す事象——様々な「ハラスメント問題」の登場

以上の変革への動きは、指導原則を中心とする掛け声だけではなく、現に私たちの身のまわりで既に始まっています。以下で、近年の社会の動きを整理してみました。**「人を大切にする社会」**をキーワードとしてご覧ください。

セクシュアル・ハラスメント

近年、様々なハラスメントが続々登場してきているのは、「人の生き方」をみつめ直そうという動きの一環です。**「セクシュアル・ハラスメント」**という言葉は1989年「流行語大賞」に選ばれました。それまではなかった言葉だからです。以後、女性の人権尊重への動きは世界的に高まっていきます。

2017年には、米国の映画プロデューサーが女優たちに性的暴行を行ったことが報道され、「#MeToo 運動」が起きます。プロデューサーは2022年、ニューヨーク地方裁判所で拘禁刑23年の判決を受けました。日本では2024年、上場会社の社長が、「懇親の場で女性に対する不適切行為を行った」として、取締役会で解任されるケースが起きています（2023年12月19日、同社リリースによる）。

パワー・ハラスメント

「**パワー・ハラスメント**」という言葉が登場したのが、２０００年代初めでした。それをきっかけに、急速に職場の人間関係が話題になり始めました。以後、パワー・ハラスメントをめぐって被害者が行為者や会社を「不法行為」で提訴する事案が続出しています。２０１９年には、電機メーカーの教育主任が、部下に「飛び降りるのにちょうどいい窓がある」などと発言し、その後、部下が自死したことが「自殺教唆」にあたるとして警察に書類送検される事案が起きています（２０１９年11月14日送検）。「パワー・ハラスメント防止法」（「労働施策の総合的な推進並びに労働者の雇用の安定及び職業生活の充実等に関する法律」）が制定され、２０２２年からは、中小企業を含めてすべての会社に施行されています。それでもパワー・ハラスメントは減りません。行政当局の担当窓口に寄せられた相談件数は、２０２２年度は19万２６２３件に達し、前年比で37・１％増加しています（厚生労働省ＨＰ）。

続出するハラスメント

それ以外にも、「**マタニティ・ハラスメント**」（出産、育児に対するいやがらせ）、「**パタニティ・ハラスメント**」（男性の育児に対するいやがらせ）、「**モラル・ハラスメント**」（容姿や能力に関するいやがらせ）、「**アルコール・ハラスメント**」（飲酒強要などのいやがらせ）など、様々なハラスメントが問題視されるようになっています。最近では「**カスタマー・ハラスメント**」（顧客から従業員に対するいやがらせ）が問題とされています。厚生労働省は２０２２年２月に「カスタマーハラスメント対策企業マニュアル」を公表しました。また東京都が制定した「東京都カスタマーハラスメント防止条例」は２０２５年４月１日から施行されます。

こうした様々なハラスメントは、いずれも「人に対してキメ細かな配慮をして、人を大切にしよう」という意識の高まりから生まれてきたものです。すべての問題提起の根底には「**人を大切にする**」一貫した潮流が厳然としてあります。

(3) 労働時間に対する関心の高まり

①働きすぎの日本社会

「人を大切にする社会」への潮流は、労働時間に対する関心の高まりからも知ることができます。

日本のビジネス社会は長い間、「働きすぎだ」と国際社会から批判されてきました。いまでも問題は解決されていません。最近の海外メディアでは、長時間労働の結果として「過労死」が起きたことが衝撃的な事実として報じられています（ＢＢＣニュースジャパン「死ぬまで働く日本の若者『karoushi』（過労死）の問題」２０１７年６月６日）。「**Karoushi**」が国際語になっていること、それに「死ぬまで働く日本の若者」というタイトルになっていることが、私たち日本の国民にとってはショックです。

②過労自死事件

こうした過労死について社会に大きく問題提起したのは、広告代理店社員の「過労自死事件」でした（「広告代理店過労自死事件」最高裁判決2000・3・24）。社員は長時間労働の結果、うつ病にかかっていたとされ、入社から1年4カ月で自死に至りました。裁判所の認定によると、入社直後は毎月平均80時間、亡くなる前は毎月55～70時間の時間外労働（残業）をしていたといいます。

③労災認定ガイドライン

2001年には、厚生労働省が「労災認定ガイドライン」を発表しています。従業員が何らかの疾患を発症した場合、発症前の2～6カ月の平均時間外労働が「**80時間**」を超えているときは、業務と発症の関連性が強いと評価するというものです。

それでも長時間労働はなくなりません。厚生労働省の発表によれば、2023年に各種情報を得てから調査を行った事業場のうち37・1％で「80時間」超えの時間外労働が確認されたといいます（https://www.mhlw.go.jp/content/11202000/000969975.pdf）。

④求められる「株主」などの外部の声

こうした状況が容易には是正されないのは、上司からの圧力だけではなく、「仲間とともに働かないと気まずくなる」という日本独特の「**同調志向**」が奥底にあるのではないでしょうか。だとすれば、まずは、経営者自身が意識を改める必要があります。従業員が身を投げ出してまで働く時代は終わったのです。

また、株主の方々にも、「従業員を大切にする会社」を目指す観点から、会社の労働環境を見守ってほしいと思います。これは労働時間の問題ではありませんが、かつて1つの事業部を廃止することを発表していた会社の株主総会で、株主から「統合されて異動してくる従業員たちを温かく迎えてやってほしい」という意見が述べられたことがあります。こうした株主の言葉は、経営者の心に長く残り続けます。

(4)「人を大切にする社会」で読み解ける、現代用語

現代では、さらに「ウエルビーイング」「人的資本」「ダイバーシティ」「心理的安全性」などの言葉が飛び交います。新語が次々登場しているだけのようにみえますが、実はどれも「人を大切にする社会」への変革を願う言葉です。

ウエルビーイング（Well-Being）とは１９４６年、ＷＨＯ憲章で使われた言葉であり、ＷＨＯ設立者の一人である**施思明**《スーミンスー》の言葉だとされます。「健康とは病気ではないだけではなく、肉体的、精神的、社会的に、満たされた状態であること」という主張です。「**充実した生活を送る権利**」といってよいと思います。ウエルビーイングは２０１５年に国連が掲げた17の開発目標「ＳＤＧｓ」（Sustainable Development Goals）の3番目に「全ての人に健康と福祉を」（Good Health and Well-Being）と

して掲げられています。

人的資本は、従業員の育成を「コスト」とは考えず、会社にとって将来への「投資」であると理解して、十分な配慮をもって積極的に取り組むべきだという考え方です。**ダイバーシティ**は「多様性」と訳されますが、年齢、性別、国籍、人種、障がいの有無、性自認、宗教、信条の多様性を持った人々が共存していくことをいいます。**心理的安全性**とは、組織行動学研究者のエイミー・エドモンドソンが提唱した考え方です。組織のなかでお互いが尊敬し合い、率直に意見を述べても馬鹿にされたり制裁を受けたりしないと保証されている状況をいいます。**リスキリング**は、会社が進める事業の変化に対応できるように、従業員に改めて技術や知識を学んでもらうことです。

こうして整理してくると、どの言葉も「人を大切にする社会」への変革を進めるための言葉であることがお分かりいただけると思います。

(5) ウエルビーイング

①「人を幸せにする社会」への回帰を示す言葉

これらの言葉のなかでも、私は、**ウエルビーイング**が「人を大切に（幸せに）する社会」に向けた変革の中心的な言葉だと考えています。先に述べたように、２０１５年「**パリ協定**」の「平均気温上昇を産業革命以前に比べて１・５℃に抑える」という表現は、気温ばかりではなく「人の生き方」そのものについても出発点に遡って考えることの重要性を指摘したものです。「産業革命以来、私たちが進めてきた事業遂行は妥当なことであったのか?」という、根源的な問いかけです。

産業革命が「人々にキャラコに負けない綿織物を!」という目的で始まったことが象徴するように、私たちは「人々が幸せになるために」事業を推進してきたはずです。それが、いつの間にか数字的な「成長」それ自体が目的となってしまい、肝心の「人の幸せ」が遠くへかすんでしまっていたのです。そうした状況であるだけに、ウエルビーイングという言葉が世界の人々の心に響きました。

②統計にみる若い世代の意識変化

ウエルビーイングを大事にしたいという人々の意識は、具体的な数字にも表れています。特に若い世代は敏感です。学生が就職先を選ぶ基準についての最近20年間のアンケート調査によると、1位、2位は以前から「楽しく働きたい」「個人の生活と仕事を両立させたい」なのですが、「**人のためになる仕事をしたい**」が前年5位(8・4%)から3位(15・2%)へ、「**社会に貢献したい**」が前年6位(3・3%)から5位(6・1%)へと上昇しています(綿貫哲也「この20年における学生の就職観の変化とその背景にあるもの」2021年12月7日、マイナビ、キャリアリサーチＬＡＢ)。

就職活動に向けての気持ちについて建前論を述べることは少ないでしょう。ここに掲げられている「人のためになる仕事をしたい」「社会貢献できる仕事をしたい」という言葉は、若い世代が率直に心情を述べたものだと思います。

こうした言葉からも、時代がウエルビーイングに象徴される「人を大切にする社会」へと転換していることが分かります。

4　株式会社が直面する現代の課題――「気候変動対策」への要請

(1)　いますぐに真剣な気候変動対策を

①現状は限界に近い

現代の株式会社が直面しているもう１つの大きな課題は、「気候変動対策」です。２０１５年ＣＯＰ21は「パリ協定」を合意して表明しました。これまで何度も取り上げてきた「世界的な平均気温の上昇を**産業革命以前に比べて１・５℃**に抑える努力を追求する」という内容です。

しかし、現実はシリアスです。ＷＭＯ（世界気象機関）は２０２４年１月12日、「２０２３年は観測史上最も暑かった年である」と発表しました。また、欧州連合

（ＥＵ）の気象情報機関「コペルニクス気候変動サービス」は、２０２３年以降13カ月連続で月ごとの世界平均気温が、観測史上、最も高くなったと報告しています（国連広報センターリリース、２０２４年8月1日）。

日本の気象庁も、２０２４年1月12日、「２０２３年の日本の平均気温は、１８９８年の統計開始以来、最高の暑さであった」と発表し、さらに「２０２４年の6～8月も２０２３年の記録と並んで、1位タイの暑さだった」と発表しています（気象庁ＨＰ、２０２４年9月2日）。

こうした状況下でＷＭＯは、予測として、「２０２４年から２０２８年の間に、少なくとも1回は世界の年間平均気温が１・５℃を超える可能性が80％ある」としています（国連広報リリース、２０２４年8月1日）。「１・５℃の防衛ライン」も危うくなっています。

②気候変動の原因

こうした気候変動の原因について**国連ＩＰＣＣ**（気候変動に関する政府間パネル）は、２０２１年、「地球温暖化の原因は**人間の活動によることは疑う余地がない**」と断定しました。

仮に地球上に大気がなければ、全地球の気温は、本来「マイナス18℃」だといいます。それが全地球平均で「15℃」前後になっているのは、降り注ぐ太陽光エネルギーと、地球から逆に放射していくエネルギーとが「**釣り合って**」いるからです。ところが、CO_2はその分子構造から、放射エネルギーを通さないで保つ性質を持っています。地球全体が大きな毛布をかぶるようなものです。そこでCO_2の増加に応じて全地球の温度は高まっているのです。国連ＩＰＣＣの「人間の活動によるものだ」という結論は、この点からもうなずけます。

③気候変動対策の取り組み

気候変動に対しては、地球規模で取り組みを行う「体制」はできています。第７章でみたように、１９９２年に「国連気候変動枠組み条約」が定められ、１９９７年には「京都議定書」（ＣＯＰ３）が宣言され、そして２０１５年の「パリ協定」（ＣＯＰ21）の表明へと続いています。日本政府も２０２０年10月、「**２０５０年カーボンニュートラルの実現**」を宣言しました。

１９９８年に制定された「**地球温暖化対策の推進に関する法律**」は度々改正されて今日に至っています。同法は、企業に対しては「温室効果ガスの排出量の削減等のための措置を講ずること」を求めています（同法５条）。この要請に応えていくのは、経営者の責務です。その経営者に努力を促すのは株主の責務です。

また、国民に対しては「日常生活に関し、温室効果ガスの排出量を削減するための措置を講ずること」が求められています。

(2) 気候問題は人権問題だということ

①ハーグ地裁判決の事案

先に紹介した「**石油会社事件ハーグ地裁判決**」（ハーグ地裁判決2021・5・26）は「**気候変動対策の不徹底は人権侵害である**」と明言しました。

ハーグ地裁は「石油会社のCO_2排出量削減努力の不足が原因となって、オランダの居住者、ワッデン地域の住民の健康を害するリスクが生じている。そのことは具体的な人権侵害に該当する」と判断したのです。考えてみると、気候変動問題は、そもそも地球環境の悪化により、「人々が健康を害する恐れがあること」が問題になっているのです。「気候問題は人権問題である」のは当然のことでした。ただし、そのことが裁判所によって宣言されたというのが画期的なことです。

この判例の指摘で、「気候変動対策を実行する社会」への変革は、実は「人を大切にする社会」への変革と、根底において同じであることが明らかになったといえます。

②気候変動対策は、地球上のみなが役割分担で取り組むべきこと

ハーグ地裁判決が示した大切な視点は、「気候変動対策はみなが役割分担で取り組むべきだ」ということです。石油会社は裁判所に対して「気候変動対策は立法府や政府によってなされる事柄であって、裁判所が扱う問題ではない」と反論しました。こ

れに対して裁判所は「この石油会社の案件について審理することは当裁判所の『任務(task)』である」と述べて、反論を取り上げませんでした。

気候変動対策は、①立法府、②政府、③裁判所、④企業、⑤市民、⑥国際社会が、それぞれ役割分担をして地球上の全員で取り組まなければなりません。そうでなくては、とても実現できない重大な局面まできています。ハーグ地裁の言い方からは、「気候変動対策については裁判所も役割分担として取り組むべき責務がある！」という、裁判所の決意が伝わってきます。そして、企業の役割、責任を担うのは、株主と経営者です。

5　サステナビリティとは将来世代を守ること

(1) 最も大切な「将来世代」

こうして気候変動問題は、イコール「人権問題」であり、全世界で取り組むべき重要課題であることが分かりました。

もう1つ、大切な事柄があります。それは「人権尊重」で守られるべきは私たちだけではなく、「**将来世代**」も含まれるということです。

「気候変動問題は人権問題である」といち早く指摘したのは、1987年の国連ブルントラント委員会の報告書です。医師であり後にノルウェー首相となるグロ・ハーレム・ブルントラントが委員長を務める「環境と開発に関する世界委員会」は、国連に対して「**我ら共通の未来**（Our Common Future）」と題する報告書を提出しました。

そのなかの「**サステナブル・ディベロップメント**」と題する項目で、

「私たち人類は、**将来世代の人々**（future generations）が求めることにきちんと応えながら、**現代の人々**の要請に合致する開発を行うことが、できるはずだ」と提言しました（同委員会報告書第1章3。1987年3月20日、太字は筆者）。

この提言から、サステナビリティを大切にする動きが始まりました。2015年9月25日に国連第70回総会で「**ＳＤＧｓ**（Sustainable Development Goals）」が採択されます。以後、**サステナビリティ**（持続可能性）がモットーとして示され、「サステナビリティ」を合言葉に世界中で活動が行われています。いまでは、「サステナビリティ」が多用されすぎてなんとなく軽い感じになってしまっていますが、もともと、**将来世代の人々**に残したい社会を守る世界的な決意表明であり、気候変動対策、人権尊重という重大な課題が基本にあることを忘れないようにしたいものです。

会社によっては、ステークホルダーズのなかに「**将来世代**」を含めたうえで企業行動指針にしているところもあります。

(2) サステナビリティの実現へ――変わる人々の意識

一般の人々は、気候変動対策に強い関心を持っています。**国連開発計画**（ＵＮＤＰ）の調査によると、全世界の80％の人が自国の政府に気候危機への対策を強化するように望んでいます。さらに86％の人々が、地政学的な対立を除外して、気候変動対策において は国家間で協力するように自国に望んでいるといいます（ＵＮＤＰ駐日代表事務所ＨＰ、２０２４年6月20日）。

人々の意識が分かる例として、身近なところではスーパーやコンビニエンスストアでの「**レジ袋の辞退**」があります。レジ袋については、プラスチックごみとして海洋汚染の原因となること、また廃棄処理でCO_2を排出するため温暖化の原因となることが指摘されています。レジ袋は２０２０年7月から有料化されました。実は有料化前からレジ袋を辞退する例は5割くらいあったとされます。２０２１年度では辞退率は80・26％に達していると報じられています（「産経ニュース」２０２２年8月４日付。日本チェーンストア協会調べ）。

レジ袋辞退については、「温暖化対策としての効果は知れたもの」「エコバッグもプラスチックを使用しているではないか」といった冷笑的な見方があります。けれども、市民は海洋汚染、地球温暖化に対して問題意識を持っているからこそ辞退しているのです。気候変動について市民がどれほど真剣に考えているかの表れです。「将来世代」に向けて少しでもよい地球環境を残そうと思っているのです。こうした社会の意識の変化、動きを厳粛に受け止めることは、株主と経営者の責務です。

6 株式会社が変わるための多くの課題

(1) 総会限定主義

①限定主義の「限界」

「**これからの株式会社**」を考えるとき、最も大きな障害は**総会限定主義**です（第7章）。株主総会が決議できる範囲は「定款に定められている事項」と「会社法に定められている事項」に限られているのです（295条2項）。

以上みてきたように、いま株式会社は「人を大切にする社会」に向けた変革を求められています。実現するためには、世論、そして世論を背景にした株主の声が経営に活かされていくことが必要です。

その際に立ちはだかるのが総会限定主義です。「女性管理職の比率を高める経営を行う」「パリ協定を尊重した経営を進める」「人権尊重の経営をする」「取締役の過半数を社外取締役とする」といった事項は、定款事項ではなく、また法定事項でもありません。すべて経営事項であり、株主総会では決議できない事柄です。決議できないということは、審議もできません。そこに限定主義の限界があります。

いま、「ガバナンスの充実」「気候変動対策の実施」「人権の尊重」などについて**株主提案**が増えています。ほとんど定款変更の形で行われています。定款変更の形にしてしまうと「**特別決議**」となり、可決へのハードルはものすごく上がります。それでも、株主提案を行う理由は、総会の議題とすることで審議の対象となることを期待しているからです。株主は多様な事項について「**経営陣との対話**」を望んでいるのです。

②勧告決議の導入

そこで、「**勧告決議**」(advisory voting)の導入を提案したいと思います。たとえ経営事項であっても株主が提案することができ、定款変更の形をとらずに、普通決議で可決されるようにするのです。たとえば、株主は会社に対して「取締役の過半数が社外取締役となるように取締役会を構成する」と提案することができ、審議することもできるようにするのです。勧告決議の対象として取り上げるかは、ガバナンス、人権など経営指針としての重要性の観点から会社側が合理的に判断することになります。

ただし、可決されたとしても、「限定主義」の壁は破れないので「法的効力」はありません。第7章で紹介した、会社唯一の財産である工場を売却するので株主総会にかけたところ、裁判所から「無効な決議だ」とされた「Kゴム会社事件」のケースを思い出してください。けれども、株主総会で過半数の賛成があったとすれば、その事実はとても重いものです。経営者には善管注意義務の一要素として、「総会決議を尊重して実現すべく努力する義務」が生じると考えられます。

勧告決議は、米国では行われています。「決議しても守られていない」と指摘されています。が、日本では少なくとも善管注意義務の一要素となるのですから、「総会限定主義」からは大きな前進です。現に、いまでも「有事型買収防衛策」の導入時に、「防衛策の導入」は定款事項でも法定事項でもないのに「株主意思確認決議」という総会決議がなされています。そうであるなら、ガバナンス強化、人権やダイバーシティの尊重、気候変動対策などについて提案されたときも同様に審議、決議すべきです。

(2) 縮小されている株主総会の権限

①剰余金の配当も取締役会で決議

現在の会社法では、監査役会と会計監査人が設置されている会社で、取締役の任期を1年としている会社では、**剰余金の配当**の決定を取締役会で行うことができることを定款で定めてよいとされています（459条2項）。総会限定主義が原則とされているうえに、さらに剰余金配当の決議権限まで株主総会から取締役会に移してよいとする規定です。

株式会社とは、人々が資金を持ち寄ってこれをもとにビジネスを展開し、収益を上げ、利益を配分するためのシステムです。剰余金の配当は、株主にとって最も大切な場面です。その配当決定権限まで取締役会に委ねてしまうのは、株式会社のオーナーである株主としては、本当は残念なことではないでしょうか。

②「剰余金の配当も総会で決議したい！」――株主提案への反応に表れた株主の意識

2024年3月、「剰余金の配当は取締役会で決議する」と定款に定めている製菓会社に対して、「**株主総会でも定められる**ようにする」という定款変更の株主提案がなされました。定款変更ですから、特別決議で3分の2（67％）以上の賛成が必要なのです。結局は否決されたのですが、驚くべきことに、この株主提案は**42・9％**の賛成票を集めました。「剰余金の配当も、自分たちが総会で決議したい！」。株主が剰余金配当の決定についてみせた本心です。

経営者は、たとえ会社法で認められている制度であろうとも、株主総会の権限を縮小する方向での運用には慎重であるべきです。

（3） 株主の実態

①個人株主は、人数比率は多いが、持株比率は少ない

本章では「株主と経営者は会社を変えられるのか」を研究しています。その株主の実態はどのようなものかをみておきたいと思います。

全国4証券取引所の調査によれば、上場会社3984社の株主の人数は合計で7609万人です。そのうち7445万人が個人株主です（2023年度株式分布状況調査結果）。

個人株主は「人数割合」では株主総数の**97・8%**を占めています。しかし、「持株比率」でみると**16・9%**と、ぐっと低くなります。こうした低い持株比率で、個人株主は本当に会社を変えていけるだけの存在感を発揮できるのでしょうか。

②機関投資家の存在感

では、残りの株は誰が持っているかというと、**外国法人**が31・8%で一番多く、次いで**金融機関**が28・9%、**事業法人**が19・3%となっています。事業法人とは、事業（ビジネス）を行っている一般の会社のことです。

金融機関のなかでも生命保険会社、損害保険会社、信託銀行などは、**機関投資家**として大量の資金を使って証券マーケットで投資・運用を行っています。機関投資家の

投資額は個人投資家に比べてけた違いに規模が大きいので、その投資姿勢は証券マーケットに多大な影響を与えます。

(4) 経営指標の過度な重視で危惧されること

①重視される経営指標

皆さんは最近の会社に関係するニュースで、「低ROE、トップ再任の壁」「＊＊社、ROIC重視経営に移行」「PBR、1倍割れ企業の課題」といった記事の見出しをご覧になったことがあると思います。

これらは経営状態を示す指標で「**経営指標**」と呼ばれます。機関投資家はこうした経営指標をきわめて重視して投資行動を決めています。機関投資家が運用する資金は、自分のお金である場合もありますが、大半は顧客から預かったお金なので、できるだけ減らすことなく、できるだけ膨らませるように、慎重に投資先の**収益力**を見極めなければならないのです。機関投資家が重視するため、経営者側もこうした指標を重視せざるを得なくなっています。

②経営指標の代表例

ROE：収益力を判断する指標の代表的なものが、**ROE**（Return on Equity：自己資本利益率）です。株主が出資してくれたお金は資本金に組み込まれ、会社は返さなくてもよいので（第5章）、「自己資本」と呼ばれます。そのリターンがどれだけあるかという指標です。この指標は、**株主の立場**からみると、株主が出資した「**株主資本**」に対してどれだけの「利益」が上がるのかを確認する数字です。機関投資家の間で最も重要視されています。本書で設定した佐高山株式会社は3人が出資した資本金1000万円で活動しています。その自己資本1000万円に対してどれだけの利益が出るかということです。

ROIC：これに対して**ROIC**（Return on Invested Capital：投下資本利益率。「ロイック」と呼びます）は、投下資本（株主資本＋有利子負債）に対してどれだけの利益が出るかを示す指標です。**有利子負債**とは銀行などから借り入れる資金で、銀行などに利息を支払うので「有利子」というのです。佐高山株式会社でも業績好調で「工場増設！」となると、銀行借入をする必要性が出てくるでしょう。それが有利子負債です。ROICは、**経営者の立場**からみて、株主資本や有利子負債を使ってどれだけ利益を上げたのか、経営の腕前を示す指標だといえます。「**＊＊社、ROIC重視経営に移行**」という記事の見出しは、そうした経営者の意気込みを示しています。

PBR：**PBR**（Price Book-value Ratio：株価純資産倍率）という指標もあります。株価が1株あたりの純資産額（Book-value Per Share：BPS）の何倍になっているかを示す指標です。純資産とは、「もう事業を止めた！」と仮定して、その会社のすべての資産を売却して負債（借入れ）を返した後に残る資産です。その純資産を株式数で割ると**1株あたり純資産額**（BPS）が算定されます。

たとえば、総資産10億円の会社が、負債5億円を弁済すると5億円の資産が残ります。株式数が50万株だとすると、ＢＰＳは１０００円になります。そのとき、証券マーケットでその会社の株価が１０００円だとすれば、ＰＢＲは「**1**」になります。そうだとすると、理屈のうえでは資本金を持ち寄って株式会社を設立してがんばってきたが、企業価値は資本金額のままであり、仕事をしている意味がないという残酷な結論になりそうです。先ほどの「**ＰＢＲ、1倍割れ企業の課題**」という記事見出しはそのことをいっています。

③議決権行使助言会社

議決権行使助言会社とは、経営指標の分析を専門的に行い、その結果に基づいて、独自の分析部門を持たないか、持っていても対応しきれない機関投資家に投資の助言をする会社です。**ＩＳＳ**（Institutional Shareholder Services）、**グラスルイス**（Glass Lewis）が有名です。

ＩＳＳは２０２４年版の日本向け議決権行使助言ガイドラインで、「過去5期平均の**ＲＯＥが5%を下回り、かつ改善傾向にない場合**は、その会社の**経営トップ**である取締役の**選任には反対**を推奨する」と発表しています（同社ＨＰ）。こうした助言に従う機関投資家も少なくないと思われます。議決権行使助言会社のガイドラインの方向性は、大きな意味を持つようになっています。「**低ＲＯＥ、トップ再任の壁**」という記事見出しは、このガイドラインの苛烈さを表現しています。

④経営指標の偏重で危惧されること

株主、経営者が株式会社を運営するために経営指標を参考にすることは、効率性確保のために、とても合理的なことです。しかし、経営指標だけを株式会社が進むべき「羅針盤」とすることには、根本的な疑問があります。それはＲＯＥ、ＲＯＩＣなどが**「いま現在の会社の収益力」**にしか着目していないことです。いま、株式会社は、パリ協定で示された全地球的に「産業革命以前に比べて平均気温上昇を１・５℃に」という目標、「脱炭素」に向けた技術開発に取り組んでいます。

CO_2排出量が多いのは電力と鉄鋼業です。電力の分野では、①再生エネルギーの活用、②石炭火力発電のCO_2を抑えるＣＣＵＳ（Carbon dioxide Capture, Utilization and Storage：二酸化炭素回収・貯留・再利用）の技術開発などが進められています。また、鉄鋼業では、①コークス（石炭）ではなく、水素を使って鉄鉱石（酸化鉄）から酸素を取り除き「鉄」だけを取り出す「水素製鉄」の技術開発、②グリーンスティール（ＣＣＵＳの活用）の技術開発が行われています。

こうした技術開発はいますぐには「収益力」に結びつきません。むしろ、開発のコストがかさみます。機関投資家が目前の利益に着目すること自体は当然ですが、それでは「人を大切にする社会」に向けた会社の歩みを否定することになります。

また、ＰＢＲが1倍割れだとしても、価値ある開発、価値ある事業を進めている場合もあります。小規模の製薬会社で、稀な疾患で限られた数の患者のための医薬品を製造しているところもあるのです。企業価値はＰＢＲだけでは測れません。

経営指標のなかに、気候変動対策への努力ぶり、人権尊重への努力ぶり、人を大切にする社会に向けての努力ぶりを評価する「数値」は入っていません。いまの収益力だけに着目した経営指標が力をふるうようでは、企業社会全体が、産業革命以来歩んできた道を、そのまま進み続けることにならないかと危惧されます。

皆さんには、経営指標というものが必ずしも万全ではなく、危険性もはらんでいることを知っていただきたいと思います。

7 経営者は会社を変えていけるか

(1)「人を大切にする」へ——経営者の意識の切り替え

①人を大切にしなかった歴史

本書はここまで「株式会社の本質」を見極める旅を続けてきました。皆さんにもいろいろと考えていただいたと思います。これまでみてきたところから、経営者、経営者を目指される方、そして株主、株主を目指される方に、「これからの株式会社」に向けての提言をまとめます。

まず経営者の方（経営者を目指される方を含む）に提言したいことです。

経営者は、「**人を大切にする社会**」に向けた変革が始まっていることを感じ取っていただき、時代の大きな流れに合わせるように、意識を切り替えていただきたいと思います。

残念ながら、日本では「人を大切にする文化」が十分であったとはいえません。戦前の象徴的な事例は「零式艦上戦闘機」（**零戦**《ゼロ》）の防御装備です。零戦は軽快な運動性能と20ミリ機関砲という強力な武装で、世界トップクラスの戦闘機と評価されます。問題は防御性能です。零戦21型が制式化された１９４０年当時、欧米諸国の戦闘機はパイロットを守るために、すでに「防弾ガラス」と「操縦席防弾板」が平均的な装備となっていました。ところが21型には、防御装備はまったくなかったのです。国の航空本部からの「計画要求書」に従った結果です（吉村昭『零式戦闘機』新潮文庫、41頁）。防弾ガラスは１９４３年52乙型から、防弾板は１９４４年52丙型からやっと備えられました。初期段階では発注者である国に「操縦者保護」の発想がなかったといわれても仕方ありません。操縦員保護は、今日でいえば「従業員保護」の問題です。

戦後も同様の事例が少なからずあります。「**M製薬エイズ薬害事件**」はそのひとつです。判決によると、M製薬では血友病患者に使用する「血液製剤」に関して、１９８５年、感染リスクが指摘されていたにもかかわらず常務会で加熱処理していない「非加熱製剤」を使うことについて「格別の異議なく」承諾しているのです。後に感染者が出たため、社長、副社長は業務上過失致死罪で有罪となっています（大阪高裁刑事判決２００２・８・21)。血友病患者は医薬品の「ユーザー」です。経営者としての、ユーザー、消費者を大切にする姿勢が問われた事案です。

②経営理念の確立と周知

時代の変革に対応するためには、経営者はみずから「人を大切にする」意識に切り替える必要があります。最近のパワー・ハラスメントの事例では、「辞めてくれ。お前の代わりはいくらでもいる」というＮＧワードが時々報告されています。これは、旧軍隊で、「召集さえかければ補充兵はいくらでも調達できる」という意味で使われていた言葉です。

事業の現場に根強く残るこのような文化は変えなければなりません。変えるには大変な努力が必要です。パワー・ハラスメントで告発された幹部がヒアリングで、「私たちはこうやって育ってきたのです！」と反論した例もあります。

変革の先頭に立つのは経営者です。「人を大切にする」を実践する会社に変えなければ、新しい世界では存続できなくなる！と重く受け止めたうえで、「**経営理念**」を掲げることが望まれます。経営理念を確立すべきことは、コーポレートガバナンス・コード（ＣＧコード）でも「会社の目指すところ（経営理念等）を確立」することが取締役会の主要な責務であるとして、求められています（原則４－１)。

経営理念をまとめる際は、先にご紹介した、学生たちの「人のためになる仕事をしたい」「社会貢献をしたい」という言葉を、ぜひ思い起こしていただきたいと思います。新入社員が胸を躍らせる経営理念ができれば、それは素晴らしいことです。

(2) 株主総会を通じて「人々や社会」が望んでいることを知る

①なぜ総会を「対話の場」とすべきなのか

総会は人々や社会の動きを把握する絶好の機会

株主にとって株主総会は、経営者と対面できる、ほとんど唯一の場です。

これは経営者の側にとっても同じことです。経営者は、機関投資家や事業法人投資家などとは対話をする機会が多くあると思います。特に機関投資家やアナリストとは、ていねいな質疑が行われます。「スモール・ミーティング」といいます。

しかし、個人投資家とは、「株主懇親会」でも行っていないかぎり、対話する機会は株主総会をおいてほかにありません。

その個人株主は、議決権割合こそ上場会社の約17％余りを占めるにすぎませんが、人数割合は98％近くを占めています。「人々や社会」がいま変わろうとしているとき、その変革の動きを代表しているのは個人株主です。「**個人株主は世論の代表者**」なのです。

そう考えると、経営者や取締役が世の中の動きを把握し、対話をするためには、株主総会はまたとない絶好の機会だといえます。ＣＧコードが「上場会社は、株主総会が株主との建設的な対話の場であることを認識し、……適切な環境整備を行うべきである」と総会を充実させることを求めているのは（原則1－2）、そのためです。

総会への応対ぶりで企業価値は変わる

最近の株主総会では、総会での報告事項や審議事項とは関係のない質問に対しても、経営陣は的確、かつていねいに回答・説明しています。的確、ていねいな回答・説明を行うことは「企業価値」を高めます。株主総会での経営陣の応対はＳＲ（Shareholder Relations：株主との良好な関係づくり）活動の重要な一環であり、誠実な対話は会社のイメージアップに大いにプラスになります。

上場会社の2割近くが、総会の審議の様子を、株主に限ってネット配信しているのも（「株主総会白書２０２３」１７５頁）、ＳＲ活動の一環です。

的確な回答・説明は「デュープロセス」の実践

法的にも的確な説明は必要とされています。**「デュープロセス」**（適正手続き）の原則です（第3章）。デ

図表8-1　株主とのタイプ別「対話」

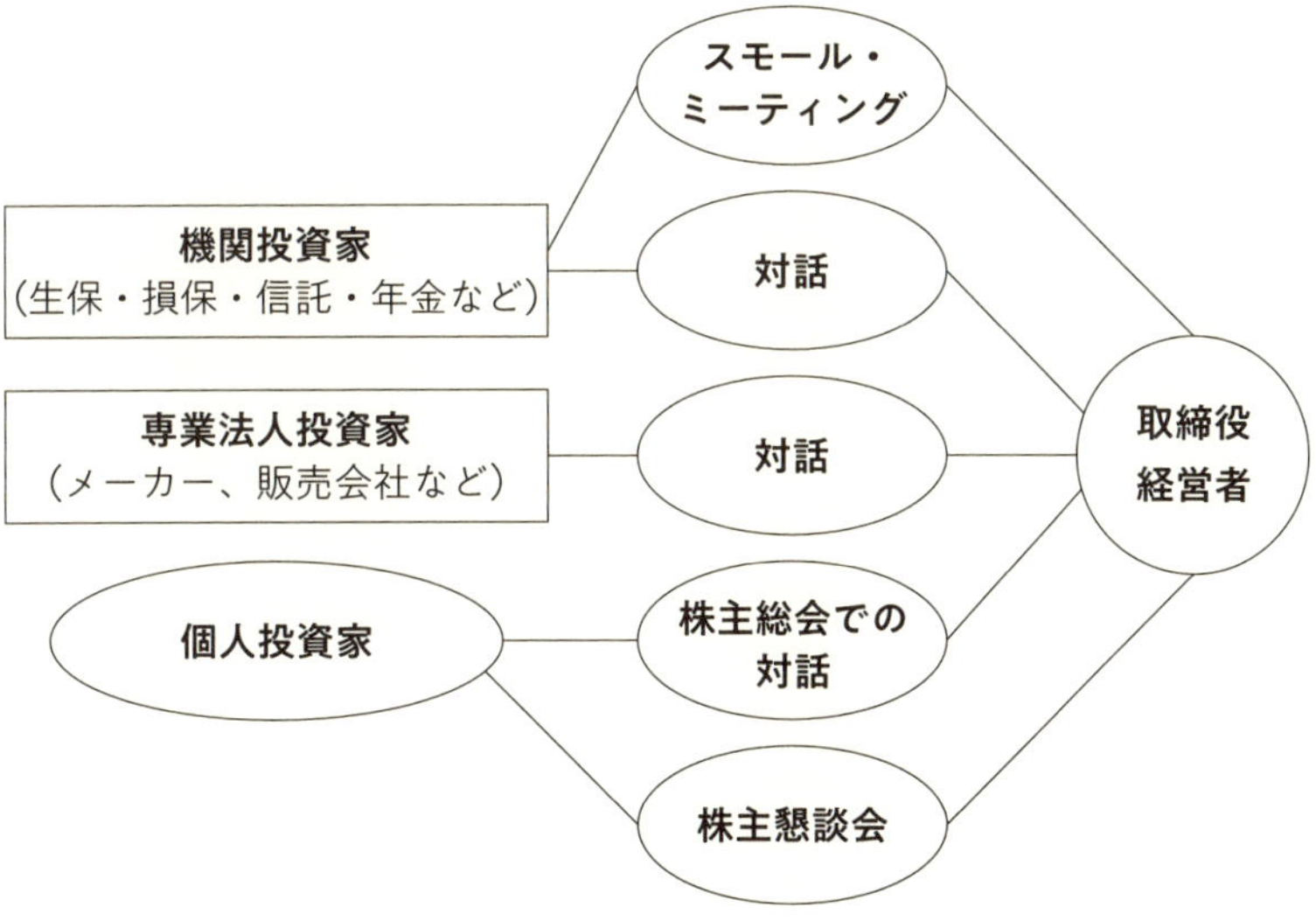

出所：筆者作成

ユープロセスとは、法律で定められた手続きをきちんと踏まないと、行為を法的に認められないという原則です。役員に対して、株主総会に出席し、株主から質問が出た場合に説明することを義務付けています（314条）。

先に紹介したように、「退職慰労金贈呈」の議案について株主から「せめて金額だけでも明示できませんか」と質問されたのに対して、会社側が「個人に関わることなので、できません」と拒絶したことで同議案が「決議取消し」になった事例があります。仮に、議決権行使書や電子投票で「賛成多数」が可決要件を満たしていたとしても、「説明不十分」という「適正手続き違反」があれば遡って決議は「取消し」となるのです（831条）。これが的確な回答、説明が求められている法的な理由です。

②「十分な対話の場」とする努力

株主に対して十分な回答をするために、多くの会社では、取締役、監査役、執行役だけではなく、本来は出席義務のない**執行役員**にも総会に出席してもらっています。執行役員が答えなければならないような細かなことは説明義務の範囲に入らないのですが、株主の知りたい気持ちに応える経営者の姿勢は高く評価されるべきです。

今後は、**会計監査人**に同席してもらうことも検討に値します。法律上、会計監査人は総会の場で「会計監査人にも出席してほしい」という決議があった場合にだけ、初めて総会に出席することになっています（398条2項）。ただ、万一、総会決議があったとしてもその場で急には出席できないので、通常は、会計監査人は総会が行われている会場の別室で「待機」していています。それなら、せっかくですから総会のひな壇に座っていただいたらよいと思います。会計監査人も出席することで「この株主たちから公正な会計について委託を受けているのだ」と実感できます。

(3) 個人株主の概要を把握する

①個人株主の平均的な実態

「個人株主を大切にする」といっても、経営者の頭のなかで、個人株主が抽象的な存在にとどまっていて具体的なイメージが把握できていないと、株主を大切にする意欲も湧いてきません。具体的イメージが持てれば、たとえば配当政策を決定するときも、「株主は、配当よりも投資による事業拡大を望んでいるだろうか？　それとも1円でも高い配当を望むのだろうか？」などと悩むことができます。それは、経営者として正しい悩みです。

参考までに日本証券業協会（日証協）によるアンケート調査結果を引用しておきます（日証協「個人投資家の証券投資に関する意識調査」２０２３年10月18日）。個人投資家は男性が多く、60～70代が半数を占め、無職、収入は年金のみという人が20％近くいます。

図表8-2　「個人投資家の証券投資に関する意識調査」の結果について

性別	男性61.4％　女性38.6％
年齢層	60代23.3％、70代以上24.7％、40代18.8％、20～30代17.5％、50代15.6％
年収	300万円未満42.8％、400万～500万円未満24.9％、1,000万円以上6.2％
職業	無職・年金のみ20.2％、管理職以外の勤め人24.0％、専業主婦主夫14.1％、管理職9.5％、事業主8.3％、公務員4.7％
投資情報	全体：職場44.3％、セミナー37.9％、Web19.6％、eラーニング15.6％、学校12％

出所：日証協「個人投資家の証券投資に関する意識調査」2023年10月18日
注：調査対象は日本全国の20歳以上の証券保有者、標本数5,000、調査時期2023.7.12～7.15。

②株主アンケートの利用

会社独自で個人株主に対するイメージを得るためには、株主に対するアンケート調査を行うことが考えられます。近年、「純粋な通知書」だけになった総会招集通知を利用する方法があります。

株主総会に関しては、2023年3月から総会資料の「**電子提供制度**」が始まっています。上場会社では、総会参考書類、議決権行使書面、計算書類、事業報告、連結計算書類などは会社のHP（ホームページ）に掲載することが義務付けられたのです。

その結果、いままで様々な書類を同封したため厚かった招集通知が薄くなりました。招集通知は、「総会の日時、場所、議題、書面投票・電子投票ができる」と書いた、本当に招集を通知するだけの書類（狭義の招集通知）だけになりました。

そこで、会社の総会担当者の間では、薄くなった招集通知に「何か同封しようか」と話題になっています。せっかくですから、「会社の運営に関する株主意見を聴くアンケート用紙」を同封したらよいと思います。

(4)　株式分割で個人株主を増やす

①個人株主の増加に障害となっている単元株制度

経営者は「人々や社会」の代表である個人株主を、幅広く増やすように努力すべきです。しかし現在、個人投資家が株式を購入しようとするときに障害になっている制度があります。「単元株制度」です。

単元株制度とは、定款で、「当社は１００株をもって1単元とする」と定めれば、「1単元1議決権」となり、「1単元未満の株主」には総会の**議決権を与えない**ことにできる制度です（３０８条1項但し書き）。

株主の議決権は、本来、「**1株1議決権**」が大原則です（３０８条1項本文）。その重大な例外として、２００1年の商法改正で1単元1議決権制度が導入されました。さらに２０１８年10月からは、全証券取引所で株式の売買単位が「１００株」に統一されました。その結果、現在の上場会社は「**1単元１００株**」にまとまっています。

②単元株制度が障害となっている理由

このような単元株制度が株式取得の障害になっている理由は、1単元の価格が高すぎることにあります。東京証券取引所のプライム上場会社の単純平均株価は２９４７円です（２０２４年5月現在）。ということは、29万４７００円、約30万円なければ平均的な上場会社の議決権は得られないということになります。

参考までに、上場されている会社の**1単元株価**をみると、７６０万円を筆頭に、４００万円、２００万円という会社がずらりと並んでいます。1単元株価のトップから50位までが１００万円以上であり、トップ51位から１００位まですべて70万円以上です（２０２４年3月3日現在）。

これでは「世の中の役に立ちたい」と思っている若い世代の人々も、「リタイア後、株主となり少しでも会社をよくする力になりたい」と思っている中高年者も、意欲をそがれます。「人を大切にする時代」の株式会社の株は、多くの個人投資家に買ってもらうべきです。その際、**議決権**を取得してもらうことが肝心です。

それでも、若い世代の人々や中高年者にとって、50万円、70万円という単元株を買うのは大変なことだと思います。

③増加する株式分割

そこで、単元株制度のもとで個人投資家を増やすためには、株式分割を行うのが効果的です。

株式分割とは、文字どおり、「株式をいくつかに分けること」です。羊羹《ようかん》を切り分けるのに似ています。1本1000円の羊羹を5つに切り分ければ、1切れは200円になります。が、5切れを合わせればもとの1000円の羊羹ですから、価値は変わっていません。高級な羊羹でも、1切れを安く手に入れることができますね。

これと同じで、1株を5分割すれば、1株の値段は5分の1の価格になります。しかし、5つを合わせればもとの価値です。したがって、株式を分割しても、保有している株主にはまったく迷惑はかけません。「数は増えるが価値は変わらない」からです。そこで、会社の判断と責任ということで、株式分割は取締役会決議で実行できることになっています（183条）。

東京証券取引所は、以前、望ましい最低投資額を「5万〜50万円」としていましたが、２０２３年7月28日に「5万円以上」という制限を撤廃すると発表しています。「1株５万円以下」の投資も歓迎するということです。１単元が高すぎる株式についての株式分割を望むというメッセージだといってよいでしょう。

２０２３年度の株式分割の発表社数は前年度比6割増の１９１社となりました。分割後は株式売買が盛んになっているといいます（「日本経済新聞」２０２４年４月２日付朝刊）。M重工が株式10分割を発表したときは、「初の株式10分割　若年層へ株主拡大狙う」と大きく報じられました（「日本経済新聞」２０２４年2月７日付朝刊）。株式分割は、若い世代の人々や中高年者に対して「株主になってほしい」という強力なアピールになります。個人投資家を増やすことは「人を大切にする時代」の株式会社に向けて歩み始める第1歩です。こうした姿勢は証券マーケットでも歓迎されており、株式分割を行った会社の株価はだいたい上昇しています。

(5) 経営指標偏重の見直し

経営者が「人を大切にする社会」に向けて会社のかじ取りをするに当たっては、経営指標だけを過度に偏重しないでよいと思いま

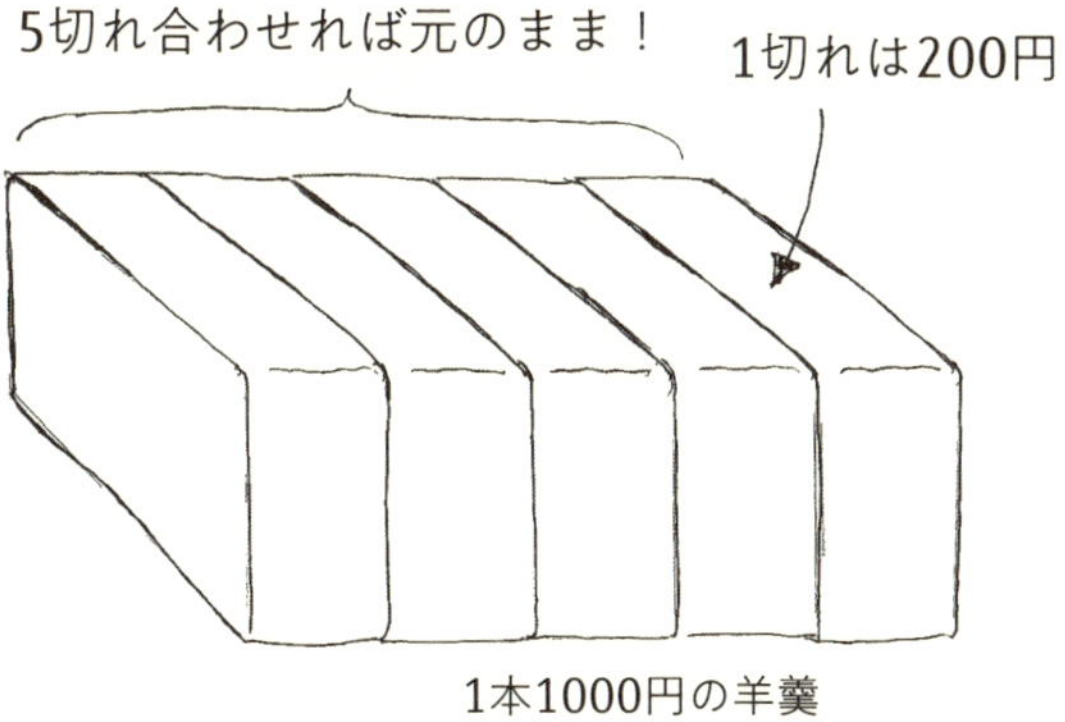

株式分割は羊羹を切り分けるのと同じ

す。先に述べたように「脱炭素」に向けては「CCUSによる発電」「水素製鉄」「グリーンスティール」などの研究開発が進んでいます。こうした開発を止めてはいけません。すぐには実績には反映しませんが、基礎研究こそ大切にされるべきです。

そこで経営者は、機関投資家や議決権行使助言会社に対して、将来に向けて価値ある研究開発を行っていることなどをていねいに説明し、堂々と自信を持って研究開発など、将来に向けた活動を続けてほしいと思います。

個人投資家、世論は、そうした姿勢を支持するはずです。

8 「株主」は、会社を変えていけるか

(1)「貯蓄から投資へ」というけれど

①株主はすごい権利を持っている

株主は、法的権利として、株主総会に出席して経営者に対して、①意見を述べ、②質問を行い、③議題を修正する動議を提出し、④議決権を行使（投票）する――ことができます。厳格な要件ですが、要件さえ満たせば、⑤株主総会に議題を「株主提案」

することだってできるのです。

これらは株主だけができることであり、株主の「特権」です。マスコミも経済・経営学者も評論家でも、「株主」でなければ株主総会の会場には入れないのです。

②「貯蓄から投資へ」の意味するところは

日本では長いこと「貯蓄から投資へ」といわれ続けてきました。「日本の個人資産で株式や投資信託などの『投資』に向けられているのはわずか20％くらいで、あとは現・預金になっている。これに比べて米国では50％近くが投資に向けられている」という言葉です。皆さんもお聞きになったことがあるでしょう。

しかし、この「貯蓄から投資へ」という言葉を注意深く聞くと、「投資して『株主』となって株主の権利を行使してほしい」とは、一言もいっていません。むしろ、「株主総会はヴァーチャルで済ませよう」「書面投票で結果は出ているのだから、総会なんてやらなくてよいのではないか」「株主提案は乱用のおそれがあるから、もっと要件を厳しくしよう」という反対方向の声が、多数、聞こえてきます。要するに「会社に投資はしてほしい。だが、株主として口は出してほしくない」というのが本当のところのようです。

しかし皆さんには、株主となったら、「株主のすごい権利」を活用してほしいと思います。それでこそ「貯蓄から投資へ」です。そしてこれが実現していく希望はあります。２０２３年の統計ですが40代以上の株式、投資信託保有額の伸びが１・５～２倍くらいなのに、39歳以下は3・5倍と増えているのです（総務省家計調査。「日本経済新聞」２０２３年6月1日付朝刊）。

（2）新ＮＩＳＡ

①新ＮＩＳＡとは

新ＮＩＳＡ制度が２０２４年１月から始まりました。**ＮＩＳＡ**とは「Nippon Individual Savings Account」の略で、英国の**ＩＳＡ**（Individual Savings Account：個人貯蓄口座）をモデルにした、一定額までの税制優遇制度です。

旧ＮＩＳＡでは非課税の期間が限定されていましたが、新ＮＩＳＡでは無期限です。新ＮＩＳＡは、「**つみたて投資枠**」（年間１２０万円まで）と「**成長投資枠**」（年間２４０万円まで）とがあります。

②成長投資枠

新ＮＩＳＡの**成長投資枠**では、上場会社への投資を行うことができます。「株主のすごい権利」である議決権を得るためには、少なくとも1単元を購入する必要があります。年間２４０万円までが非課税なので、ネットで「1単元一覧表」を検索して、皆さんが関心を持てる会社に投資されるとよいと思います。そうすれば「人を大切にする社会」に向けての変革に参加することができます。

③つみたて投資枠

新ＮＩＳＡの**つみたて投資枠**は、**投資信託**に投資されます。

投資信託とは、投資家から投資されたお金を集めて、信託銀行が預かり、運用の専門家である**運用会社**が株式や債券に投資して運用し、成果が出れば投資家に分配されてくる仕組みです。将来のために備えるのに適した制度といえます。証券取引所の調査によると、信託銀行の全株式に対する持株比率は、２０２３年度は10・４％となり（前年９・６％）、過去最高になりました（前掲調査２０２３年度）。新ＮＩＳＡの影響だと思われます。

ただし、投資信託では、株主となって議決権を行使するのは運用会社であって、投資家ではありません。ＮＩＳＡ利用者が「株主のすごい権利」を行使することはできないのです。そこで、運用会社は、議決権行使の方針をＨＰで公開しています。それをみて賛同できるかを検討することになります。また、運用会社は、議決権行使の結果も公開しています。

さらに進んで、運用会社は投資家の声を集めて議決権行使に活かす工夫を始めています。世界最大の運用会社ブラックロックは、議決権行使の際に投資家が「ガバナンス」「気候変動」などから優先順位を選べるようにすると発表しています（「日本経済新聞」２０２4年6月5日付朝刊）。今後はこうした運用会社が増えていくでしょう。

(3) 株主総会に出席する

株主になり、議決権を取得したら、ぜひ、株主総会に出席することをお勧めします。医師も弁護士も、委任者である患者、依頼者と「対面」するのが原則です。株主総会は株主が経営者と対面できる、ほとんど唯一の機会です。しかも、取締役の任期を1年としている会社（監査等委員取締役は2年）が多い現代にあって、株主総会は「取締役選挙総会」になっています。

総会に出席すれば、自分が1票を投じた取締役が本当に信頼に値するのか、自分の目で確かめることができます。前述したとおり、ビジネスの世界では「社長が交代したときは、総会の議長ぶりをみろ」という格言があります。リーダーシップがみてとれるという意味です。

実際、議長役は、①株主の質問が内容的に何項目あったかを把握し、②それらが説明義務の対象事項であるかを見極め、③社長として答えるべきか、担当役員に答えてもらうかを判断し、④回答が十分であるか、補足の必

現代の株主総会の様子

要があるかを判断する大変な仕事です。それだけに、議長の司会ぶりをみていると、企業人としての資質が十分に分かります。また、質問に対する回答役として指名された担当役員とのやりとりの微妙な雰囲気で、リーダーシップのほどもよく分かります。そこから、取締役会の運営ぶりも推し量ることができます。

(4) 準備したうえで質問する

①株主質問の影響力

株主は、総会に出席するときは、きちんと準備して、勇気を持って質問してほしいと思います。皆さんが想像しておられる以上に、総会での質問は経営陣の心に響いています。次の定時総会まで、「株主さんからも労働時間管理について聞かれましたよね」「なぜ、女性役員がいないのかと質問されましたね」というように、折に触れて役員間では話題になっています。総会での質問が会社経営に与える影響は、はかり知れないほど大きいのです。

②みなが「モノ言う株主」になる

「モノ言う株主」という言葉があります。一定数以上の株を保有して、投資先企業に対して意見をいい、投資先企業の価値を高めて保有株の価値を高めようとする人々と定義されます。けれども株主はもともとみな「すごい権利」を持っているので、株主総会で質問して、〝モノを言う〟のが本来の姿です。そうであるのに「モノ言う株主」という言葉があるのは妙なことです。「歌うヴォーカリスト」みたいな言葉です。

株式会社が「人を大切にする社会」に向けて変革しようとしているいまにあっては、すべての株主がモノを言うべきです。

③十分な準備で「質問力」を高める

経営者の心に、より響いてもらうためには、質問をよく準備しておくことです。といっても難しいことではありません。投資先の会社についての新聞記事やＴＶなどのニュースで知識を得て、できれば有価証券報告書、臨時報告書、前期の株主総会資料（電子提供制度でＨＰに掲載されています）、決算短信などにも目を通しておき、心に浮かんだ素朴な疑問、関心事項を整理しておくのです。そうした準備が「**質問力**」になります。

専門家にとって、普通の人々の素朴な質問ほど緊張するものはありません。専門家からの質問は、ある程度、予測がつきますし、専門用語で答えれば専門家同士で分かり合えます。これに対して、普通の人々の質問は、日常用語でなされ、しかも内容は専門家が日常的にごく当然のことだと思いこんでいることに対するものが少なくありません。回答するのには大変な努力が必要なのです。

だからこそ、株主の素朴な質問は価値があります。株主の素朴な質問に対して、誠実に、懸命に答える経営陣の姿を、ぜひ、その目でみていただきたいと思います。

(5) 議決権を行使する

株主総会に出席できないときでも、書面投票制度、電子投票制度で議決権を行使していただきたいと思います。会社法は「**1株1議決権**」の原則を定めています。「単元株制度」を採用している会社は「1単元1議決権」です。東インド会社の歴史でみてきたように、「1株1議決権」は長い歴史のなかで築き上げられたとても貴重な原則です。大切にしてほしいと思います。

人々や社会が変わろうとしているのに呼応して、株式会社も変わろうとしています。その変革の先端を担うのは**株主**です。近年、個人株主の議決権行使比率が「株主人数」ベースでみると、2018年31・8%、2019年33・6%と低くなっていました。が、ここにきて2020年37・1%、2021年38・3%、2022年38・9%と上昇し始めています（一般社団法人信託協会「上場企業の株主総会における個人株主の議決権行使状況について」2023年11月1日）。

個人投資家の人々が、社会が変わり始めていることを感じ取り、その結果、議決権行使比率が少しずつ上がっているということだと思います。素晴らしいことです。

×　×　×　×　×

いま、私たちの社会は、「わき目もふらず成長を目指してきた時代」から、「人を大切にする時代」へと変わろうとしています。そのなかにあって株式会社は何のためのシステムだったのかを振り返り、変わっていかなければなりません。

その変革を担うのは、株主となり、経営者となられる、皆さん自身です。

主な参考文献

『大塚久雄著作集第1巻　会社発生史論』（岩波書店、1969年）
浅田實『東インド会社』（講談社現代新書、1989年）
ジョン・ミクルスウェイト、エイドリアン・ウールドリッジ『株式会社』（鈴木泰雄訳、日置弘一郎・高尾義明監訳、ランダムハウス講談社、2006年）
高橋英治『日本とドイツにおける株式会社法の発展』（中央経済社、2018年）
中村光宏『株式譲渡制限制度の研究』法律文化社、2010年）
トムスタンデージ『歴史を変えた6つの飲物』（新井崇嗣訳、楽工社、2017年）
アダム・スミス『国富論』（全3冊、大河内一男監訳、中公文庫、2020年）
佐藤信『詳説日本史研究』（山川出版社、2021年第4刷）
「医の倫理の基礎知識2018年版」（日本医師会、江本秀斗）
「株主総会白書2023」（公益社団法人商事法務研究会）
ジェフ・マシューズ『バフェットの株主総会』（黒輪篤嗣訳、エクスナレッジ、2009年）
大阪証券代行（株）代行部編『アメリカの株主総会』（商事法務研究会、1985年）
淺木愼一『日本会社法制史』（信山社、2003年）
阪田寛夫『わが小林一三』（河出書房新社、2022年）
林茂『太平洋戦争　日本の歴史25巻』（中公文庫、2006年）
エレノア・M・ハドリー、パトリシア・ヘーガン・クワヤマ『財閥解体GHQ　エコノミストの回想」（田代やす子訳、東洋経済新報社、2004年）
蠟山政道『日本の歴史（26）　よみがえる日本』（中公バックス、1984年）
ディック・ウイルソン『真昼のニッポン』（竹村健一訳、三笠書房、1987年）
ロン・ハリス『近代イギリスと会社法の発展』（川分圭子訳、南窓社、2013年）
松下幸之助「株式の大衆化で新しい繁栄を」（『PHP』1967年11月号、『Voice』2016年8月号）
松下幸之助『企業の社会的責任とは何か』（復刻版、PHP研究所、2011年）
井上幸治『世界の歴史（12）　ブルジョアの世紀』（中公文庫、1975年）
吉村昭『零式戦闘機』（新潮文庫、1978年）

中島 茂（なかじま・しげる）
中島経営法律事務所代表。弁護士。弁理士。東京理科大学MOT上席特任教授。
1977年東京大学法学部卒業。1979年弁護士登録。2007年、日本経団連「企業行動憲章実行の手引き」改定に関与。日本証券クリアリング機構、リクルート、三菱商事の社外監査役を歴任。2006年から2011年の日経ビジネス弁護士ランキング（コンプライアンス部門、危機対応部門）で、6年連続1位を記録する。
『社長、それは「法律」問題です！』（共著、日本経済新聞出版、2002年）、『その「記者会見」間違ってます！』（日本経済新聞出版、2007年）、『株主総会の進め方（第2版）』（日経文庫、2009年）、『取締役の法律知識（第4版）』（日経文庫、2021年）、『取締役物語（第2版）』（中央経済社、2022年）、『改訂版　コンプライアンスのすべて』（第一法規、2024年）ほか著書多数。

会社と株主の世界史

2025年1月6日　1版1刷
2025年7月4日　5刷

著　者　中島 茂

発行者　中川ヒロミ
発　行　株式会社日経BP
日本経済新聞出版
発　売　株式会社日経BPマーケティング
〒105-8308　東京都港区虎ノ門4-3-12
装　幀　沢田幸平（happeace）
本文イラスト　中島 茂
本文DTP　マーリンクレイン
印刷・製本　三松堂印刷

ISBN978-4-296-12139-7